EXAMPRESS

ゴロ合わせでらくらく暗記！

完全合格

保育士要点ブック

第3版

サンライズ保育士資格取得スクール 著

SE SHOEISHA

本書内容に関するお問い合わせについて

このたびは翔泳社の書籍をお買い上げいただき、誠にありがとうございます。弊社では、読者の皆様からのお問い合わせに適切に対応させていただくため、以下のガイドラインへのご協力をお願い致しております。下記項目をお読みいただき、手順に従ってお問い合わせください。

●ご質問される前に

弊社Webサイトの「正誤表」をご参照ください。これまでに判明した正誤や追加情報を掲載しています。

正誤表　https://www.shoeisha.co.jp/book/errata/

●ご質問方法

弊社Webサイトの「刊行物Q&A」をご利用ください。

刊行物Q&A　https://www.shoeisha.co.jp/book/qa/

インターネットをご利用でない場合は、FAXまたは郵便にて、下記"翔泳社 愛読者サービスセンター"までお問い合わせください。
電話でのご質問は、お受けしておりません。

●回答について

回答は、ご質問いただいた手段によってご返事申し上げます。ご質問の内容によっては、回答に数日ないしはそれ以上の期間を要する場合があります。

●ご質問に際してのご注意

本書の対象を越えるもの、記述個所を特定されないもの、また読者固有の環境に起因するご質問等にはお答えできませんので、予めご了承ください。

●郵便物送付先およびFAX番号

送付先住所　〒160-0006　東京都新宿区舟町5
FAX番号　03-5362-3818
宛先　（株）翔泳社 愛読者サービスセンター

●免責事項

※著者および出版社は、本書の使用による保育士試験の合格を保証するものではありません。
※本書の記載内容は、2022年11月現在の法令等に基づいています。
※本書の出版にあたっては正確な記述に努めましたが、著者および出版社のいずれも、本書の内容に対してなんらかの保証をするものではありません。
※本書に記載されたURL等は予告なく変更される場合があります。

はじめに

私は保育園の経営を行うことになり独学で勉強を進め、保育士資格を取得しました。勉強を始めた際は、試験範囲が広く問われる知識の深さに、限られた勉強時間で合格できるのだろうかと正直不安になりました。条約、法令、歴史、人物名など保育士試験の 9 科目それぞれ覚えなければならない事柄が多く、自分自身では覚えたつもりでも、実際に問題を解いてみると不正解が続きました。

そんな時、学生時代の歴史の受験勉強で使ったゴロ合わせを保育士試験でも活用できないかと思い、自分なりにゴロ合わせを作って覚えていきました。ゴロに当てはめて覚えていくと、これまで覚えられずに不正解だった問題も、どんどん正答率が高くなり模擬試験でも良い結果を出すことができました。仕事が忙しく保育士試験の勉強時間は飛行機や新幹線などの移動中に限られている状況でしたが、ゴロ合わせを使い効率よく試験勉強を進め合格できました。

その後、ゴロ合わせをはじめ独自に開発したノウハウを詰め込んだサンライズ保育士資格取得スクールを設立し、保育士試験では毎回高い合格率を記録しています。

本書は出題範囲が広く覚える事柄が多い保育士試験を受験する皆様が、ゴロ合わせを使ってスムーズに合格できるように構成しています。過去 8 年間の保育士試験の問題を分析して必ず覚えておきたい事柄を厳選、また今後出題されると予想される事柄も掲載しております。ゴロ合わせは覚えやすくインパクトのあるイラストを用いて、皆様の記憶に残るように随所に工夫をしております。独学で勉強することに困難を感じている方に、本書を手に取って楽しく覚えて保育士試験を突破し、一生ものの国家資格【保育士資格】を取得していただきたいと思います。

最後に、本書の作成にかかわってくださったすべての方にお礼を申し上げます。

2023年1月
サンライズキッズ保育園
サンライズ保育士資格取得スクール
代表講師　佐伯 猛

本書の使い方

過去の保育士試験を分析し、膨大な試験範囲の中から特に出題頻度の高い「必ず覚えておきたい」事柄をポケットサイズに凝縮しました。覚えやすいゴロと、かわいら

01 発達を捉える視点

発達を左右する遺伝的要因と環境的要因

- 発達理論には、生まれつきの遺伝的要因を重視する[遺伝論]と、生まれてからの経験や学習を重視する[環境論]、その2つがともに重要だとする[輻輳説]、[相互作用説]がある。
- 環境や物と子どもの間に存在する関係そのものが意味を提供しているという[ギブソン]の[アフォーダンス]という考え方もある。

簡潔でわかりやすい解説

・試験に出題されやすい箇所を厳選し、簡潔に解説しています。

・付属の赤シートを使うことで、いつでもどこでも重要ポイントを効率よく暗記できます。

代表的な発達理論

発達理論	人物	概要
[遺伝論](成熟説・成熟優位説)	[ゲゼル]	人間の発達は、生まれつき遺伝的要因によって決定付けられている。遺伝論においては[レディネス](発達準備が整った成熟状態)が成立してからの学習が重要だとされている。
[環境論](学習優位説・経験説)	[ワトソン]	人間の発達は、[生まれた後]の環境・経験・[後天的]な学習によって徐々に形成されていく。
[輻輳説]	[シュテルン]	人間の発達は[遺伝的要因]と[環境的要因]の両方がともに重要である。
[相互作用説]	[ジェンセン]	人間の発達は遺伝的要因と環境的要因がかけ算のように[互いに影響を与えながら]関係していくという、現在、最も一般的な考え方である。相互作用説の代表的な理論として[環境閾値説]がある。

図表で知識を整理

・覚えにくい箇所を図表化しています。

レディネスの実験(双子の階段登り)

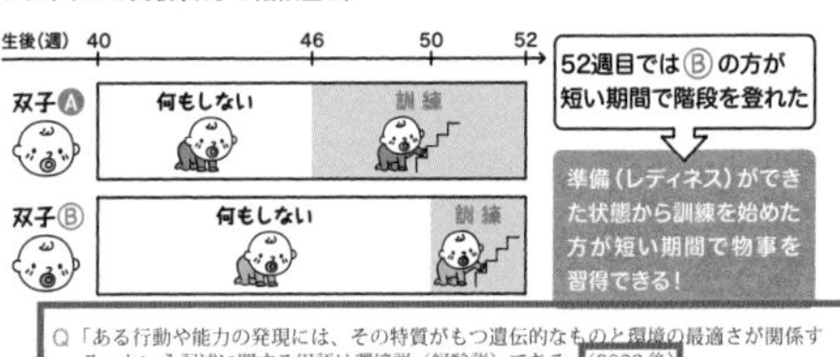

Q「ある行動や能力の発現には、その特質がもつ遺伝的なものと環境の最適さが関係する」という記述に関する用語は環境説(経験説)である。(2022後)

14

過去問で理解度チェック

・「ゴロで暗記!」で紹介した内容を中心に、実際の過去問を掲載しています。

・知識の振り返りができるだけでなく、学んだ知識が実際の試験でどのように出題されているのかがわかります。

しいキャラクターのコメントが、あなたの合格を全力でサポートします。

ゴロ合わせで、
暗記は万全

・出題頻度の高いもの／覚えにくいものをゴロ合わせとして掲載しています。
・ゴロの内容に合わせたイラストを掲載し、言葉だけでなく、イメージとしても頭に残るように工夫しています。

\ゴロで暗記!/ レディネス（ゲゼル）

レディの
（レディネス）
学習環境が整う
（学習のための必要な準備期間）

\ゴロで暗記!/ アフォーダンス（ギブソン）

アフリカでダンスをしたが、
（アフォーダンス）
ギブアップした
（ギブソン）

環境閾値説ってどんな理論なの？

特性によって、環境的要因の必要度合が異なるという理論だよ。例えば、「身長」は、遺伝的要因通りに発揮される可能性が高い特性だ。それに対して「楽器演奏」は、練習環境や教えてくれる人（＝環境的要因）が整っていないと習得は難しいよね。

1章 保育の心理学

理解が深まるキャラクター解説

・過去問分析から導き出されたポイントや受験者が間違えやすいことなどをキャラクターが解説します。
・こちらを読むことで解説内容についての理解が深まり、応用的な問題にも対応しやすくなります。

乳児期から老年期を取り巻くさまざまな発達理論

- 発達段階説を唱えた有名な人物は［ ピアジェ ］と［ エリクソン ］である。
- ピアジェは、知能の発達段階によって質の異なる認知構造（［ シェマ ］）が生じるとし［ 4つの区分 ］を提唱した。
- エリクソンの発達段階説は［ ライフサイクル論 ］とも呼ばれ、人間はある規則性をもって段階的に発達するとされており、生涯にわたって連続して発達していくと唱えた。
- 物の数を数えるために必要な理論が［ ゲルマンの5つの原則 ］であり、幼児が数を学ぶ際に身につけていくものである。

A ×：「環境説（経験説）」ではなく「環境閾値説」である。

15

過去問題の出題回の表記例

2022 後→2022（令和4）年後期試験
2015地限→2015（平成27）年地域限定試験

contents

第1章

保育の心理学

ゴロで暗記!

レディネス（ゲゼル）／アフォーダンス（ギブソン）／ピアジェの発達段階の順番／生態学的システムの提唱者／生態学的システムの内容／クーイング／喃語／語彙爆発／運動機能の発達／エントレインメント／心の理論／オペラント条件付け／プログラム学習／パーテンの遊びの分類／モラトリアム／生理的早産／愛着理論／ストレンジ・シチュエーション法／発達の最近接領域

第2章

保育原理

ゴロで暗記!

地域型保育事業の定員／幼稚園令／コメニウス／ルソー／ペスタロッチ／フレーベル／オーエン／エレン・ケイ／モンテッソーリ／デューイ／ロック／シュタイナー／赤沢鍾美／石井十次／石井亮一／留岡幸助／二葉幼稚園／糸賀一雄／貝原益軒／鈴木三重吉／倉橋惣三／松野クララ／橋詰良一／和田実／城戸幡太郎／東 基吉／土川五郎／ヘッド・スタート計画／シュア・スタート

第3章

子ども家庭福祉

ゴロで暗記!

アリエス／コルチャック／世界人権宣言／児童手当／児童自立支援施設／少子化対策プラスワン／少子化社会対策基本法／次世代育成支援対策推進法／少子化社会対策大綱／子ども・子育て応援プラン／新待機児童ゼロ作戦／子ども・子育て関連三法／日本一億総活躍プラン／子育て安心プラン／新子育て安心プラン／乳児家庭全戸訪問事業／乳児健康診査／非行少年の種類／ネウボラ

第4章

社会福祉

ゴロで暗記!

ノーマライゼーション／ソーシャルインクルージョン／ユニバーサルデザイン／セツルメント・ハウス／児童福祉法の制定年／福祉三法／エリザベス救貧法／トインビー・ホール／ハル・ハウス／第一種社会福祉事業／第二種社会福祉事業／生活保護の扶助／現物給付の扶助／婦人相談所の根拠法／介護保険法の施行年／福祉事務所の配置／身体（知的）障害者更生相談所／児童福祉司の配置／サラリーマンの公的年金／ソーシャルワークの実践モデル／パールマンの４つのＰ／ケースワークの展開過程／第三者評価の義務がある児童福祉施設／日常生活自立支援事業の対象／エンゼルプラン

第５章

教育原理

ゴロで暗記!

日本国憲法（学問の自由）／教育基本法（教育の目的）／学校の範囲／ソクラテス／家庭養護の種類／モンテッソーリ／空海／中江藤樹／石田梅岩／吉田松陰／学制／教育令／森有礼／教育勅語／幼稚園令／ヘルバルト／キルパトリック／ブルーナー／ブルーム／スキナー／オーズベル／ポール・ラングラン／教育令／森有礼／教育勅語／幼稚園令／ヘルバルト／キルパトリック／ブルーナー／ブルーム／スキナー／オーズベル／ポール・ラングラン

第6章

社会的養護

ゴロで暗記!

ホスピタリズム／池上雪枝／家庭養護の種類／児童の遊びを指導する者／家庭支援専門相談員の配置／里親の種類／専門里親の登録期間、里子の数／養子縁組里親の手当／特別養子縁組における養子の年齢／措置入所の児童福祉施設／里親支援専門相談員の配置／個別対応職員／フォスタリング機関

第7章

子どもの保健

ゴロで暗記!

正期産／早期産／身体測定／首のすわり／寝返り／はいはい／つかまり立ち／ひとり歩き／麻疹（はしか）／流行性耳下腺炎（おたふくかぜ）／咽頭結膜熱（プール熱）／溶連菌感染症／幼児のインフルエンザの出席停止基準／麻疹の出席停止期間／風疹の出席停止期間／水痘の出席停止期間／次亜塩素酸／４種混合ワクチン（DPT-IPV）／生ワクチンの接種間隔／任意接種／出生時健診

第８章

子どもの食と栄養

ゴロで暗記!

主菜と栄養素／妊娠中期の付加量／妊娠後期の付加量／３群の食べ物／４群の食べ物／炭水化物の種類／単糖類／多糖類／アミラーゼ／マルターゼ／脂質のエネルギー／中性脂肪の消化酵素／タンパク質の構成元素／カリウムの生理作用／亜鉛の欠乏症／脂溶性ビタミン／ビタミンＡ／ビタミンＣ／推定エネルギー必要量の年齢区分／炭水化物の食事摂取基準／たんぱく質の推奨量／脂質の食事摂取基準／フォローアップミルク／はちみつと食中毒／生活習慣病／食育の５項目／食中毒を防ぐ調乳のポイント／表示義務のある特定原材料

第9章

保育実習理論

ゴロで暗記!

いないいないばあ／キャベツくん／はらぺこあおむし／メジャーコード／マイナーコード／Cコード／Fコード／Gコード／シャープ系の早見表／アンダンテ／グラーヴェ／レント／アッチェルランド／センプレ／メノ／シーミレ／アジタート／レガート／アマービレ／ブリランテ／ワルツ／しゃぼん玉／前図式期／光の三原色／デカルコマニー／ドリッピング／スパッタリング／バチック／フロッタージュ／マーブリング

保育の心理学

発達を捉える視点

発達を左右する遺伝的要因と環境的要因

- 発達理論には、生まれつきの遺伝的要因を重視する[遺伝論]と、生まれてからの経験や学習を重視する[環境論]、その2つがともに重要だとする[輻輳(ふくそう)説]、[相互作用説]がある。
- 環境や物と子どもの間に存在する関係そのものが意味を提供しているという[ギブソン]の[アフォーダンス]という考え方もある。

代表的な発達理論

発達理論	人物	概要
[遺伝論](成熟説・成熟優位説)	[ゲゼル]	人間の発達は、生まれつき遺伝的要因によって決定付けられている。遺伝論においては[レディネス](発達準備が整った成熟状態)が成立してからの学習が重要だとされている。
[環境論](学習優位説・経験説)	[ワトソン]	人間の発達は、[生まれた後]の環境・経験・[後天的]な学習によって徐々に形成されていく。
[輻輳説]	[シュテルン]	人間の発達は[遺伝的要因]と[環境的要因]の両方がともに重要である。
[相互作用説]	[ジェンセン]	人間の発達は遺伝的要因と環境的要因がかけ算のように[互いに影響を与えながら]関係していくという、現在、最も一般的な考え方である。相互作用説の代表的な理論として[環境閾値(いきち)説]がある。

レディネスの実験(双子の階段登り)

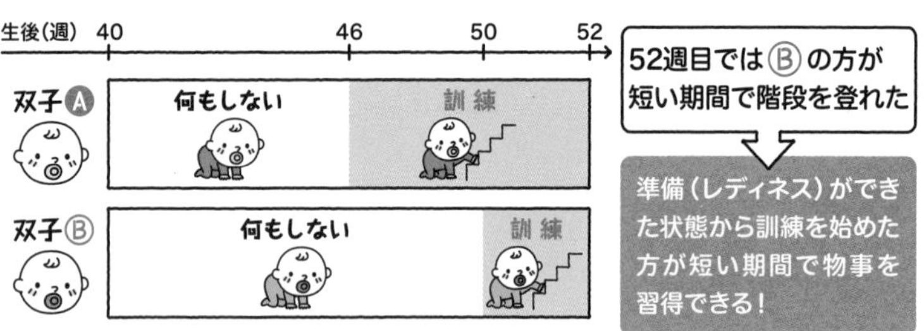

Q「ある行動や能力の発現には、その特質がもつ遺伝的なものと環境の最適さが関係する」という記述に関する用語は環境説(経験説)である。(2022 後)

＼ゴロで暗記！／ レディネス（ゲゼル）

レディの
（レディネス）

学習環境が整う
（学習のための必要な準備期間）

＼ゴロで暗記！／ アフォーダンス（ギブソン）

アフリカでダンスをしたが、
（アフォーダンス）

ギブアップした
（ギブソン）

特性によって、環境的要因の必要度合が異なるという理論だよ。例えば、「身長」は、遺伝的要因通りに発揮される可能性が高い特性だ。それに対して「楽器演奏」は、練習環境や教えてくれる人（＝環境的要因）が整っていないと習得は難しいよね。

乳児期から老年期を取り巻くさまざまな発達理論

- 発達段階説を唱えた有名な人物は［ ピアジェ ］と［ エリクソン ］である。
- ピアジェは、知能の発達段階によって質の異なる認知構造（［ シェマ ］）が生じるとし［ 4つの区分 ］を提唱した。
- エリクソンの発達段階説は［ ライフサイクル論 ］とも呼ばれ、人間はある規則性をもって段階的に発達するとされており、生涯にわたって連続して発達していくと唱えた。
- 物の数を数えるために必要な理論が［ ゲルマンの5つの原則 ］であり、幼児が数を学ぶ際に身につけていくものである。

A ×：「環境説（経験説）」ではなく「環境閾値説」である。

ピアジェの認知発達理論

発達段階	年齢	概要
感覚運動期	0歳～2歳	感覚と運動を通して、新しい場面に適応する時期。[物の永続性] を理解できるようになる。
前操作期① (象徴的思考期)	2歳～4歳	目の前にない事物において、イメージ(表象)することができる時期。しかし、物事を一般化したり抽象化したりして思考することは難しい。
前操作期② (直観的思考期)	4歳～7、8歳	物事を一般化・抽象化してとらえることができるようになるが、[保存性] の概念が未発達で、見かけに左右されやすい。例えば、コップの中に入った水を、より背が高く幅の短いコップに移し替えると量が増えたと認識してしまう。 また、自分を他者の立場に置いたり、他者の視点に立つことができないという、認知上の限界 [自己中心性] が特徴としてあげられる。
具体的操作期	7、8歳～ 11、12歳	[保存性] の概念を獲得するなど、[客観的] に物事をとらえ論理的な考え方ができるようになる時期。
形式的操作期	11、12歳～ 14、15歳	言語のみの命題など、[抽象的] な事象に対しても論理的な考え方ができるようになる時期。

赤ちゃんが「いないいないばあ」で喜ぶのは、顔を隠してもその人自身は存在しているという「物の永続性」を理解できるようになっている証拠なんだね。

ゴロで暗記! ピアジェの発達段階の順番

感覚(感覚運動期) で **前奏**(前操作期) を弾き、**具体的**(具体的操作期) に

メロディーを弾く **景色**(形式的操作期) を思い浮かべる

Q ピアジェ（Piaget, J.）は、子どもの知的発達のなかで、数、重さ、体積などの保存が獲得される時期を「形式的操作期」と示した。次に、抽象的・論理的な操作が可能となる時期「具体的操作期」へと向かう。(2017 前)

ゲルマンの5つの原則

[1対1対応] の原則	数える対象物に対して数詞を一つ一つ割り当てていくことで、最も基礎的な原理である(「A、B、C」の物があったときに、それぞれの物に「1、2、3」という数字を割り当てる)
[安定した順序] の原則	物を数えるときに使用される数詞が常に一定の順序になっていることである(「2、1、3」とならずに常に「1、2、3」という順序になる)
[基数] の原則	数えていった最後の数がその集合の大きさを表すことである(「…5、6」となったとき、6が数えた物の全体の数である)
[順序不変] の原則	物を数える際、どの順序で数えても全体の数に変わりがないことである(「A、B、C」・・・「B、C、A」どの順に数えても全体の数は3である)
[抽象] の原則	対象物が変化しても数に変わりがないことである(りんごでも車でも、他の4つの原理が成り立つ)

エリクソンの発達段階説

発達段階	年齢	概要
乳児期	0〜1歳頃	【信頼性】対【不信】 養育者や周りの人に対して信頼感をもてるか
幼児期前期	1〜3歳頃	【自律性】対【恥と疑惑】 自律性が芽生え、自分の行動に対して制御できるか
幼児期後期	3〜6歳頃	【自主性】対【罪悪感】 自主的な行動を積極的に行えるか
学童期	6〜12歳頃	【勤勉性】対【劣等感】 自主的に努力する力や勤勉性を習得できるか
青年期 (思春期)	12〜22歳頃	【自我同一性】対【同一性拡散】 自分が何者なのか、何をしたいのかを認識できるか
成年前期	22〜35歳頃	【親密性】対【孤立】 他者と親密な人間関係を築けるか
成年後期	35〜65歳頃	【生殖性】対【停滞】 社会や次世代へ何を残せるか
老年期	65歳頃〜	【自我の統合】対【絶望】 人生の振り返り時期。人生に満足しているか

A ×:「具体的操作期」の次は「形式的操作期」とされている。

「各発達期に固有な課題」のことは「危機」と表現されることが多いよ。この「危機」という言葉が問われることも多いから覚えておこう。

個人の発達と理論

- [社会的参照] とは自分が未経験の不確かな状況や場面で、保育者の表情や声の調子を手がかりにして自分の行動を決めることである。
- [ブロンフェンブレンナー] は、発達に影響を与える環境を、子どもが直接関わる両親などのマイクロシステム、マイクロシステム同士の関係であるメゾシステム、子どもには直接関係しないが間接的に影響を与えるエクソシステム、生活の背景として存在する社会制度や文化などのマクロシステムに分類し、それらを重層的にとらえた [生態学的(エコロジカル)システム] を提唱した。
- クロノシステムは、生態学システムの中で、ライフイベントなど [時間的な経過] があり発達に影響を与えるものである。
- 他者からの影響を受けて態度、習慣、行動、思考等が変化していくことを [社会的学習] という。

\ゴロで暗記! / 生態学的システムの提唱者

ブロンズ、変だよ、ぶれんな〜、
(ブロン)　(フェン)　(ブレンナー)

正体がっくりシステム
(生態)　(学的システム)

Q ブロンフェンブレンナー（Bronfenbrenner, U.）の生態学的システム論において第1層は、子どもと親の関係、子どもときょうだいとの関係、子どもと保育士との関係などがあげられ、マクロシステムと呼んでいる。（2018 前）

生態学的システムのイメージ

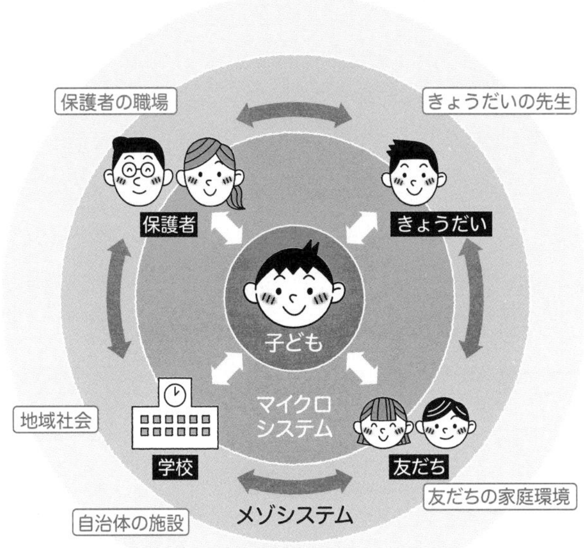

マイクロシステム
子どもと直接的に関わる環境
（家族、家庭、保育所、学校、など）

メゾシステム
マイクロシステム同士の環境
（家庭と保育所のつながり、など）

エクソシステム
子どもに間接的に影響を与える環境
（保護者の職場環境、きょうだいの先生、など）

マクロシステム
社会環境
（文化、宗教、など）

ゴロで暗記！　生態学的システムの内容

マイク、目ゾッとして、エクソシスト！
（マイクロシステム）（メゾシステム）（エクソシステム）
真っ黒 黒のシステム
（マクロシステム）（クロノシステム）

A ×：「マクロシステム」ではなく、「マイクロシステム」が正しい。

子どもの発達過程

言葉の発達

- ［ ヴィゴツキー ］によると幼児期のひとりごとや頭の中だけで思考する過程を［ 内言 ］とした。また［ 外言 ］は、コミュニケーションとしての音声言語であるとした。
- ［ スクリプト ］とは、日常的なできごとに関する知識構造の一つであり、特定の行動について、関連することや行動が時間的・空間的に表現される。スクリプトが構築されていると、対応する状況の行動・コミュニケーションがスムーズになる。

> **スクリプトの例：食事**
> 食前：手を洗う→食卓につく→「いただきます」と言う→ご飯を食べ始める
> 食後：「ごちそうさま」と言う→食卓を立つ→食器を台所へ持っていく

- 言葉を本来の適用範囲よりも広く使うことを［ 過大般用（語彙拡張） ］という（例：動物すべてをワンワンと呼ぶ）。なお、反対の意味をもつ言葉に［ 過小般用（語彙縮小） ］がある。

言葉の発達過程

時期	特徴
新生児期	はっきりとした言葉は発しないが、養育者からの話しかけに［ 反射的に反応 ］したり、泣いたり、微笑んだりする。
1か月～3か月頃	舌を使わずのどの奥からやわらかい「あー」「うー」などと音を出す［ クーイング ］がみられる。クーイングそのものに意味はないとされている。
4か月～9か月頃	5か月～6か月頃には母音+子音を含んだ「バーブー」などの多音節からなる［ 喃語（なんご） ］を発するようになってくる。喃語は言葉を話す練習といわれており、言葉を習得する上でとても重要である。そして、8か月頃になると反復する喃語を発するようになり、種類も多くなっていき発音も明瞭になる。
10か月頃～12か月頃	徐々に喃語が減ってきて自分の意思を伝えようと［ ジェスチャー ］が増える時期。呼びかけなどにも反応し、大人とのコミュニケーション能力が高まっていく。

Q ヴィゴツキー（Vygotsky, L.S.）が指摘した事柄に関する記述として「子どものひとりごとは、他者に向かうコミュニケーションのための言葉が、自分に向かう思考のための言葉となっていく過程で現れる」がある。（2022後）

時期	特徴
1歳頃〜1歳半頃	この頃になると[初語]という意味のある言葉が増えてくる。1歳〜1歳半頃は[片言期]と呼ばれ、「ワンワン」など[一語文]が出てくる時期である。
1歳半頃〜2歳	一語文から[二語文]へと変化する時期で物に名前があることを知り、質問も増えてくる。
2歳〜3歳	名詞や動詞等を組み合わせて簡単な文章で話すようになってくる。語彙数も多くなり疑問文があらわれる。2歳半頃からは周りの人の言葉をまねる[模倣期]に突入する。
3歳〜	コミュニケーションをとる上で、支障がないくらい言葉の発達が進む。4歳頃までに言葉の獲得のピークを迎えてよくしゃべるようになる。5歳頃には自分なりの言葉で話せるようになり、[音韻意識]が高まり、絵本やしりとりなど遊びの中で読み書きに関連した行動をする。これを[プレリテラシー]という。

習得する語彙数もあわせて覚えておこう。
1歳・・数語
1歳半〜2歳・・50語
2歳・・200〜300語
3歳・・900〜1,200語
4歳・・1,500〜1,800語
5歳・・2,000〜2,500語

[語彙爆発]

ゴロで暗記!　クーイング

兄さんにクリーニングを
(2〜3か月)　(クーイング)
お願いした

ゴロで暗記!　喃語

南国でゴロゴロする
(喃語)　(5〜6か月)

A ○：設問文の通りである。

\ゴロで暗記! / 語彙爆発

1歳半～2歳で5位になり
(語彙)
悔しい気持ちが爆発
(爆発)

運動機能の発達

- 新生児は刺激に対して[原始反射]を行う。本人の意思ではなく反射的に起こる反応で成長に伴い徐々に消失する。詳細は科目「子どもの保健」の215ページを参照。
- 乳児期にはまず[粗大運動]が発達する。幼児期には粗大運動と微細運動がともに発達することで運動能力が身につく。

ピアジェによる感覚運動的知能の6段階

発達段階	年齢	概要
感覚運動期	0～1か月	[吸啜反射]など生得的な反射で反応する。
[第一次循環反応期]	1～4か月	[自分の身体]に限った行動を繰り返し行う[循環反応]があらわれる。
[第二次循環反応期]	4～8か月	音がするものを繰り返し鳴らすなど、目と手の協応が進み[外界の物体と関連付けた操作]を行う。
二次的シェマの協応期	8～12か月	[物の永続性]の概念が確立する。
[第三次循環反応期]	12～18か月	自分のとった行動が[外界に及ぼす影響]や[因果関係]を考えることができる。
表象の始まり	18～24か月	イメージを膨らませ、見えていない物を想像することが可能になる。

例えば、ボールをいろいろな高さから落としてみて、その違いをみて遊んでいる様子は「第三次循環反応」にあてはまるよ。

Q 乳児の運動機能の発達は、頭部から足部へ、身体の中心部から末梢へ、粗大運動から微細運動へという方向性と順序がある。(2017 前)

幼児期の運動機能の発達過程

1歳〜	粗大運動	ひとり歩きに始まり座位から起立なども自由にできる。
	微細運動	[スプーン] を使えるようになる。
2歳〜	粗大運動	[走ること] ができるようになる。
	微細運動	本のページを [めくること] ができるようになる。
3歳〜	粗大運動	片足立ちが可能となり [階段] を上り下りできるようになる。
	微細運動	まねをして [円] を描くことができる。
4歳〜	粗大運動	[スキップ] などの複雑な運動も可能となる。
	微細運動	[ハサミ] を使って紙を切ることができる。
5歳〜	粗大運動	一通りの運動能力が身につく。
	微細運動	[ひも] を結んだり手先が器用になる。

ゴロで暗記! 運動機能の発達

頭から足先まで伸ばして
（頭部→足部）
運動場の中心で待とう。
（運動機能） （身体の中心部→抹消）
粗大ゴミ回収に美人さんが来るから
（粗大運動） （微細運動）

運動機能の発達は以下の3つのポイントをおさえて、月齢・年齢ごとに何ができるようになるか覚えよう！
①頭部から下方部へ　②中心から抹消部分へ
③粗大運動から微細運動へ

社会的発達

- 生まれて間もない時期からみられる保育者と子どもの間の同調的な相互作用のことを [エントレインメント] という。例えば、保育者が語りかけたときに、子どもがそれに反応するように手足を動かしたりすることがあてはまる。
- [共鳴動作] は [新生児模倣] ともいい、まねしようとして [意図的に模倣] しているのではなく、[反射的] に相手の表情や動作につられるように

A ○：設問文の通りである。

行う。

- [情動伝染] とは大勢の赤ちゃんがいる場合、一人が泣き出すと他の赤ちゃんもつられて泣き出してしまうような状態のことをいい、生後数日後にはあらわれるといわれている。
- 赤ちゃんが相手と同じものに注意を向けて「[相手の行動の意図] を共有する」「[自分の行動の意図] を共有してもらう」などの調整を行う行動のことを[共同注意] という。赤ちゃんとママ以外のものを介してコミュニケーションをとることをいい、ママが見ているものに赤ちゃんが注意を向けたり、ママに見てほしいものに目を向けるよう、赤ちゃんが視線で促す場合もある。
- 相手が嫌がったり不快になるようなことはできるだけせず、相手が喜んだり相手のためになったりする行動を[向社会的行動] という。
- ルイスの発達理論では、誕生直後に3つの感情「満足(快)・苦痛(不快)・興味(関心)」を持つとされている。

ルイスの感情発達理論

生後3か月後(基本的な感情が出そろう)	満足から喜び、興味から驚き、苦痛からは悲しみ・嫌悪が分化
1歳半～2歳頃(自己意識の発達)	照れ・妬み・共感が感じられる
2～3歳頃(外的な基準やルールを獲得)	他者の認識が生まれ、誇り・恥・罪悪感が生じる

\ゴロで暗記! / エントレインメント

エンドレス な **同窓会** に
(エントレインメント)　(同調的な相互作用)
引き込まれる
(引き込み現象)

心の理論

- 心の理論とは、[他者の心を類推して理解する能力] のことで、[プレマック] と[ウッドラフ] が唱えた理論である。
- 心の理論を獲得することで他者の感情や行動の目的、意図を理解し自分とは異なる考えをもっていることを理解することができる。

Q「心の理論」の獲得を調べるための方法としては、誤信念課題が用いられることが多い。(2017 後)

- 心の理論が獲得できたかを調べるテストとして、[誤信念課題] を用いることが多い。
- 私たちは、人の行動を見てその人の気持ちを推測している。[ハイダー] は、このような人の心に関する日常的で常識的な知識を [素朴心理学] と唱えた。

サリーとアン課題

1. サリーとアンが一緒に遊んでいます。
2. サリーは、ボールをカゴの中に入れて部屋を出ていきました。
3. サリーが部屋にいない間に、アンはボールをカゴから別の箱に移し替えました。

4. サリーが部屋に戻ってきました。
5. サリーはボールを取るために、最初にどこを探すでしょう？

心の理論を獲得している子どもは、「サリーはカゴの中を探す」と正解を言えますが、獲得できていない子どもは、サリーの立場に立って考えることができないため「別の箱の中を探す」と答えてしまいます。
この課題のように他人の立場に立って物事を考えるということができるかを確認する方法を [誤信念課題] といいます。

ゴロで暗記！ 心の理論

5周年の課題（誤信念課題） は心のローン（心の理論）

A ○：設問文の通りである。

子どもの学びと保育

古典的条件づけ

「古典的条件づけ」とは特定の経験を学習し、経験に基づく刺激によって特定の行動が誘発されるようになることをいう。[パブロフ] が行った実験が有名である。

犬にベルを鳴らす→餌をもらえる
⬇
ベルが鳴ると餌がもらえることを学習
⬇
犬にベルを鳴らす→餌がなくても唾液が出る
刺激（ベルの音）に反応し、自らの意志ではなく、条件反射が出現

オペラント条件づけ

「オペラント条件づけ」とは、特定の経験を学習し、[自発的] な行動を学習することをいう。[スキナー] が行った実験が有名である。

自発的な行動の頻度が増えた場合、その行動が [強化] されたといい、強化によって強められる行動は、[オペラント行動] と呼ばれる。

この条件づけを活用した学習法に [プログラム学習] がある。「プログラム学習」では難易度別などに学習内容を小さく分け（[スモールステップ]）、学習者が自分のペースで行い、それを即時にフィードバック（行動の強化）して結果を理解していく。

犬がレバーを押す→餌をもらえる
⬇
レバーを押すと餌がもらえることを学習
⬇
犬は仕組みを学習し、レバーを自らの意思で押して餌をもらうようになる
⬇
さらに餌がほしくなり、レバーを押す頻度が上がる（強化）

Q ラジオ体操に参加するとスタンプがもらえるので、休まずに参加した。この行動は、バンデューラの観察学習に該当する。（2018 前）

＼ゴロで暗記!／ オペラント条件付け

オ ペ ラ が
(オペラント条件付け)
好き やなぁ
(スキナー)

＼ゴロで暗記!／ プログラム学習

プログラムの学習が
(プログラム学習)
好き やなぁ
(スキナー)

さまざまな学習

- 社会的学習とは、他者からの影響を受けて態度、習慣、行動、思考などが変化していくことである。
- [バンデューラ] の社会的学習理論とは、社会的学習において他人の行動を模倣([モデリング])する[観察学習] などを説明する理論である。
- [バルテス] による生涯発達心理学の獲得・喪失モデルとは、受胎から死に至る過程における環境への適応能力の[獲得と喪失] に関する理論であり、加齢による影響を受ける典型的なものとなっている。
- ケーラーはチンパンジーを用いて実験を行い、鋭い観察力で物事を見通すことができる行動([洞察学習])を証明した。
- [メタ認知] とは、目標達成のために自己の状態を監視・調整することで、忘れ物がないように次の日の準備ができるなど、計画に沿った行動を可能にする。

学習の動機づけ

- 学習や勉強をする動機として主に「外発的動機づけ」と「内発的動機づけ」がある。
- [外発的動機づけ] とは、学習者が他者から与えられる賞罰のために勉強するなど外部からなる動機づけのことである。

A ×：設問文の内容はオペラント条件付けである。

1章 保育の心理学

- [内発的動機づけ] とは、学習者が好奇心や関心・興味をもって自分から勉強するなど自身の内からなる動機づけのことである。この際、外的な報酬を与えると内発的動機づけが低下することがあり、これを[アンダーマイニング現象] という。
- [正統的周辺参加論] は、[レイヴ] と[ウェンガー] が、初心者が社会的な実践共同体への参加の度合を徐々に増していくことが学習であると提唱した考えである。熟練者の仕事を少しずつ習得し、それにより周辺から中心かつ中核的な役割を果たすようになる。その過程を学習ととらえる。

遊びの発達段階と役割

- [パーテン] は遊びを[社会的行動面] から6つの種類に分類した。
- [ビューラー] は遊びを[心理的機能] から4つの種類に分類した。

パーテンによる遊びの分類

何もしない行動	意味をもたない行動。ぼーっとしている状態。
一人遊び	他の子には無関心で一人で遊ぶ状態。
傍観的行動	他の子が遊んでいるのを傍観するが、遊びに加わろうとはしない状態。
[並行遊び]	他の子と同じような遊びをするが、一緒に遊ぶことはなく交流はない状態。
連合遊び	他の子と一緒に遊ぶが、まとまりはなく基本的には自分のやりたいように遊んでいる状態。
[協同遊び]	共通の目的をもって役割分担が決まっているなど、組織化されて遊んでいる状態。

Q バルテス（Baltes, P.B.）は、「ヒトの発達は、多次元的、多方向的に進みうる。また高い可塑性を有し、獲得と喪失の両方を伴う過程であると仮定する」と説いた。(2022後)

ゴロで暗記！ パーテンの遊びの分類

一人で 棒 並べ する遊びが
（一人遊び）（傍観）（並行遊び）
連 休 中パターン化している
（連合遊び）（協同遊び） （パーテン）

ビューラーによる遊びの分類

機能遊び	ボール転がしやブランコなど、感覚や運動機能遊び。
[虚構遊び]	象徴遊びともいい、ままごとなどのごっこ遊び。
[受容遊び]	絵本やテレビなど受動的な遊び。
構成遊び	積み木や粘土などを使って構成する遊び。

子ども同士のいざこざ

- 幼児期は［ 自分と他者の気持ち ］が区別できにくく、自分の考えをうまく言葉で表現することや、［ ルール ］を理解・共有すること、［ 情動 ］をコントロールすることが完全にできないため、［ いざこざ ］が生じやすい。
- たまたま相手の身体が触れて、自分の作っていた積み木が崩れるなど、偶発的な理由からいざこざが生じることもある。
- いざこざの解決にあたって子どもたちは、自分の権利を主張したり交渉したりといった言語的な方略を使ったり、保育者に伝えて解決を任せるような権威ある第三者に依存する方略を選ぶこともある。

方略とは、手立てや方策と近い意味をもつ言葉だよ。保育の心理学では時々出てくる用語なので覚えておこう。

例えば、先生に「A君のおもちゃは僕が先に使っていた」「あのおもちゃ僕も使いたい」などを伝えて、交渉や権利の主張をするのは、言語的な方略を使ったいざこざの解決方法といえるね。

A ○：設問文の通りである。

04 生涯発達

胎児期・新生児期の母親の影響

- 約［ 40週 ］の妊娠期間を経て出産に至る。
- 出産後の養育について出産前において支援を行うことが特に認められる妊婦を［ 特定妊婦 ］という。
- 妊婦の抑うつや不安は、［ 子どもの死産 ］、［ 早産 ］、［ 低体重出生 ］などのリスクとなる可能性が高い。

母親の精神・健康状態と胎児への影響

［ 胎児性アルコール症候群 ］	妊娠中の母親の定期的・習慣的なアルコール摂取によって生じていると考えられている［ 先天性疾患 ］の一つである。 主に［ 知的障害 ］としてあらわれる。
［ マタニティーブルーズ ］	［ ホルモンバランス ］や環境の急激な変化により［ 産後数日 ］から不眠、涙もろくなるなどの精神症状の他、頭痛や疲労感といった身体症状が出現することがある。
［ 産後うつ（産褥うつ）］	［ うつ病の一種 ］。マタニティーブルーズと症状は似ているが産後うつの多くは［ 産後3～4週間 ］から症状があらわれる。個人差はあるが重症化すると1年以上長引くこともある。

出産は母親の精神状態に大きな影響を与えるんだね。

各時期の発達の特徴

新生児期の特徴

身体	出生時の平均体重は約［ 3,000g ］（［ 2,500g未満 ］は低出生体重児）、平均身長は約［ 50cm ］である。
視覚	新生児の視力は［ 0.01～0.1 ］程度（個人差あり）。数十cmの距離の物もぼんやりとしか見えていない。

Q 内発的動機づけに基づく行動に対して外的な報酬を与えることによって、内発的動機づけが低下することをアンダーマイニング現象という。（2022 後）

乳児期の特徴

身体	1歳の平均体重は約［ 9,000g ］(出生時の［ 約3倍 ］)、平均身長は約［ 75cm ］(出生時の［ 約1.5倍 ］)となる。
視覚	生後半年頃より視覚が発達し、遠くの物を見ることができるようになる。また、［ ギブソンとウォークによる視覚的断崖の実験 ］によって、乳児期に奥行き知覚能力を身につけることを検証した。
聴覚	生後半年頃より［ 音がなる方向 ］を判断できるようになる。
情緒	大きく分けて「快」の肯定的情緒と「不快」の否定的情緒が芽生える。また、情緒が発達することにより［ 人見知り ］が始まり［ 8か月不安 ］なども出現する。

幼児期の特徴

運動能力	1歳から歩行運動が始まり2歳頃に安定してくる。粗大運動と微細運動の発達が進んでいく。
知覚	無生物に対して人間と同じように生命や感情があると考える［ アニミズム ］などの思考の特質がある。
言語	1歳頃から言葉を話し始め、3歳を過ぎたあたりから会話能力が身につく。
社会性	2歳～4歳頃に［ 第一次反抗期 ］を迎え、さまざまなことに対して「イヤ」と反抗的な行動をとり自己主張が強くなる。こうした態度は［ 自我意識 ］が目覚め、自主性が育ってきた証といえる。

児童期以降の発達

時期	特徴
児童期	・形を変えても対象の性質は変化しないと理解する［ 保存概念 ］を獲得する。 ・自分の考え・思考を［ 客観的 ］にみて結果を予測する［ メタ認知 ］を獲得する。 ・学校という社会の集団の中で仲間意識が強くなり、［ ギャンググループ ］と呼ばれる集団が形成される。男児に特徴的な行動で、グループに入るためには儀式(入会儀礼)があることが多い。それに対し、［ チャムグループ ］は女児によくみられるもので、小学校高学年から中学生くらいにみられるグループである。同じ服装をしたり、同じアイドルを好きになるなど［ 同一の行動 ］が好まれる一方で［ 異質のもの ］が排除される傾向にある。

(つづく)

A ○：設問文の通りである。「報酬のために行動している」という認識となり、自律性が失われるためである。

時期	特徴
青年期	・思春期とも呼ばれる。[第二次性徴] 、つまり、身体の変化や性的な成熟を示す時期である。 ・「自分とは何か」を考えていく時期。また[自己同一性(アイデンティティ)] を確立するために社会に出てひとり立ちする過程で、一時的に義務・責任を猶予される期間のことを[モラトリアム] と呼ぶ。 青年期はアイデンティティ確立の時期で[マーシア] は、アイデンティティの状態を4つに分類した。 ①アイデンティティ達成　②早期完了(権威受容) ③モラトリアム　④アイデンティティ拡散
成人期	・大人の社会に出ていく時期で頑張りすぎて挫折してしまう[燃え尽き症候群] がみられることがある。 ・仕事、子育てなどが一段落して自分の役割がなくなったと感じ、空虚感に襲われる[空の巣症候群] がみられることがあり、抑うつ症状や心身症などを示すことがある。
老年期	・身体機能の低下や経済力の低下、身近な人の死などで[喪失体験] に直面する。また、自分の人生の振り返り時期で次世代に何が残せるかを考えるようになる。高齢期には、加齢による変化に対処しながら自分の特徴を最大限に活かすなど、幸福に年齢を重ねることを[サクセスフル・エイジング] と呼ぶ。

● [ワーキングメモリ(作業記憶・作動記憶)] とは、思考や問題解決などの際に必要な情報を一時的に保持し、それを操作し、再体制化するシステムであり、中年期以降に衰退する。

\ゴロで暗記! / モラトリアム

もらった鳥を青空に逃がしてしまった。
(モラトリアム)　(青年期)

「 大丈夫、責任はないよ 」
(責任を猶予されている時期)

Q 子どもの自立に伴い親役割の喪失が生じることで「空の巣症候群」が生じ、何をしてよいかわからなくなって無気力になったり、抑うつ状態になったりする場合がある。(2022 後)

初期経験の重要性

- [ポルトマン] は、人間は、他の哺乳動物に比べて生理的に未熟で未発達の状態で生まれてくるという[生理的早産] 説を唱えた。
- 動物は主に、妊娠期間が長く成熟した状態で生まれる[離巣性] と妊娠期間が短く未成熟で生まれる[就巣性] に分けられる。妊娠期間が長いが未成熟で生まれてくる人間は[二次的就巣性] と分類される。
- 人間は生まれたての頃は、未熟な状態で養育者がいなければ生きていくことができない。この未熟な時期に養育者と[愛着関係] を形成することが重要だと考えられている。

例えば鳥は未成熟な状態で生まれてきて巣が必要だから就巣性、生まれてすぐに走ることができる馬などの動物は巣がいらない離巣性だね。

ゴロで暗記! 生理的早産

ポルトガル人は
(ポルトマン)
二次の就職面接まで進んだ
(二次的就巣性)

- [ボウルビィ] は、養育者が赤ちゃんの要求に適切に対応し親密な関係を築くことで、赤ちゃんが社会的・精神的に正常に発達していくという[愛着理論] を唱えた。また、養育者と赤ちゃんとの相互作用的な関係を[愛着(アタッチメント)] と呼んだ。
- 養育者との愛着関係は、子どもに内在し、他者との関係性構築にあたってのモデルとなる。このモデルのことを[内的ワーキングモデル(内的作業モデル)] という。
- さらにボウルビィは、幼児期における愛着形成が十分でなく阻害されている状態を、[母性剥奪(マターナル・デプリベーション)] と呼んだ。また愛着の形成が阻害され、心身発達の遅れや影響が出る現象を[ホスピタリズム] という。

A ○:設問文の通りである。

＼ゴロで暗記!／ 愛着理論

愛着 のあるボールに
（愛着理論）（ボウルビィ）
タッチ する
（アタッチメント）

- [エインズワース] はボウルビィの愛着理論に基づき、母子関係に関する実験を[ストレンジ・シチュエーション法] で行った。

＼ゴロで暗記!／ ストレンジ・シチュエーション法

エイ !と、レンジ を
（エインズワース）（ストレンジシチュエーション法）
回して ええ 肉できた!
（回避型）（A タイプ）
安定なビーフ ビバ !ジューシー
（安定型）（B タイプ）（アンビバレント型）（C タイプ）

ストレンジ・シチュエーション法の内容や結果を問う問題がよく出されているよ。赤字のキーワードと内容は必ずおさえよう。

Q エインズワースによれば、養育者への子どものアタッチメント（愛着）は３つの型に分類される。A 型は抵抗（アンビバレント）型、B 型は安定型、C 型は回避型であった。（2019 前）

ストレンジ・シチュエーション法

実験室で母親と子どもを短時間分離し、見知らぬ人が入ってきたとき、母親と再会させたときの反応をみる方法である。主な結果として3つに分類される。

Aタイプ：回避型
母親との再会を喜ばず、愛着形成が不安定な状態。

Bタイプ：安定型
母親との分離で混乱し再開によって落ち着く愛着形成が安定している状態。

Cタイプ：アンビバレント型
母親との分離に混乱し、さらに再会した後も落ちつかず攻撃的になる愛着形成が不安定な状態。

A　×：A 型は回避型、B 型は安定型、C 型が抵抗（アンビバレント）型である。

家族・家庭の理解

家族・家庭の意義と機能

- アメリカの文化人類学者［ マードック（Murdock, G.P.） ］は、家族を［ 核家族・拡大家族・複婚家族 ］の3つに分類し、［ 性機能・経済機能・生殖機能・教育機能 ］の4つが家族の機能であるとした。
- それに加え、［ パーソンズ（Parsons,T.） ］は社会化の機能や安定化の機能をあらわした。

家族・家庭観の変化

- 近年、今まで家族が担っていた機能を、外部の担い手に委託することが増えてきており、この現象を［ 家族機能の外部化（社会化） ］という。
- そのように時代が変化しても、個人がまず他人と結びつく関係性を築く最初の場として、やはり家族・家庭は重要なものであり続けている。
- 現在の保育者は、家族・家庭の［ 外部機能の担い手 ］としての役割、家族・家庭の問題に寄り添い、適切な助言、資源等を提供する［ 援助者 ］としての重要な役割が求められている。
- 時代の変化は子どもたちにも影響を与えており、現代の子どもは昭和前半の子どもに比べ、身長・体重が増加したり、第二次性徴の時期が早まるなどの傾向がある。
- 時代が進むにつれ、成熟が早まる現象のことを［ 発達加速現象 ］という。一方、このような傾向は都市部の子どもに多くみられ、このような地域差のことを［ 発達勾配現象 ］という。

親としての育ち

- どんな親でも、初めは子育ての初心者であるため、不安や負担を積極的に捉えることも必要である。
- ［ ペアレント・トレーニング ］はカウンセリングのみならず、積極的に親が子どもに対する関わり方を学ぶことができ、ロールプレイやモデリング、ホームワークといったものから構成される。

Q　月齢 15 か月の子どもが母親と一緒にいる。その後、母親が部屋を出て、子どもが一人残った（分離場面）。その 3 分後に母親が部屋に戻り、子どもに再会した（再会場面）。分離場面でまったく泣かずにおもちゃで遊んでいたが、母親と再会すると 3 分間大声で泣き続けた。この子どものアタッチメント（愛着）には、不安定な部分があると考えられる。（2016 後）

06 子育て家庭に関する現状と課題

ライフコースとライフサイクル

- ライフコースの定義は、[個人が一生の間にたどる道筋]であり、個人の一生を家族経歴、職業経歴、居住経歴などの様々な経歴の束として捉えたものである。
- 従来、主流だった人生観は[ライフサイクル＝人生の周期]だったが、近年、人生は一人ひとり個別のものであるという「ライフコース」の考え方が注目されている。
- 家族を理解する視点の一つに[家族ライフサイクル論]がある。家族の誕生から家族がなくなるまでの過程をたどる理論である。
- 多層的に積み重なって家族は存在し、互いに影響し合うという視点に立った理論を[家族システム論]という。
- 家族を多世代にわたって把握する方法として、三世代程度の家族の関係を図で表したものを[ジェノグラム]といい、視覚的に家族の歴史を知ることで、家族に関する情報を得ることができる。

性役割分担意識について

- 「夫は外で働き、妻は家庭を守るべきである」という考え方を[性役割分担意識]という。内閣府「男女共同参画白書令和元年度版」によるとこの考え方について「賛成」「どちらかといえば賛成」の合計が、男性44.7%、女性37.0%であった。男女ともに子育てにかかわっていく社会を実現するためには、性役割分業の考えに賛成する人がさらに減っていくことが望ましい。
- 近年では男性の育児休暇取得を支援するような制度も本格化しているが、2017(平成29)年での民間企業に勤める男性の育児休暇取得率は5.14%となっており、まだまだ低いことが見受けられる。

児童虐待について

- 虐待の原因は様々であり、一概に原因を決めつけることはできない。[核家族化]が進行することで地域交流が減少し、親が孤立し育児に疲弊するなど、環境的な要因もあげられる。

A ○：設問文の通りである。

- 虐待をする人は、その人自身が虐待を受けて育った場合が多く、このような[世代間連鎖]を断ち切ることが課題である。
- 虐待は、子どもの[社会・情緒的発達]だけでなく、[脳の実質(脳の特定部分の大きさの変化など)]にも影響を与える可能性がある。
- 保育者を必要以上に警戒したり、逆に過度に甘えたりする場合は、不適切な環境で育った子どもにみられる[反応性愛着障害(反応性アタッチメント障害)]が疑われる。

児童虐待の4つの種類

[身体的虐待]	暴力的行為によって身体に傷やアザ、痛みを与える行為や外部との接触を意図的、継続的に遮断する行為
[心理的虐待]	脅しや侮辱などの言葉や態度、無視、嫌がらせ等によって精神的に苦痛を与えること 「児童の前で父親が母親に暴力をふるう」 「児童に自分自身を傷つけるよう強要する」 「児童が大切にしているものを、親が傷つけたり捨てたりする」
[性的虐待]	本人が同意していない、性的な行為やその強要 「児童に他者の性的満足をもたらす行為に関わるよう強要する」
[ネグレクト]	食事を与えない、不潔にする、病気や怪我をしても病院に連れて行かないなど育児放棄や育児怠慢といわれる行為 「保育所へ不潔な服を着、髪もぼさぼさで登園することが時としてある」

虐待を受けた子どもの年齢 構成をみると、小学校入学前の子どもが、小学生、中学生、高校生に比べて、最も多いんだ。

児童虐待の防止等に関する法律では、早期発見の努力義務と通告義務があるよ。

Q 児童虐待は身体的虐待、性的虐待、ネグレクト、心理的虐待、経済的虐待の5つに分類される。(2022後)

07 子どもの精神保健とその課題

乳幼児期の心理的問題

- 乳幼児期に[愛着形成]が不十分であったり、[養育環境]が不適切だったりすると心の問題を引き起こすことがある。

乳幼児期の代表的な心理的問題

[習癖異常]	[指しゃぶり] [爪噛み]「抜毛」が代表的な症状。意図的ではない習慣的な行動。幼児期にみられるが成長とともに消失する傾向にある。
[吃音症(きつおん)]	発語時に、音を繰り返したり、つかえて出てこなかったりするなど、なめらかに話せなくなる。原因は不明とされているが心因性の場合が多く、男児に多く発症するとされている。発達とともに消失する傾向にある。長引くと対人コミュニケーションに影響があるとされているので精神療法を用いることもある。
排泄障害	[遺尿症] [遺糞症]が代表的な症状。トイレではなく下着の中や床の上などで排尿、排便をしてしまう状態をいう。男児によくみられ精神的ストレスが原因となっていることが多いので、そのストレスの原因解明と除去に努めることが重要。
[選択性緘(かん)黙(もく)症]	普段は問題なく話すことができているのに、ある特定の[場面・状況]になると話すことができなくなる。家庭内の環境やストレスが主な原因となっている。
[チック症]	[本人の意思]とは無関係に生じる特定の細かくて素早く反復性のある運動・動作をいう。瞬きや頭を振る、肩を動かすなどさまざまな動作がみられ、不安や緊張の高い場面で起こることが多い。
[夜驚症]	睡眠中に突然起き上がり叫び声をあげたり、おびえたような表情をするが目覚めたときに本人は[覚えて]いない。症状がひどいようであれば薬物治療をするケースもある。

トラウマによる心理的問題

- [PTSD(心的外傷後ストレス障害)]とは生命の危機にさらされるような強烈なできごと(心的外傷)をきっかけに、心身に支障をきたし、社会生活にも影響を及ぼす[ストレス障害]のこと。主な症状は[再体験(想起)]、[回避]、[過覚醒]の3つである。

A ×：児童虐待には経済的虐待は含まれず、身体的虐待、性的虐待、ネグレクト、心理的虐待、の 4 つに分類される。

学童期以降の心理的問題

- 学童期には、就学に伴うストレスや人間関係の問題などにより、心理的問題を生じることがある。

学童期以降の代表的な心理的問題

[強迫性障害]	自分の意思に反して何度も特定の動作を繰り返したり、強いこだわりをもつようになる。汚いと思い込み何度も手を洗ったり、鍵を閉めたかどうか何度も確認したりといった[強迫行動]、思い込みによる[強迫観念]等に悩まされることがある。精神療法が有効と考えられている。
[分離不安障害]	これまで一緒にいた愛着をもっている人物と離れることによって精神的に不安定になり、抵抗をみせたり、頭痛などの[身体症状]が出ることをいう。
摂食障害	青年期の[女性]に多く発症する。主に[神経性無食欲症]と[神経性過食症]がある。ストレスや自らの体形についての思い込みなどが原因で、近年増加傾向にある障害である。
[解離性障害]	心的外傷や困難な状況から逃れるために自分の意識から記憶を切り離したり、失ったりする。異常行動に出たり、自分とは違う新たな人格の形成などが代表的な症状である。精神療法が必要になるケースが多い。

知的障害・発達障害についての理解

- 知的障害は、[知能検査]を行い、一定の基準以下の知的機能(IQ)である場合に診断される。
- 発達障害とは[知的障害]を伴わないが、脳の機能に生まれつき問題があり、対人コミュニケーションや学習などの社会生活に支障をきたす障害である。
- [新版K式発達検査 2020]は、子どもの発達の水準や偏りを「姿勢・運動」「認知・適応」「[言語・社会]」の3領域から評価するものである。

Q 「新版Ｋ式発達検査 2020」は０歳児から成人までの測定が可能であり、「姿勢・運動領域」「認知・適応領域」「言語・社会領域」の３領域で構成されている。(2022 後)

知的障害のまとめ

概要	[精神遅滞] ともいい、知的発達障害の総称をいう。
要因	・染色体異常([ダウン症] など)や先天性の遺伝子異常([フェニルケトン尿症] など)。 ・先天性の甲状腺形成不全([クレチン症])。 ・その他、心理・社会的要因や、原因不明の場合もある。
[程度]	[知的機能(IQ)] と [適応機能] の評価で判断する。

発達障害の種類

[限局性学習症] (学習障害、SLD)	基本的には全般的な [知的発達] に遅れはないが、聞く、話す、読む、書く、計算する、または推論する能力のうち特定のものの習得と使用に著しい困難を示すものである。中枢神経系に生じた何らかの機能障害が原因と推定されている。
[注意欠如・多動症] (ADHD)	年齢あるいは発達に不釣り合いな [注意力、衝動性・多動性] を特徴とする行動の障害で、社会的な活動や学業の機能に支障をきたすものである。年齢に見合う注意力があるのに、衝動性・多動性に欠陥がある場合や、その逆のパターンもある。 主に、7歳以前にあらわれ、その状態が継続する。中枢神経系に何らかの要因による機能不全があると推定されている。
[自閉スペクトラム症]	[3歳] 頃までにあらわれ、①他人との社会的関係形成の困難さ、②言葉の発達の遅れ、③興味や関心が狭く特定のものにこだわるという行動の障害がみられる。中枢神経系に何らかの要因による機能不全があると推定される。なお、以前は [アスペルガー症候群] や自閉症、広汎性発達障害などと呼ばれていた。

自閉スペクトラム症の子どもは、一般的に言葉の意味を理解することが難しいといわれているよ。だから、ルールや手順を説明するときは、イラストや図表などの視覚的情報を活用するといいんだ。

A ○：設問文の通りである。

子どもの理解と援助

子どもを理解する方法

- 視覚的にわかる子どもの行動を外部から観察し、記録する方法を[観察法]という。

観察法の種類

自然的観察法	自然な状況の中、ありのままの状態を観察する方法。(保育の自由遊び中を観察する等)
実験的観察法	何らかの統制を加えた上で観察を行う方法。(ストレンジシチュエーション法等)

観察の形態

参加観察法	観察者が自ら子どもの中に入って、観察する方法
非参加観察法	マジックミラーを通して、一方的に子どもを観察する方法

観察の記録の方法

エピソード記述法	観察者の印象に残った行動を記述する方法
行動見本法	観察目的行動を決めて、その行動が生起しやすい場面を観察する方法。(子ども同士のやりとりを観察するならば、自由遊び中等)
時間見本法	一定の区分された時間を設けて、その中で対象とする行動が生起する頻度を観察する方法

発達段階における適切な援助

- 乳児期は発達が著しく、特定の養育者との間に[愛着(アタッチメント)]の形成をする上で非常に重要な時期である。
- 1歳以上～3歳未満の時期は[社会性]が育つ大切な時期で、[運動能力]の発達も著しく、さまざまな活動を通して成長する。
- 3歳以上では、基本的な生活習慣がほぼ[自立]し、より社会性が身につく時期である。

Q 保育の場では、自然観察法が主であると捉えられるが、科学観察法のように、仮説を意識することも大切である。(2020 後)

「保育所保育指針」における乳児の発達援助のポイント①

第2章「保育の内容」1「乳児保育に関わるねらい及び内容」

(1)「基本的事項」

ア　乳児期の発達については、[視覚]、[聴覚]などの感覚や、[座る]、[はう]、[歩く]などの運動機能が著しく発達し、特定の大人との[応答的な関わり]を通じて、[情緒的な絆が形成]されるといった特徴がある。これらの発達の特徴を踏まえて、乳児保育は、愛情豊かに、応答的に行われることが特に必要である。

イ　本項においては、この時期の発達の特徴を踏まえ、乳児保育の「ねらい」及び「内容」については、身体的発達に関する視点「健やかに伸び伸びと育つ」、社会的発達に関する視点[身近な人と気持ちが通じ合う]及び精神的発達に関する視点「身近なものと関わり感性が育つ」としてまとめ、示している。

ウ　本項の各視点において示す保育の内容は、第1章の2 に示された養護における[生命の保持]及び[情緒の安定]に関わる保育の内容と、[一体となって展開]されるものであることに留意が必要である。

「保育所保育指針」における乳児の発達援助のポイント②

第2章「保育の内容」1「乳児保育に関わるねらい及び内容」

(3)「保育の実施に関わる配慮事項」

ア　乳児は疾病への抵抗力が弱く、心身の機能の未熟さに伴う[疾病の発生が多い]ことから、一人一人の発育及び発達状態や健康状態についての適切な判断に基づく[保健的な対応]を行うこと。

イ　一人一人の子どもの[生育歴の違い]に留意しつつ、欲求を適切に満たし、[特定の保育士]が[応答的]に関わるように努めること。

ウ　乳児保育に関わる職員間の連携や[嘱託医]との連携を図り、第3章に示す事項を踏まえ、適切に対応すること。栄養士及び看護師等が配置されている場合は、その[専門性を生かした対応]を図ること。

エ　[保護者との信頼関係]を築きながら保育を進めるとともに、保護者からの相談に応じ、保護者への支援に努めていくこと。

オ　担当の保育士が替わる場合には、子どものそれまでの生育歴や発達過程に留意し、職員間で協力して対応すること。

子どもたち一人ひとりについて生育歴が異なることを理解し、応答的に関わることが重要なんだね。

A　×：科学観察法ではなく実験観察法である。

「保育所保育指針」における1歳以上3歳未満児の発達援助のポイント①

第2章「保育の内容」2「1歳以上3歳未満児の保育に関わるねらい及び内容」(1)「基本的事項」

ア　この時期においては、歩き始めから、歩く、走る、跳ぶなどへと、基本的な運動機能が次第に発達し、[排泄の自立]のための身体的機能も整うようになる。つまむ、めくるなどの指先の機能も発達し、食事、衣類の着脱なども、保育士等の[援助の下で自分で行う]ようになる。発声も明瞭になり、語彙も増加し、自分の意思や欲求を[言葉で表出]できるようになる。このように自分でできることが増えてくる時期であることから、保育士等は、子どもの生活の安定を図りながら、自分でしようとする気持ちを尊重し、温かく見守るとともに、[愛情豊か]に、[応答的]に関わることが必要である。

イ　本項においては、この時期の発達の特徴を踏まえ、保育の「ねらい」及び「内容」について、心身の健康に関する領域[健康]、人との関わりに関する領域[人間関係]、身近な環境との関わりに関する領域[環境]、言葉の獲得に関する領域[言葉]及び感性と表現に関する領域[表現]としてまとめ、示している。

ウ　本項の各領域において示す保育の内容は、第1章の2に示された養護における「生命の保持」及び「情緒の安定」に関わる保育の内容と、一体となって展開されるものであることに留意が必要である。

「保育所保育指針」における1歳以上3歳未満児の発達援助のポイント②

第2章「保育の内容」2「1歳以上3歳未満児の保育に関わるねらい及び内容」(3)「保育の実施に関わる配慮事項」

ア　特に[感染症]にかかりやすい時期であるので、体の状態、機嫌、食欲などの日常の状態の[観察]を十分に行うとともに、適切な判断に基づく[保健的な対応]を心がけること。

イ　[探索活動]が十分できるように、事故防止に努めながら活動しやすい環境を整え、全身を使う遊びなどさまざまな[遊び]を取り入れること。

ウ　[自我]が形成され、子どもが自分の感情や気持ちに気付くようになる重要な時期であることに鑑み、[情緒の安定]を図りながら、子どもの[自発的]な活動を尊重するとともに促していくこと。

エ　担当の保育士が替わる場合には、子どものそれまでの経験や発達過程に留意し、職員間で協力して対応すること。

さまざまな行動で自立が芽生えてくる時期なんだね。「排泄の自立」「自分の意思や欲求を言葉で表出」「自我の形成」などのキーワードを覚えておこう。

Q　乳児保育においては、子どもからの働きかけを踏まえた、応答的な触れ合いや言葉がけによって、欲求が満たされ、安定感をもって過ごす。(2021 前)

「保育所保育指針」における3歳以上児の発達援助のポイント①

第2章「保育の内容」3「3歳以上児の保育に関するねらい及び内容」(1)「基本的事項」

ア この時期においては、運動機能の発達により、基本的な動作が一通りできるようになるとともに、基本的な生活習慣もほぼ[自立]できるようになる。理解する[語彙数]が急激に増加し、知的興味や関心も高まってくる。仲間と遊び、仲間の中の一人という自覚が生じ、集団的な遊びや[協同的]な活動も見られるようになる。これらの発達の特徴を踏まえて、この時期の保育においては、[個の成長]と集団としての活動の充実が図られるようにしなければならない。

イ 本項においては、この時期の発達の特徴を踏まえ、保育の「ねらい」及び「内容」について、心身の健康に関する領域「健康」、人との関わりに関する領域「人間関係」、身近な環境との関わりに関する領域「環境」、言葉の獲得に関する領域「言葉」及び感性と表現に関する領域「表現」としてまとめ、示している。

ウ 本項の各領域において示す保育の内容は、第1章の2に示された養護における「生命の保持」及び「情緒の安定」に関わる保育の内容と、一体となって展開されるものであることに留意が必要である。

「保育所保育指針」における3歳以上児の発達援助のポイント②

第2章「保育の内容」3「3歳以上児の保育に関するねらい及び内容」(3)「保育の実施に関わる配慮事項」

ア 第1章の4の(2)に示す[幼児期の終わりまでに育ってほしい姿]が、ねらい及び内容に基づく活動全体を通して資質・能力が育まれている子どもの小学校就学時の具体的な姿であることを踏まえ、指導を行う際には適宜考慮すること。

イ 子どもの発達や成長の援助をねらいとした活動の時間については、意識的に[保育の計画]等において位置付けて、実施することが重要であること。なお、そのような活動の時間については、保護者の就労状況等に応じて子どもが保育所で過ごす時間がそれぞれ異なることに留意して設定すること。

ウ 特に必要な場合には、各領域に示すねらいの趣旨に基づいて、具体的な内容を[工夫]し、それを加えても差し支えないが、その場合には、それが第1章の1に示す保育所保育に関する基本原則を逸脱しないよう慎重に配慮する必要があること。

ヴィゴツキーの発達理論と発達援助

- ヴィゴツキーは、子どもの発達は初めに[社会的関係]があり、それが[内面化]するものだと考え、他者との社会的な相互作用にあるとした。
- 大人の補助があればできることと、自分だけでできることの潜在的な発達のレベルの差を[発達の最近接領域]と呼び、子どもの教育において、重要視した。

A ○：設問文の通りである。「保育所保育指針」第２章「保育の内容」１「乳児保育に関わるねらい及び内容」に記載されている。

- 保育の現場では大人が発達の最近接領域を理解して、[子どもができること] を増やすために援助することが大切である。

ゴロで暗記! / 発達の最近接領域

月　が最接近
（ヴィゴツキー）（最近接領域）

保護者への援助

- 保育所では、子どもに対する援助だけではなく、[保護者に対する援助] も重要であると「保育所保育指針」でも記載されている。
- 子どもの発達援助の中で、生活の連続性を踏まえ、地域との交流や連携を図りながら保育を展開することも重要である。
- 保護者が子育てに関するより適切なスキルを獲得し、子育ての役割を積極的に行えるよう支援するために開発されたプログラムのことを [ペアレントトレーニング] という。応用行動分析学や行動療法の考え方を基にしており、[ロールプレイ] やモデリングといったワークで構成されている。
- [外国籍家庭] の保育において、保育士が子どもの国籍や文化の違いを理解するためには、保育士自らの感性、価値観を振り返ることが必要とされる。

「保育所保育指針」における保護者への援助のポイント①

第4章「子育て支援」1「保育所における子育て支援に関する基本的事項」(1)「保育所の特性を生かした子育て支援」

ア　保護者に対する子育て支援を行う際には、各地域や家庭の実態等を踏まえるとともに、保護者の気持ちを受け止め、[相互の信頼関係] を基本に、保護者の [自己決定] を尊重すること。

イ　保育及び子育てに関する知識や技術など、保育士等の [専門性] や、子どもが常に存在する環境など、保育所の特性を生かし、保護者が子どもの成長に気付き [子育ての喜び] を感じられるように努めること。

Q　ヴィゴツキー（Vygotsky, L.S.）は、2つの発達水準を区別することができると提唱した。すなわち、問題解決の場面で自力で解決できる既に完成した水準と、大人の援助や指導によって解決が可能となる完成した水準である。これを発達の最近接領域と呼んだ。（2018後）

(2)「子育て支援に関して留意すべき事項」

ア　保護者に対する子育て支援における地域の関係機関等との連携及び協働を図り、保育所全体の体制構築に努めること。

イ　子どもの[利益]に反しない限りにおいて、保護者や子どものプライバシーを保護し、知り得た事柄の[秘密を保持]すること。

「保育所保育指針」における保護者への援助のポイント②

第4章「子育て支援」2「保育所を利用している保護者に対する子育て支援」

(1)保護者との相互理解

ア　日常の保育に関連した[様々な機会]を活用し子どもの日々の様子の伝達や収集、保育所保育の意図の説明などを通じて、保護者との[相互理解]を図るよう努めること。

イ　保育の活動に対する保護者の積極的な参加は、保護者の子育てを自ら実践する力の向上に寄与することから、これを促すこと。

「保育所保育指針」における保護者への援助のポイント③

第4章「子育て支援」3「地域の保護者等に対する子育て支援」

(2)「地域の関係機関等との連携」

ア　[市町村の支援]を得て、地域の関係機関等との積極的な連携及び協働を図るとともに、子育て支援に関する[地域の人材]と積極的に連携を図るよう努めること。

イ　地域の[要保護児童]への対応など、地域の子どもを巡る諸課題に対し、要保護児童対策地域協議会など関係機関等と[連携]及び協力して取り組むよう努めること。

A ○：設問文の通りである。

MEMO

保育原理

保育の意義及び目的

保育の理念

- 1989(平成元)年に国連総会で採択された[児童の権利に関する条約]は、締約国にすべての児童の権利を尊重し、確保することを課している。
- 日本は、1994(平成6)年に「児童の権利に関する条約」に批准し、2016(平成28)年に改正された児童福祉法において、児童の権利に関する条約の精神に則り、すべての児童について[権利]と[最善の利益]が保障されることを明記した。

児童の権利に関する条約

第1条(児童の定義)

この条約の適用上、児童とは、[18歳未満のすべての者]をいう。ただし、当該児童で、その者に適用される法律によりより早く成年に達したものを除く。

第3条(児童の最善の利益)

1 児童に関するすべての措置をとるに当たっては、公的若しくは私的な社会福祉施設、裁判所、行政当局又は立法機関のいずれによって行われるものであっても、児童の[最善の利益]が主として考慮されるものとする。

第6条(生きる権利、発達する権利)

1 締約国は、すべての児童が[生命に対する固有の権利]を有することを認める。
2 締約国は、児童の[生存及び発達]を可能な最大限の範囲において確保する。

第12条(意見表明の権利)

1 締約国は、自己の意見を形成する能力のある児童がその児童に影響を及ぼすすべての事項について自由に[自己の意見を表明する権利]を確保する。この場合において、児童の意見は、その児童の年齢及び成熟度に従って相応に考慮されるものとする。

第18条(父母の責任と父母への支援)

2 締約国は、この条約に定める権利を保障し及び促進するため、父母及び法定保護者が児童の養育についての責任を遂行するに当たりこれらの者に対して[適当な援助]を与えるものとし、また、児童の養護のための[施設、設備]及び[役務]の提供の発展を確保する。
3 締約国は、父母が働いている児童が利用する資格を有する児童の養護のための[役務の提供]及び[設備]からその児童が便益を受ける権利を有することを確保するためのすべての[適当な措置]をとる。

Q 次の一文は「児童の権利に関する条約」の一部である。締約国は、自己の意見を形成する能力のある児童がその児童に影響を及ぼすすべての事項について周囲に自己の意見を表明する権利を確保する。(2016 前)

保育に関する法令及び制度

児童福祉法

- 1947(昭和22)年に、[日本国憲法] の理念をもとにつくられた児童福祉に関する具体的な法律である。

児童福祉法

第1条

全て児童は、[児童の権利に関する条約]の精神にのっとり、適切に養育されること、その[生活]を保障されること、[愛され]、保護されること、その[心身]の健やかな成長及び発達並びにその[自立]が図られることその他の福祉を[等しく保障される権利]を有する。

第2条

2 [児童の保護者]は、児童を心身ともに健やかに育成することについて第一義的責任を負う。

3 [国及び地方公共団体]は、児童の保護者とともに、児童を心身ともに健やかに育成する責任を負う。

第3条

前二条に規定するところは、[児童の福祉]を保障するための原理であり、この原理は、すべて児童に関する法令の施行にあたつて、[常に尊重]されなければならない。

第18条の21

保育士は、[保育士の信用]を傷つけるような行為をしてはならない。

第18条の22

保育士は、正当な理由がなく、その業務に関して知り得た人の[秘密]を漏らしてはならない。保育士でなくなった後においても、[同様]とする。

第18条の23

保育士でない者は、保育士又はこれに[紛らわしい名称]を使用してはならない。

児童福祉施設の設備及び運営に関する基準(昭和23年厚生省令第63号)

- 基準には従うべき基準と参酌すべき(十分参照しなければならない)基準があり、それらをもとに、[各都道府県] が最低基準を定める。

A ×:「周囲」ではなく「自由」に自己の意見を表明する権利を確保する、というのが正しい文章である。

- 児童福祉施設は[最低基準]を超えて、常に設備及び運営を向上させなければならない。

児童福祉施設の設備及び運営に関する基準

第２条（最低基準の目的）

（前略）[都道府県知事]の監督に属する児童福祉施設に入所している者が、明るくて、衛生的な環境において、素養があり、かつ、適切な訓練を受けた職員の指導により、心身ともに健やかにして、社会に適応するように育成されることを保障するものとする。

第6条（児童福祉施設と非常災害）

（２） 避難及び消火に対する訓練は、少なくとも毎月[一]回は、これを行わなければならない。

第7条の2（児童福祉施設の職員の知識及び技能の向上等）

1 児童福祉施設の職員は、常に[自己研鑽さんに励み]、法に定めるそれぞれの施設の目的を達成するために必要な[知識及び技能の修得]、維持及び向上に努めなければならない。

2 児童福祉施設は、職員に対し、その資質の向上のための[研修の機会]を確保しなければならない。

第35条（保育所における保育の内容）

保育所における保育は、[養護]及び[教育]を一体的に行うことをその特性とし、その内容については、厚生労働大臣が定める指針に従う。

第36条（保護者との連絡）

保育所の長は、常に入所している乳幼児の保護者と密接な連絡をとり、保育の内容等につき、その保護者の理解及び協力を得るよう努めなければならない。

教育基本法

- 1947（昭和22）年に[日本国憲法]の精神に基づいて制定された法律。
- 2006（平成18）年の改正で「家庭教育」や「幼児期の教育」について追記された。

教育基本法

第10条（家庭教育）

父母その他の保護者は、子の教育について[第一義的責任]を有するものであって、生活のために必要な習慣を身に付けさせるとともに、自立心を育成し、心身の調和のとれた発達を図るよう努めるものとする。

Q 保育所における保育時間は、１日につき８時間が原則となっているが、フルタイムで働く保護者を想定した利用可能な保育標準時間は最長10時間である。（2022後）

第11条（幼児期の教育）

幼児期の教育は、生涯にわたる[人格形成]の基礎を培う重要なものであることにかんがみ、国及び地方公共団体は、幼児の健やかな成長に資する良好な環境の整備その他適当な方法によって、その振興に努めなければならない。

保育が行われる場所

- 乳幼児の保育が行われる場所としては、保育所、幼稚園、認定こども園の他、認可外保育施設、地域型保育事業がある。
- このうち保育所は児童福祉法において[児童福祉施設]として位置づけられており、幼稚園は学校教育法において[学校]として位置づけられている。
- 認定こども園には、幼保連携型、幼稚園型、保育所型、地方裁量型の4種類がある。[幼保連携型]は、学校及び児童福祉施設の法的位置づけをもつ。
- 認定こども園の類型別の数は、[幼保連携型]、幼稚園型、保育所型、地方裁量型の順に多い。
- [地域型保育事業]とは、原則として[3歳未満の保育を必要とする乳幼児]を対象にした保育事業であり、「子ども・子育て支援新制度」のもと2015（平成27）年から始まった。[市町村]による認可が必要である。

保育所・幼稚園・幼保連携型認定こども園の違い

	保育所	幼稚園	幼保連携型認定こども園
管轄	厚生労働省※	[文部科学省]	[内閣府]※
社会的役割	[児童福祉施設]	学校	学校・児童福祉施設
必要な資格	保育士資格	幼稚園教諭免許	保育教諭（幼稚園教諭＋保育士資格）
保育標準時間	原則8時間（最大11時間）	4時間（基準）	原則8時間（最大11時間）
対象	[保育を必要とする乳幼児]、その他の児童	満3歳以上～小学校就学前までの幼児（原則）	保育を必要とする乳幼児
根拠法令	児童福祉法	学校教育法	児童福祉法、学校教育法、教育基本法、認定こども園法

※2023（令和5）年4月1日より、[こども家庭庁]の管轄となる

A ×：最長11時間利用可能である。

地域型保育事業の種類

事業名	概要
小規模保育事業	定員［ 6～19 ］名までの保育を行う事業。Aタイプは全員保育士、Bタイプは1/2以上が保育士、Cタイプは家庭的保育者が中心となり保育を行う。
家庭的保育事業	家庭的保育者の居宅または、その他の施設で［ 5 ］名以下の子どもを保育する事業。
居宅訪問型保育事業	保育を必要とする子ども（病気の場合や障害をもつ場合など）を、［ その子どもの居宅 ］で家庭的保育者が保育する事業。
事業所内保育事業	企業の従業員の子どもなどを、その企業などの施設で保育する事業。

＼ゴロで暗記！／ 地域型保育事業の定員

小さい ロック な 塾 より、
（小規模保育）（定員6～19名）

家 に いこ！
（家庭的保育）（定員1～5名）

保育所は1947（昭和22）年に「児童福祉法」が成立するまで、国の制度として規定されていなかったんだ。

保育所保育指針の位置づけ

- ［ 児童福祉施設の設備及び運営に関する基準 ］第35条（52ページ）の規定に基づき、保育所における保育の内容や方法を定めたものである。
- 1965（昭和40）年に策定された当初はガイドラインとして策定され、［ 法的拘束力 ］をもたなかったが、［ 2008（平成20）年 ］の改訂で、厚生労働大臣の告示となり、法的拘束力をもつようになった。
- 1963（昭和38）年に、［ 文部省 ］と［ 厚生省 ］の共同通知として「［ 幼稚園と保育所との関係について ］」が発出された。
- 「保育所のもつ機能のうち、教育に関するものは［ 幼稚園教育要領 ］に準ずることが望ましい」とされた。

Q 幼稚園令は、1926（大正15）年、わが国で最初の幼稚園に関する単独の勅令として公布された。（2017前）

保育内容・運営についての指針の変遷

年	法制度等の名称	概要
1899(明治32)年	[幼稚園保育及設備規定]	文部省より公布された国として最初の基準。
1926(大正15)年	[幼稚園令]	幼稚園についての最初の勅令。なお、入園児は原則[3] 歳からとした。
1948(昭和23)年	[保育要領]	家庭、幼稚園及び保育園での教育・保育の内容を示したもの。[倉橋惣三] が作成に携わった。
1965(昭和40)年	[保育所保育指針]	保育所の理念・内容・方法についてのガイドライン。法的拘束力はなかった。
1999(平成11)年	[保育所保育指針(第三次改訂)]	乳幼児の最善の利益を考慮して保育を行うことが明記された。

\ゴロで暗記!/ 幼稚園令

3歳 の 幼稚園児へのお礼 は、
(3歳から入所)　(幼稚園令)

日本初 の チョコレイト
(幼稚園についての勅令)

A ○：設問文の通りである。

2章 保育原理

保育所保育指針における保育の基本

保育所保育指針とは

- 保育所における［ 保育の内容 ］に関する事項及びこれに関する運営等に関する事項を示したものである。

保育所保育指針の変遷

1965(昭和40)年	保育所の理念・内容・方法などを示し、保育所における保育の充実を図るためにガイドラインとして作成された。
1990(平成2)年	保育内容について、幼稚園教育要領との整合性を図るため、従来の6領域から5領域に改正された。 ［ 養護 ］が保育内容として明確に位置づけられた。
2000(平成12)年	下記のように追記がされた。特に、初めて［ 子育て支援 ］に関する章が設けられた。 ①乳幼児の［ 最善の利益 ］を考慮する ②子育て相談など地域の［ 子育て支援 ］ ③［ 延長保育 ］、［ 障害児保育 ］、［ 一時保育 ］など多様な保育ニーズへ対応する ④研修により保育士の［ 専門性 ］を高めること ⑤倫理観に裏付けられた保育士の基本姿勢と［ 守秘義務 ］ ⑥アトピー性皮膚炎への対策など［ 保健内容 ］の充実
2008(平成20)年	初めて、［ 厚生労働大臣 ］の告示となり、ガイドラインといった位置づけから、［ 法的拘束力 ］を持った指針として改定された。
2017(平成29)年	内容が整理され、5章構成となり、幼稚園教育要領や認定こども園教育・保育要領と教育のねらい及び内容の統一が図られた。 新しく、［ 育みたい資質・能力 ］として3つの柱と、［ 幼児期の終わりまでに育ってほしい10の姿 ］が示された。 職員の資質向上について、初めて、［ キャリアパス ］の言葉が用いられた。

保育の役割とねらい

- 保育所では養護と教育を［ 一体的 ］に行うことを特性としている。
- 保育における養護とは、子どもの［ 生命の保持 ］と［ 情緒の安定 ］を図るために保育士等が行う援助や関わりのことであり、保育所における保育全体を通して展開される関わりである。

Q 実際の保育においては、福祉と教育が一体となって展開されることに留意することが必要である。（2016 前）

- 教育のねらいとしては、[健康] [人間関係] [環境] [言葉] [表現] の5領域に分けて示されている。

「保育所保育指針」第1章「総則」1「保育の役割」より抜粋

ア　保育所は、児童福祉法第39条の規定に基づき、[保育]を必要とする子どもの保育を行い、その健全な心身の発達を図ることを目的とする児童福祉施設であり、入所する子どもの[最善の利益]を考慮し、その[福祉]を積極的に増進することに最もふさわしい生活の場でなければならない。
イ　保育所は、その目的を達成するために、保育に関する[専門性]を有する職員が、[家庭]との緊密な連携の下に、子どもの状況や発達過程を踏まえ、保育所における環境を通して、[養護]及び[教育]を一体的に行うことを特性としている。
ウ　保育所は、入所する子どもを保育するとともに、家庭や地域の様々な[社会資源]との連携を図りながら、入所する子どもの保護者に対する支援及び地域の子育て家庭に対する支援等を行う役割を担うものである。

「一体」という言葉は、養護と教育の関係性を表すキーワードとしてよく出題されているから、必ずおさえておこう。

幼児教育を行う施設として共有すべき事項

- 2017（平成29）年の保育所保育指針の改正で、保育所が「[幼児教育]を行う施設」であることが初めて明文化された。
- 同じ年に改正された[幼稚園教育要領]、[幼保連携型認定こども園教育・保育要領]と特に3歳以上の幼児教育について整合性が図られ、[育みたい資質・能力]、[幼児期の終わりまでに育ってほしい姿]が共通のものとして記載されている。

育みたい資質・能力（「保育所保育指針」第1章「総則」4（1））

(ア) [知識及び技能]	豊かな体験を通じ、感じたり、気付いたり、分かったり、できるようになる。
(イ) [思考力、判断力、表現力などの基礎]	気付いたことや、できるようになったことなどを使い、考えたり、試したり、工夫したり、表現したりする。
(ウ) [学びに向かう力、人間性等]	心情、意欲、態度が育つ中で、よりよい生活を育もうとする。

A　×：「福祉と教育」ではなく、「養護と教育」である。

幼児期の終わりまでに育ってほしい姿（「保育所保育指針」第1章「総則」4（2））

（ア）［健康な心と体］	心と体を十分に働かせ、自ら健康で安全な生活をつくり出すようになる。
（イ）［自立心］	自分の力で行うために考えたり、工夫したりしながら、自信をもって行動するようになる。
（ウ）［協同性］	友達と関わる中で、互いの思いや考えなどを共有し、共通の目的の実現に向けて協力する。
（エ）［道徳性・規範意識の芽生え］	友達と様々な体験を重ねる中で、してよいことや悪いことが分かり、相手の立場に立って行動するようになる。また、きまりを守る必要性がわかる。
（オ）［社会生活との関わり］	家族を大切にしようとする気持ちをもつとともに、地域の身近な人と触れ合う中で、社会とのつながりなどを意識するようになる。
（カ）［思考力の芽生え］	身近な事象に積極的に関わる中で、物の性質や仕組みなどを感じ取ったり、気付いたり、考えたり、工夫したりする。また自分と異なる考えがあることに気付き、自分の考えをよりよいものにするようになる。
（キ）［自然との関わり・生命尊重］	自然に触れて感動する体験を通して、自然の変化などを感じ取り、好奇心や探求心をもって考え言葉などで表現する。また、生命の不思議さや尊さに気付き、大切にする気持ちをもって関わるようになる。
（ク）［数量や図形、標識や文字などへの関心・感覚］	遊びや生活の中で、数量や図形、標識や文字などに親しむ体験を重ねたり、その役割に気付いたりし、興味や関心、感覚をもつようになる。
（ケ）［言葉による伝え合い］	保育士等や友達と心を通わせる中で、絵本や物語などに親しみながら、豊かな言葉や表現を身に付け、相手の話を注意して聞いたりし、言葉による伝え合いを楽しむようになる。
（コ）［豊かな感性と表現］	心を動かす出来事などに触れ感性を働かせる中で、様々な素材の特徴や表現の仕方などに気付き、感じたことや考えたことを自分で表現し、友達同士で表現する過程を楽しむ。

幼児期の終わりまでに育ってほしい姿は、到達目標ではなく方向目標なので、試験で「身につくように指導する」といった選択肢は誤りの可能性が高いよ。

Q　次の文は、「保育所保育指針」第１章「総則」１（4）「保育の環境」の一部である。保育の環境には、保育士等や子どもなどの人的環境、園舎や遊具などの物的環境、更には生活や社会の事象などがある。（2012、2016 前）

環境を通して行う保育

- 保育の環境には、保育士や友だちなどの[人的環境]、施設や遊具などの[物的環境]、自然や社会などの[事象]がある。
- 環境の構成にあたって4つの留意点が示されている。

「保育所保育指針」保育の環境についての留意点

第1章「総則」1(4)保育の環境

ア 子ども自らが環境に関わり、[自発的]に活動し、様々な経験を積んでいくことができるように配慮すること。
イ 子どもの活動が豊かに展開されるよう、保育所の設備や環境を整え、保育所の[保健的環境]や[安全の確保]などに努めること。
ウ 保育室は、[温かな親しみ]と[くつろぎの場]となるとともに、生き生きと活動できる場となるように配慮すること。
エ 子どもが[人と関わる力]を育てていくため、子ども自らが周囲の子どもや大人と関わっていくことができる環境を整えること。

保育における配慮事項

- 「保育所保育指針」では、保育全般に関わる配慮事項とともに、年齢ごと(乳児、1歳以上3歳未満、3歳以上)の保育の実施に関わる配慮事項が記載されている。

「保育所保育指針」乳児保育の配慮事項

第2章「保育の内容」1(3)「保育の実施に関わる配慮事項」

ア 乳児は疾病への抵抗力が弱く、心身の機能の未熟さに伴う疾病の発生が多いことから、一人一人の[発育]及び[発達状態]や[健康状態]についての適切な判断に基づく保健的な対応を行うこと。
イ 一人一人の子どもの[生育歴]の違いに留意しつつ、欲求を適切に満たし、[特定の保育士]が応答的に関わるように努めること。

「保育所保育指針」1歳以上3歳未満児保育の配慮事項

第2章「保育の内容」2(3)「保育の実施に関わる配慮事項」

ア 特に[感染症]にかかりやすい時期であるので、体の状態、機嫌、食欲などの日常の状態の観察を十分に行うとともに、適切な判断に基づく[保健的な対応]を心がけること。
イ [探索活動]が十分できるように事故防止に努めながら活動しやすい環境を整え、全身を使う遊びなど様々な遊びを取り入れること。(後略)

A ×:「園舎」ではなく「施設」、「生活」ではなく「自然」が正しい。

ウ　担当の保育士が替わる場合には、子どものそれまでの経験や発達過程に留意し、職員間で協力して対応すること。
エ　[自我が形成]され、自分の気持ちに気づく時期なので、情緒の安定を図りながら、子どもの[自発的]な活動を尊重するとともに促していく。

担当の保育士が替わる場合の対応についても、過去に出題されたことがあるから、対応をしっかり理解しておこう。

「保育所保育指針」3歳児以上児の配慮事項

第2章「保育の内容」3(3)「保育の実施に関わる配慮事項」

ア　第1章の4の(2)に示す[幼児期の終わりまでに育ってほしい姿]が、ねらい及び内容に基づく活動全体を通して、[資質・能力]が育まれている子どもの小学校就学時の具体的な姿であることを踏まえ、指導を行う際には適宜考慮すること。
イ　子どもの発達や成長の援助をねらいとした活動の時間については、[意識的]に保育の計画等において位置付けて、実施することが重要であること。なお、そのような活動の時間については、保護者の就労状況等に応じて[子どもが保育所で過ごす時間がそれぞれ異なる]ことに留意して設定すること。

子ども同士のトラブル起きたときはどう考えればいいのかなぁ？

原因を決めつけて一方的に注意するんじゃなくて、「子どもが何を考えてその行動を取ったのか」を汲み取って配慮することが必要だよ。

Q　担当の保育士が替わる場合には、子どものそれまでの経験や発達過程に留意し、職員間で協力して対応すること。(2016 前)

「保育所保育指針」保育の実施に関して留意すべき事項

第2章「保育の内容」4(1)「保育全般に関わる配慮事項」

ア　子どもの[心身]の発達及び[活動]の実態などの[個人差]を踏まえるとともに、一人一人の子どもの気持ちを受け止め、援助すること。(後略)
イ　子どもの健康は、生理的・身体的な育ちとともに、自主性や社会性、豊かな感性の育ちとがあいまってもたらされることに留意すること。
ウ　子どもが自ら周囲に働きかけ、[試行錯誤]しつつ自分の力で行う活動を[見守り]ながら、適切に援助すること。
エ　子どもの入所時の保育にあたっては、できるだけ[個別的]に対応し、子どもが[安定感]を得て、次第に保育所の生活になじんでいくようにするとともに、すでに入所している子どもに不安や動揺を与えないようにする。
オ　子どもの[国籍]や[文化]の違いを認め、互いに尊重する心を育てるようにする。
カ　子どもの[性差]や個人差にも留意しつつ、性別などによる固定的な意識を植え付けることがないようにする。

保育では、発育状態など一人ひとりの違いを認識した上で、それぞれの子どもに合わせた保育を行うことが重要なんだね。

家庭・地域との連携

家庭との連携

- 保育所の役割は「[家庭]との緊密な連携の下に[養護]及び[教育]を一体的」に保育を行うことであり、家庭と保育所が[相互理解]を図ることが大切である。

地域との連携

- [保育に支障がない限り]において、地域の実情や保育所の体制等を踏まえ、地域の保護者等に対する子育て支援を積極的に行うよう努める。
- 子育て支援に関わる[地域の人材]の積極的な活用を図るよう努める。
- 保育所保育指針第1章「総則」では、保育所は、地域に対して[保育内容]の説明を行う[努力義務]があることを示している。

A　○：設問文の通りである。

幼稚園との連携

- 積極的に意見交換を行い、教育内容を連携させることにより小学校への円滑な接続が期待できる。
- 学校教育法において、幼稚園は「[幼児を保育し]」とあり、保育所保育指針において保育所は「[養護と教育を一体的に行う]」とある。
- 保育所保育指針、幼稚園教育要領、認定こども園教育要領では[3歳以上の保育内容に関しては同一のもの]となっている。

小学校との連携

- 保育所保育において育まれた資質・能力を踏まえ、小学校教師との[意見交換]や合同の[研究]の機会などを設け、[幼児期の終わりまでに育ってほしい姿]を共有するなど連携を図り、保育所保育と小学校教育との円滑な[接続]を図るよう努めること。
- 保育所においては、保育所保育が、小学校以降の生活や学習の基盤の育成につながることに配慮し、幼児期に[ふさわしい生活]を通じて、[創造的な思考や主体的な生活態度]などの基礎を培うようにする。
- 就学に際して、小学校を訪問したり小学生と交流する機会を設け、小学校生活に見通しを持てるようにし、行事等活用したり日常的に接する機会を設ける。
- 子どもに関する[情報共有]に関して、市町村の支援の下に、子どもの育ちを支える資料を「保育所児童保育要録」として保育所から小学校へ送付されるようにする。
- 保育所児童保育要録は子どもの状況などに応じて柔軟に作成し、保護者の思いを踏まえつつ記載する。

保育士の専門性

保育士の法的位置づけと責務

- 保育士の有資格者が保育士となるには、保育士登録簿に登録し、[都道府県]より資格の付与を受ける。
- 2003(平成15)年に[名称独占]の[国家資格]となった。
- 保育士は、[倫理観]に裏付けられた「[専門的知識]及び[技術]をもって、児童の保育及び児童の保護者に対する保育に関する指導を行うことを業とする者のことをいう」とされている。

Q 「児童福祉法」では、保育士の資格を持たない人でも、子育ての経験があれば保育士の名称を用いて保育の仕事をすることが認められている。(2018 後)

- 「正当な理由がなく、その業務に関して知り得た人の[秘密]を漏らしてはならない。[保育士]でなくなった後においても、同様とする」とある。

業務独占資格ではなく名称独占資格ということは、保育士の資格がない人でも、保育士と同じ業務を行うことができるということだね。

保育士の資質向上

- 保育所内外の[研修等]を通じて、保育士・看護師・調理員・栄養士等、[それぞれの職務内容に応じた専門性]を高めるため、必要な[知識及び技術]の修得、維持及び向上に努めなければならない。
- [子どもの最善の利益]を考慮し、[人権]に配慮した保育を行うためには、職員一人ひとりの[倫理観]や[人間性]、職員としての職務及び責任の理解と自覚が必要である。
- 保育所においては[自己評価]等を通じて把握した課題に[組織的]に対応するため、改善や役割分担の見直し等に取り組み、職位や職務内容等に応じ必要な知識及び技術を身につけられるよう努める。

施設長の責務

- 保育所の[全体的な計画]や各職員の[研修機会]を確保し、専門性の向上を図る。

保育の目標

- 保育所保育指針では、「[養護]」及び「幼児教育」の5領域と合わせて6つの保育の目標が明記されている。

「保育所保育指針」における「保育の目標」

第1章「総則」1(2)「保育の目標」

ア　十分に[養護]の行き届いた環境の下に、くつろいだ雰囲気の中で子どもの様々な欲求を満たし、[生命の保持]及び[情緒の安定]を図ること。

A ×：保育士は名称独占の資格であるため、無資格者は保育の仕事はできても、保育士と名乗ることはできない。

イ　健康、安全など生活に必要な基本的な[習慣]や[態度]を養い、心身の[健康]の基礎を培うこと。
ウ　人との関わりの中で、人に対する[愛情]と[信頼感]、そして[人権]を大切にする心を育てるとともに、[自主]、[自立]及び[協調]の態度を養い、[道徳性]の芽生えを培うこと。
エ　[生命]、[自然]及び[社会の事象]についての興味や関心を育て、それらに対する豊かな[心情]や[思考力]の芽生えを培うこと。
オ　生活の中で、言葉への[興味]や[関心]を育て、話したり、聞いたり、相手の話を理解しようとするなど、[言葉の豊かさ]を養うこと。
カ　様々な[体験]を通して、豊かな[感性]や[表現力]を育み、[創造性]の芽生えを培うこと。

この文章の中に、養護と幼児教育(5領域)の重要な部分がまとまっているよ。出題頻度も高いので、文章を頑張って覚えよう。

保育の方法

- 保育の目標を達成するためには、一人ひとりの子どもの[実態]を把握し、子どもが[安心感と信頼感]をもって活動できるよう、子どもの[主体性]を尊重し、受け止める必要がある。
- 子どもが[自発的]に関わることができるような環境を用意し、遊びを通して、乳幼児期に[ふさわしい体験]が得られるように、[総合的]な保育を行うことが望まれる。

子どもの実態理解と保育

[家庭の状況]	子どもの家庭状況や地域社会の実態に沿った保育を行う。
[発達の状況]	一人ひとりの発達段階に応じた発達課題を考える。
[生活リズム]	子ども一人ひとりの生活リズムを大切にしながら、調和のとれた生活を送れるよう整える。

「保育所保育指針」における保育の目標

第1章「総則」1(3)「保育の方法」

ア　一人一人の子どもの状況や家庭及び地域社会での生活の実態を把握するとともに、子どもが[安心感と信頼感]をもって活動できるよう、子どもの主体としての[思いや願い]を受け止めること。

Q　次の文は、「保育所保育指針」第1章「総則」の(2)「保育の方法」の一部である。一人一人の子どもの状況や家庭及び地域社会での生活の実態を把握するとともに、子どもが安心感と信頼感を持って活動できるよう、子どもの主体としての意欲や態度を受け止めること。(2018前)

イ　子どもの[生活のリズム]を大切にし、健康、安全で情緒の安定した生活ができる環境や、自己を十分に発揮できる環境を整えること。
ウ　子どもの発達について理解し、一人一人の[発達過程]に応じて保育すること。その際、子どもの[個人差]に十分配慮すること。
エ　子ども[相互の関係づくり]や互いに尊重する心を大切にし、集団における活動を効果あるものにするよう援助すること。(後略)
カ　一人一人の保護者の状況やその[意向]を理解、受容し、それぞれの親子関係や家庭生活等に配慮しながら、[様々な機会]をとらえ、適切に援助すること。

保育における個と集団への配慮

- 個別保育は、主に[3歳未満児]が対象であり、個人差やそれぞれの興味に即した保育である。
- 集団保育は、子どもの[相互の関係づくり]や互いに[尊重する心]を大切にできるよう援助を行う保育である。
- 異年齢で構成される組やグループでの保育においては、一人ひとりの子どもの[経験、発達過程]などを考慮し、適切な援助や環境構成を行う。
- 生活リズムや在園時間が異なる子どもがともに過ごすことを踏まえ、活動と休息、緊張感と解放感の調和を図るよう配慮する。
- 保育所では、一日の[在園時間]が異なる子どもがともに過ごすため、午睡の時間など生活リズムが[一律]にならないよう配慮する。
- 長時間にわたる保育については、子どもの[発達過程]、[生活リズム]及び[心身の状態]に十分配慮して、保育の内容、職員の[協力体制]、[家庭]との連携等を計画に位置づける。
- 障害のある子どもの保育については、[家庭]との連携を密にし、保護者との[相互理解]を図りながら、適切に対応する。

障害のある子どもの保育では、個別に支援計画を作成するなどの配慮をした上で、他の子どもとともに成長できるように考えることがポイントなんだ。

保育の計画

- 保育の計画には大きく分けて「全体的な計画」と「指導計画」がある。

A　×：「意欲や態度」ではなく「思いや願い」が正しい。

保育の計画

全体的な計画	保育所保育の[全体像を包括的]に示したものであり、子どもの[発達過程]を踏まえ、保育の内容が[組織的・計画的]に構成され、保育所の生活全体を通し、[総合的]に展開されるよう作成する。
指導計画	[全体的な計画]に基づいて、保育目標や保育方針を具体化する計画。[長期的指導計画]と[短期的指導計画]がある。

全体的な計画作成上の留意点

①子どもの家庭状況や、地域の実態、保育時間などを考慮し、子どもの育ちに関する[長期的見通し]をもって適切に作成すること。
②全体的な計画に基づいて作成される[指導計画]、保健計画、食育計画等を通じて、各保育所が[創意工夫]して保育できるよう作成すること。

指導計画作成上の留意点

①3歳未満児については、一人ひとりの子どもの生育歴、心身の発達、活動の実態等に即して、[個別的な計画]を作成すること。
②3歳以上児については、個の成長と、[子ども相互の関係]や[協働的な活動]が促されるよう配慮すること。
③異年齢で構成される組やグループの保育においては、一人ひとりの子どもの生活や経験、[発達過程]などを把握し、適切な援助や環境構成ができるように配慮すること。
④子どもの[発達過程]を見通し、生活の[連続性]、季節の変化などを考慮し、子どもの[実態]に即した具体的なねらい及び内容を設定すること。

「指導計画の作成」は、計画を立てるだけではなく、見直しをして、改善につなげていくことが大切だとされているよ。

指導計画の展開

①施設長、保育士など[全職員]による適切な役割分担と協力体制を整える。
②子どもが行う具体的な行動は、生活の中でさまざまに変化することに留意して、子どもが望ましい方向に向かって[自ら活動を展開]できるよう必要な援助を行う。

Q 次の文は、「保育所保育指針」第1章「総則」(1)「全体的な計画の作成」の一部である。全体的な計画は、子どもや家庭の状況、地域の実態、保育時間などを考慮し、子どもの育ちに関する短期的見通しをもって適切に作成されなければならない。(2022後)

③子どもの[主体的な活動]を促すためには、保育士等が多様なかかわりを持つことが重要であることを踏まえ、子どもの情緒の安定や発達に必要な豊かな体験が得られるよう援助する。
④保育士等は、子どもの実態や子どもを取り巻く状況の変化などに即して保育の過程を[記録する]とともに、これらを踏まえ、指導計画に基づく保育の内容の[見直し]を行い、[改善を図る]。

保育の評価

- 保育士は、保育の計画や[記録]を通して、自らその保育実践を振り返り、[自己評価]することを通して、[専門性]の向上や保育実践の改善に努める。
- 子どもの活動内容やその結果だけでなく、心の育ちや意欲、取り組む過程などに配慮して自己評価する。
- 保育所は、保育の[質の向上]を図るため、保育の計画の展開や保育士等の[自己評価]を踏まえ、保育の内容等について、自ら評価を行い、その結果を[公表]するように努める。
- 保育所保育の内容等の評価に関しては、[保護者]及び[地域住民]などの意見を聞くことが望ましい。
- 保育所が自己評価を行うに当たっては、[地域の実情]や保育所の実態に即して、適切に評価の観点や項目等を設定し、全職員による[共通理解]をもって取り組むよう留意すること。

保育内容を評価することは義務なの？

保育の評価は、現場の保育が常に改善されていくための、また、保育士自身の知識と技術が向上するための方法なんだ。よりよい保育を提供するために現状把握し、問題意識をもつきっかけとなるため、必ず実施するよ。

A ×：短期的見通しではなく長期的見通しである。

保育の思想と歴史

諸外国の保育の思想と歴史

著名な人名・主著名・業績①

人名	主著名	業績
コメニウス	[大教授学] [世界図絵]	世界初の絵入り教科書[世界図絵]を著した。自然の中で観察力や感覚を養う[直観教授]を提案する。
ルソー	[エミール] 「社会契約論」	[自然・事物・人間]の教育の一致を説き、[消極的教育]を主張した。[子どもの発見者]と呼ばれる。

\ゴロで暗記!/ コメニウス

コメニウスは 直感 で
（直観教授）

世界の絵を描く 教授
（世界図絵）　（大教授学）

\ゴロで暗記!/ ルソー

消極的なルソーの絵みる?
（消極的教育）　（エミール）

著名な人名・主著名・業績②

人名	主著名	業績
ペスタロッチ	[隠者の夕暮] 「幼児教育の書簡」	孤児院を設立し、孤児たちの救済に尽力した。教育は[家庭生活]において育まれるとして[生活が陶冶（とうや）する]ことを提唱した。 [メトーデ]という直観教授法に基づいた教育方法も確立した。
オーエン	—	イギリスに[性格形成学院]を開設し、子どもの保護と教育を行った。

Q　コメニウスの『世界図絵』（1658年）は、世界初の絵入り教科書といわれ、その後の絵本や教科書に影響を与えた。（2018後）

フレーベル	[人間の教育] [母の歌と愛撫の歌]	世界最古の幼稚園[キンダーガルテン]を創設した。自ら考案した遊具([恩物(おんぶつ)])の普及に努めた。
エレン・ケイ	[児童の世紀]	スウェーデンの社会思想家。[児童中心主義的教育論]を展開した。
ヒル	−	アメリカの進歩主義的保育を代表する指導者で、形式化した[フレーベル主義]を批判し、のちに自身の名前が付けられる大型積み木を考案した。

\ゴロで暗記!/ ペスタロッチ

夕方隠れて(隠者の夕暮) 陶器(生活が陶冶する) をめでながら(メトーデ)
ペペロンチーノ(ペスタロッチ)を食べる

\ゴロで暗記!/ フレーベル

フレーフレー!(フレーベル)
おんぶ(恩物) 競争(人間の教育) で 金メダル(キンダーガルテン)

\ゴロで暗記!/ オーエン

性格形成(性格形成)を 応援(オーエン) する

\ゴロで暗記!/ エレン・ケイ

エレン(エレンケイ)が書いた 児童(児童の世紀) の本

A ○:設問文の通りである。

著名な人名・主著名・業績③

人名	主著名	業績
モンテッソーリ	[モンテッソーリ・メソッド]	ローマのスラムに開設された[子どもの家]の初代主任。「子どもの家」での教育理論をまとめた[モンテッソーリ・メソッド]を作成した。また、知的障害の子どもの教育のための[モンテッソーリ教具]を開発した。
ボウルビィ	[乳幼児の精神衛生]	幼児期に母親との愛着をもつことが、後の人格形成の基礎となる[アタッチメント理論(愛着理論)]を展開した。
デューイ	「学校と社会」	シカゴ大学内に[実験学校]を開設。[経験主義]、[実験主義]を基本原理と考えた。
ロック	[教育に関する考察]	子どもは白紙のようなもので、経験や環境で変化する[白紙説(タブラ・ラサ)]を唱えた。
シュタイナー	「神智学」	人智学に基づくシュタイナー教育の創設者。ドイツに[自由ヴァルドルフ学校]を創設した。
マズロー	[人間性の心理学]	アメリカの心理学者で、人間の健康的な側面を重視した人間性心理学を確立し、自己実現の欲求を健康な人間の理想の最終的な段階とする[5つの階層的欲求理論]を論じた。
ハウ	—	アメリカの婦人宣教師として来日し、1889年に[頌栄幼稚園を開設]し、頌栄保姆伝習所の初代所長に就任。[フレーベル保育理論]の普及に力を注いだ。

\ゴロで暗記!/ モンテッソーリ

モテモテの総理が
(モンテッソーリ)
子どもの家を建てた

\ゴロで暗記!/ デューイ

デューイ、学校と社会の

問題を解決する
(問題解決学習)

Q デューイは著書である『エミール』によって、当時の子ども観に対して大きな影響を与えた。(2016前)

\ゴロで暗記! / ロック

真っ白い 服で ロック!
(白紙説)

\ゴロで暗記! / シュタイナー

自由 の女 神って
(自由ヴァルドルフ学校) (神智学)

どんな 人? 知りたいな〜
(人智学) (シュタイナー)

日本の保育の思想と歴史

著名な人名・業績①

人名	業績
赤沢鍾美(あつとみ)	[新潟静修学校] を設立と同時に、子どもを保育するための常設託児所を開設した。それが発展したものが [守孤扶独(しゅこふどく)幼稚児保護会] である。
石井十次	日本初の児童養護施設 [岡山孤児院] を創設した。また、保育施設 [愛染橋保育所] を設立した。
石井亮一	日本初の知的障害児のための施設 [滝乃川学園] を創設した。

\ゴロで暗記! / 赤沢鍾美

新潟 の赤色の
(新潟静修学校) (赤沢鍾美)

鍾乳洞を 守った
(守孤扶独幼稚児保護会)

A ×:デューイではなく、ルソーである。

\ゴロで暗記!/ 石井十次

岡山 で 十時 に集合
（岡山孤児院）（石井十次）

\ゴロで暗記!/ 石井亮一

滝 に石を持って漁に出る
（滝乃川学園）（石井亮一）

石井亮一と石井十次は名前が似ているけど、「石井亮一＝知的障害児」「石井十次＝孤児」と誰を対象として施設を設立したかをおさえれば覚えやすいよ。

著名な人名・業績②

人名	業績
留岡幸助	非行少年保護のため巣鴨に［ 家庭学校 ］を設立した。
野口幽香	貧しい家庭を対象に森島峰と、［ 二葉幼稚園 ］を開園した。
高木憲次	肢体不自由児のための施設［ 整肢療護園（せいしりょうごえん） ］を設立した。
糸賀一雄	知的障害児のための［ 近江学園 ］、重症心身障害児のための［ びわこ学園 ］を設立。［ この子らを世の光に ］という言葉を残した。

\ゴロで暗記!/ 留岡幸助

家庭 に泊めようか
（家庭学校）（留岡幸助）

Q 童話と童謡の月刊雑誌『赤い鳥』が西条八十によって創刊され、『おとぎの世界』、『コドモノクニ』などがこれに続いた。(2018後)

ゴロで暗記！ 二葉幼稚園

二葉 が 野 と 森に生えた
（二葉幼稚園）（野口幽香）（森島峰）

ゴロで暗記！ 糸賀一雄

お！海 と 琵琶湖をつなぐ
（近江学園）（びわこ学園）

糸が 1 本
（糸賀一雄）

著名な人名・業績③

人名	業績
貝原益軒	江戸時代の儒学者。日本初の体系的な児童教育書［ 和俗童子訓 ］を著した。
鈴木三重吉	唱歌を批判し、［ 赤い鳥童謡運動 ］を行った。雑誌［ 赤い鳥 ］を創刊。
倉橋惣三	児童中心主義の教育を広めた。［ 生活を、生活で、生活へ ］と導くことを大切とし、［ 誘導保育 ］を実践した。主著書には［ 幼稚園雑草 ］等がある。［ 保育要領 ］の作成にも携わった。

ゴロで暗記！ 貝原益軒

貝割るぞうくん
（貝原）（和俗童子訓）

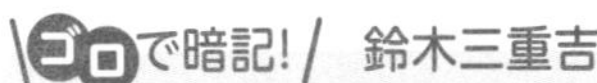

赤い鳥 に 鈴見え た！
（鈴木三重吉）

A ×：「西条八十」ではなく「鈴木三重吉」が正しい。

\ゴロで暗記!/ 倉橋惣三

倉（倉橋惣三） **での** **生活**（生活を、生活で、生活へ） **を**
誘導（誘導保育） **する**

著名な人名・業績④

人名	業績
松野クララ	[東京女子師範学校附属幼稚園] で保母の指導にあたり、[フレーベル] の理論を広めた。
橋詰良一	大阪に[家なき幼稚園] を開設した。
和田実	目白に幼稚園を創立し、[保母養成所] を経営した。共著で[幼児教育法] を出版した。
城戸幡太郎	[社会中心主義] を主張し、[保育問題研究会] を創立した。
東基吉	恩物中心主義の保育を批判し、著書『[幼稚園保育法] 』（明治37年）において、幼児の自己活動を重視するとともに遊戯の価値を論じた。
土川五郎	リズミカルな歌曲に動作を振り付けた「[律動遊戯] 」と童謡などに動作を振り付けた「律動的表情遊戯」を創作した。
豊田芙雄	日本初の保姆となり、松野クララとともにフレーベル主義の保育を展開した。「保育の栞」「恩物大意」などの手記がある。

\ゴロで暗記!/ 松野クララ

クララ（松野クララ） **の師範は**
東京（東京女子師範学校附属幼稚園） **にいる**

\ゴロで暗記!/ 橋詰良一

橋（橋詰良一） **はあるけど**
家がない幼稚園（家なき幼稚園）

Q 家なき幼稚園は、園舎を持たない幼稚園で、1922（大正 11）年に橋詰良一によってはじめられた。（2021 前）

\ゴロで暗記！／ 和田実

その実（和田実）を食べると、

ほぼ妖精（保母養成所）になる

\ゴロで暗記！／ 城戸幡太郎

社会の中心で（社会中心主義）気取（城戸幡太郎）って

保育問題研究（保育問題研究会）する

\ゴロで暗記！／ 東 基吉

東の基地（東 基吉）で、

幼稚園保育法考えた

\ゴロで暗記！／ 土川五郎

土川の上でゴロゴロ（土川五郎）

律動（律動遊戯）を始める

2章 保育原理

A ○：設問文の通りである。

05 保育の現状

諸外国における保育の現状

アメリカ	貧困撲滅政策の一環として、低所得者層の幼児を対象とし、入学後の学習効果を促進させることを意図した補償教育計画［ ヘッド・スタート計画 ］を行っている。
イギリス	貧困地域への保育支援策（［ シュア・スタート ］）や［ 3歳 ］以降の保育学校の無償化等、保育基盤が整ってきている。また、シュア・スタートを具体化するために全国各地に［ チルドレンズセンター ］という子どもに保育、家族支援等を一体的に提供する施設を設置している。
フランス	慈善事業だった託児所が、1881年の制度改革により［ 保育学校 ］として教育制度に組み込まれた。［ 3歳 ］から［ 就学 ］までの子どもたちはほぼ100%無償で保育を受けている。 2019年より義務教育の一環となり、［ 初等教育の一部 ］に位置付けられている（義務教育学校への就学は6歳から）。
ドイツ	保育関連施設として、①［ 幼稚園 ］（3歳以上）②［ 保育園 ］（3歳未満）③［ 就学段階の学童保育 ］④［ 家庭的保育 ］⑤幼稚園、保育園、学童保育の一体化した保育施設（［ KITA ］）等がある。
イタリア	自治体ごとに独自の保育・幼児教育が行われている。イタリア北部の［ レッジョ・エミリア ］市の保育は、「プロジェクト」と呼ばれるテーマ発展型の保育方法が特徴で、大人が協同して子どもの表現活動を支えている。また、［ アトリエリスタ ］という芸術教師の配置と、子どもの日々の活動や学びを記録する［ ドキュメンテーション ］もレッジョ・エミリアの保育・教育実践の特徴の一つである。
ニュージーランド	マーガレット・カー（Carr, M.）を中心に、子どもたちの育ちや経験を観察し、写真や文章などの記録を通して理解しようとする方法である「［ ラーニング・ストーリー ］」がニュージーランドで開発された。

ゴロで暗記！ ヘッド・スタート計画

アメリカ では ペット・スター・
（ヘッド・スタート計画）
コンテストが行われる

Q ヘッド・スタート計画は、アメリカのリンドン・ジョンソン（Johnson, L.B.）大統領によって、1965年から展開された保育施策である。（2017前）

\ゴロで暗記!/ シュア・スタート

イギリス　で　手話が始まった
(シュア・スタート)

待機児童

- 待機児童を解消することも重要政策となっており、平成25年4月から「[待機児童解消加速化プラン]」に基づいて取り組みを進めた結果、保育の受け皿は、平成25～27年度の3年間で約31万人分増えた。
- 平成28年度から始められた企業主導型保育事業は、仕事と子育てとの両立を支援することを目的とした事業として、待機児童解消策の一つに位置づけられている。
- 厚生労働省は、平成29年6月に「[子育て安心プラン]」を発表し、さまざまな施策を通じてさらに全国の待機児童解消に取り組むとしている。

主な子育て支援事業

放課後児童健全育成事業	昼間、保護者が就労により不在の[小学生]を対象とし、適正な遊び場や生活の場を与え子どもの健全育成を図る。
子育て短期支援事業	保護者の疾病などによって一時的に養育できない場合や経済的理由で緊急一時的に[児童養護施設]において養育・保護を行う。短期入所生活援助ショートステイ事業、夜間養護等トワイライトステイ事業がある。
地域子育て支援拠点事業	乳児又は幼児及びその保護者が[相互の交流]を行う場所を開設し、子育てについての[相談、情報の提供、助言]その他の援助を行う事業をいう。
一時預かり事業	家庭において保育を受けることが一時的に困難となった乳児又は幼児について、主として昼間において、[保育所]、[認定こども園]などにおいて、一時的に預かり、必要な保護を行う事業をいう。
病児保育事業	保育が必要な乳幼児や、保護者の就労、疾病などにより家庭での保育が受けられない小学生が疾病にかかった際に、[保育所]、[認定こども園]、[病院]、[診療所]等で保育を行う事業。

A ○：設問文の通りである。

06 乳児保育

乳児保育の意義・目的と役割

- 保育所保育指針では乳児保育のねらいとして、健やかに伸び伸びと育つ、[身近な人] と気持ちが通じ合う、身近なものと関わり[感性] が育つ、の3つが記載されている。

「保育所保育指針」乳児保育のねらい

1　乳児保育に関わるねらい及び内容
(1)基本的事項

ア　乳児期の発達については、[視覚]、[聴覚]などの感覚や、[座る]、[はう]、[歩く]などの運動機能が著しく発達し、特定の大人との応答的な関わりを通じて、情緒的な[絆]が形成されるといった特徴がある。これらの発達の特徴を踏まえて、乳児保育は、愛情豊かに、[応答的]に行われることが特に必要である。

(2)ねらい及び内容

ア　健やかに伸び伸びと育つ
健康な心と体を育て、自ら健康で安全な生活をつくり出す力の基盤を培う。
(ア)ねらい
①[身体感覚]が育ち、快適な環境に心地よさを感じる。
②伸び伸びと体を動かし、[はう]、[歩く]などの運動をしようとする。
③[食事]、[睡眠]等の生活のリズムの感覚が芽生える。

乳児保育の内容

(イ)内容

①保育士等の愛情豊かな[受容]の下で、[生理的・心理的欲求]を満たし、心地よく生活をする。
②一人一人の発育に応じて、[はう]、[立つ]、[歩く]など、十分に体を動かす。
③個人差に応じて授乳を行い、[離乳]を進めていく中で、様々な食品に少しずつ慣れ、食べることを楽しむ。
④一人一人の[生活のリズム]に応じて、安全な環境の下で十分に午睡をする。
⑤[おむつ交換]や[衣服の着脱]などを通じて、清潔になることの心地よさを感じる。

Q　保育所保育指針には、「乳児保育に関わるねらい及び内容」として「保育者に助けられながら、他の子どもとの関わり方を少しずつ身に付ける」と記載されている。(2018後改)

乳児の発育・発達を踏まえた保育

- 乳児の[欲求] を適切に満たし、身の回りのものに対する[興味や関心がもてる] ように、援助や関わりを行う。

乳児の生活・遊び

（イ） 内容

①身近な生活用具、玩具や絵本などが用意された中で、[身の回りのもの]に対する興味や好奇心をもつ。
②生活や遊びの中で様々なものに触れ、[音]、[形]、[色]、[手触り]などに気付き、感覚の働きを豊かにする。
③保育士等と一緒に様々な色彩や形のものや[絵本]などを見る。
④玩具や身の回りのものを、つまむ、つかむ、たたく、引っ張るなど、[手]や[指]を使って遊ぶ。
⑤保育士等のあやし遊びに機嫌よく応じたり、歌やリズムに合わせて手足や体を動かして楽しんだりする。

乳児の発育・発達を踏まえた保育士等による援助や関わり

（ウ） 内容の取扱い

①玩具などは、音質、形、色、大きさなど子どもの[発達状態]に応じて適切なものを選び、その時々の子どもの興味や関心を踏まえるなど、遊びを通して感覚の発達が促されるものとなるように工夫すること。なお、安全な環境の下で、子どもが[探索意欲]を満たして自由に遊べるよう、身の回りのものについては、常に十分な[点検]を行うこと。

乳児の発育・発達を踏まえた保育における配慮

（3） 保育の実施に関わる配慮事項

ア　乳児は疾病への[抵抗力]が弱く、心身の機能の未熟さに伴う疾病の発生が多いことから、一人一人の発育及び発達状態や健康状態についての適切な判断に基づく保健的な対応を行うこと。
イ　一人一人の子どもの[生育歴]の違いに留意しつつ、[欲求]を適切に満たし、特定の保育士が[応答的]に関わるように努めること。
ウ　乳児保育に関わる職員間の連携や嘱託医との連携を図り、（中略）適切に対応すること。栄養士及び看護師が配置されている場合は、その専門性を生かした対応を図ること。

A ×：設問文の内容は１歳以上３歳未満児のものである。乳児保育の項目では「生活や遊びの中で、身近な人の存在に気付き、親しみの気持ちを表す」と記載されている。

07 障害児保育

障害児保育の基本

- 障害のある子どもとの関わりにおいては、[個に応じた] 関わりと[集団の中の一員] としての関わりの両面を大事にしながら、職員相互の連携の下、[組織的] かつ計画的に保育を展開する。
- 障害や発達上の課題のある子どもが、他の子どもとともに成功する体験を重ね、子ども同士が落ち着いた雰囲気の中で育ち合えるようにするための工夫が必要である。
- その子どもの課題等を分析し、特性や能力に応じ、目標を少しずつ達成していけるよう細やかな設定をし、援助内容を計画に入れる。

「保育所保育指針」指導計画の作成

(2) 指導計画の作成

キ 障害のある子どもの保育については、一人一人の子どもの発達過程や障害の状態を把握し、適切な環境の下で、障害のある子どもが他の子どもとの生活を通して[共に成長]できるよう、[指導計画]の中に位置付けること。また、子どもの状況に応じた保育を実施する観点から、家庭や関係機関と連携した支援のための計画を[個別に作成]するなど適切な対応を図ること。

食育の推進

(2) 食育の環境の整備等

ウ 体調不良、食物アレルギー、障害のある子どもなど、一人一人の子どもの心身の状態等に応じ、[嘱託医]、[かかりつけ医]等の指示や協力の下に適切に対応すること。栄養士が配置されている場合は、[専門性]を生かした対応を図ること。

保護者支援・地域との連携

イ 子どもに障害や発達上の課題が見られる場合には、[市町村]や[関係機関]と連携及び協力を図りつつ、保護者に対する[個別の支援]を行うよう努めること。

Q 次の文は、「保育所保育指針」第4章「子育て支援」1「保育所における子育て支援に関する 基本的事項」の一部である。保護者に対する子育て支援を行う際には、各地域や家庭の実態等を踏まえるとともに、保護者の生活を受け止め、相互の信頼関係を基本に、保護者の自己決定を尊重すること。(2022 後)

子育て支援

保育所における保護者に対する支援の基本

- 「児童福祉法」第18条の4に、児童の保護者に対する[保育に関する指導]も保育士の業務に含まれているが、まずは保護者の[意向を受け止め]、安定した関係を配慮することが求められる。
- 保育所保育指針第4章「子育て支援」には、「保育所を利用している保護者に対する子育て支援」として3項目記載されている。それらは「保護者との[相互理解]」、「保護者の状況に配慮した[個別の支援]」、「[不適切な養育等]が疑われる家庭への支援」である。

「保育所保育指針」第4章「子育て支援」保育所の特性を生かした子育て支援

ア　保護者に対する子育て支援を行う際には、各地域や家庭の実態等を踏まえるとともに、[保護者の気持ち]を受け止め、相互の[信頼関係]を基本に、保護者の[自己決定]を尊重すること。

イ　保育及び子育てに関する知識や技術など、保育士等の[専門性]や、子どもが常に存在する環境など、[保育所の特性]を生かし、保護者が子どもの成長に気付き子育ての喜びを感じられるように努めること。

家庭に保育内容を伝えるためのクラスだよりや、家庭へ協力依頼する場合の掲示内容など、事例を基にした問題が出題されているよ。[共感・受容・傾聴] など、保護者支援の基本的な姿勢を覚えて対処しよう。

子育て支援に関して留意すべき事項

ア　保護者に対する子育て支援における地域の関係機関等との連携及び協働を図り、保育所全体の体制構築に努めること。

イ　[子どもの利益]に反しない限りにおいて、保護者や子どもの[プライバシー]を保護し、知り得た事柄の[秘密]を保持すること。

A　×：生活ではなく気持ちである。

保護者との相互理解

ア　日常の保育に関連した様々な機会を活用し子どもの日々の様子の伝達や収集、保育所保育の意図の説明などを通じて、保護者との[相互理解]を図るよう努めること。
イ　保育の活動に対する保護者の[積極的な参加]は、保護者の子育てを自ら実践する力の向上に寄与することから、これを促すこと。

保護者の状況に配慮した個別の支援

ア　保護者の就労と子育ての両立等を支援するため、保護者の多様化した[保育の需要]に応じ、病児保育事業など多様な事業を実施する場合には、保護者の状況に配慮するとともに、[子どもの福祉]が尊重されるよう努め、子どもの[生活の連続性]を考慮すること。
イ　子どもに障害や発達上の課題が見られる場合には、[市町村]や関係機関と連携及び協力を図りつつ、保護者に対する[個別の支援]を行うよう努めること。
ウ　外国籍家庭など、特別な配慮を必要とする家庭の場合には、状況等に応じて[個別の支援]を行うよう努めること。

不適切な養育等が疑われる家庭への支援

ア　保護者に育児不安等が見られる場合には、[保護者の希望]に応じて個別の支援を行うよう努めること。
イ　保護者に不適切な養育等が疑われる場合には、市町村や関係機関と連携し、[要保護児童対策地域協議会]で検討するなど適切な対応を図ること。また、虐待が疑われる場合には、速やかに[市町村]又は[児童相談所]に通告し、適切な対応を図ること。

地域の関係機関等との連携

ア　[市町村]の支援を得て、地域の関係機関等との積極的な連携及び協働を図るとともに、子育て支援に関する地域の人材と積極的に連携を図るよう努めること。
イ　地域の要保護児童への対応など、地域の子どもを巡る諸課題に対し、[要保護児童対策地域協議会]など関係機関等と連携及び協力して取り組むよう努めること。

保護者との意見の相違があったときは、保護者の意見を拒絶したり、それとは逆に無条件に保護者の意見通りにするのではなく、相互理解を図るよう努力することが大切だよ。

子ども家庭福祉

01 子ども家庭福祉の意義と歴史

子ども家庭福祉の理念と概念

- 子ども家庭福祉の理念は、[ウェルビーイング] を基本としている。これを実現するための法律が [児童福祉法] である（第二次大戦後の1947（昭和22）年に制定）。
- 児童憲章は、[日本国憲法] の精神にしたがい、児童に対する正しい観念を確立し、すべての児童の幸福をはかることを目的として、1951（昭和26）年に宣言された。
- 児童の権利に関する宣言は児童の権利に関するジュネーブ宣言の後、国連により採択され、1959（昭和34）年に制定、児童の [受動的権利] をうたっている。
- 児童の権利に関する条約は、1989（平成元）年に [国連（国際連合）] で採択された国際条約であり、初めて子どもの [能動的権利] を認めた内容となっている。なお、ポーランドの小児科医であった [コルチャック] が、この条約の精神に多大な影響を与えた。
- 日本は、児童の権利に関する条約に1994（平成6）年に批准した。そして、2016（平成28）年の [児童福祉法] の改正で、児童の権利に関する条約と理念を同じくすること（[能動的権利] の保障など）が明記された。
- こども基本法は、[日本国憲法] 及び [児童の権利に関する条約] の精神にのっとり [権利の擁護] が図られ幸福な生活を送ることができる社会の実現を目指すことを目的とする法律である。2022（令和4）年に制定され、施行は2023（令和5）年4月である。

児童憲章

前文

われらは、[日本国憲法]の精神にしたがい、児童に対する正しい観念を確立し、すべての児童の幸福をはかるために、この憲章を定める。
児童は、[人として尊ばれる]。
児童は、[社会の一員として重んぜられる]。
児童は、[よい環境の中で育てられる]。

Q 次の文は、「児童憲章」の一部である。児童は、地域の一員として重んぜられる。児童は、よい社会の中で育てられる。（2019 後）

児童の権利に関する条約

第3条

1　児童に関するすべての措置をとるに当たっては、公的若しくは私的な社会福祉施設、裁判所、行政当局又は立法機関のいずれによって行われるものであっても、児童の[最善の利益]が主として考慮されるものとする。

第9条

1　締約国は、児童がその父母の意思に反してその父母から分離されないことを確保する。ただし、権限のある当局が司法の審査に従うことを条件として適用のある法律及び手続に従いその分離が[児童の最善の利益]のために必要であると決定する場合は、この限りでない。このような決定は、父母が児童を虐待し若しくは放置する場合又は父母が別居しており児童の居住地を決定しなければならない場合のような特定の場合において必要となることがある。

第12条

1　締約国は、自己の意見を形成する能力のある児童がその児童に影響を及ぼすすべての事項について[自由]に自己の意見を表明する権利を確保する。この場合において、児童の意見は、その児童の年齢及び[成熟度]に従って相応に考慮されるものとする。

第13条

1　児童は、[表現の自由]についての権利を有する。この権利には、口頭、手書き若しくは印刷、芸術の形態又は自ら選択する他の方法により、[国境]とのかかわりなく、あらゆる種類の情報及び考えを求め、受け及び伝える自由を含む。

第18条

1　締約国は、児童の養育及び発達について父母が共同の責任を有するという原則についての認識を確保するために最善の努力を払う。父母又は場合により法定保護者は、児童の養育及び発達についての[第一義的]な責任を有する。児童の[最善の利益]は、これらの者の基本的な関心事項となるものとする。

2　締約国は、この条約に定める権利を保障し及び促進するため、父母及び法定保護者が児童の養育についての責任を遂行するに当たりこれらの者に対して[適当な援助]を与えるものとし、また、児童の養護のための[施設、設備]及び[役務]の提供の発展を確保する。

3　締約国は、父母が働いている児童が利用する資格を有する児童の養護のための[役務の提供]及び[設備]からその児童が便益を受ける権利を有することを確保するためのすべての[適当な措置]をとる。

第28条

2　締約国は、学校の規律が児童の人間の尊厳に適合する方法で及びこの条約に従って運用されることを確保するためのすべての適当な措置をとる。

A　×：正しくは、以下の通りである。児童は、「社会の一員」として重んぜられる。児童は、よい「環境」の中で育てられる。

第31条

1　締約国は、[休息及び余暇]についての児童の権利並びに児童がその年齢に適した遊び及び[レクリエーション]の活動を行い並びに文化的な生活及び[芸術]に自由に参加する権利を認める。

子ども家庭福祉の歴史的変遷(日本中心)

年	場所	概要
1874(明治7)年	日本	日本初の福祉の法律である[恤救規則]が制定・施行された。
1887(明治20)年	日本	石井十次が日本最初の[児童養護施設]である[岡山孤児院]を設立した。
1890(明治23)年	日本	赤沢鍾美が現在の保育所のはじまりとなる[新潟静修学校附設託児所]を開設した。
1891(明治24)年	日本	石井亮一が日本最初の[知的障害児施設]である[滝乃川学園]を開設した。
1899(明治32)年	日本	留岡幸助が現在の児童自立支援施設の基礎となる[家庭学校]を東京(巣鴨)に設立した。
1900(明治33)年	日本	不良行為をなし、またはなすおそれがある少年を対象にした[感化法]が公布された。 野口幽香と森島峰が[二葉幼稚園]を開設した。
1924(大正13)年	国際連盟	子どもの受動的権利を認めた[児童の権利に関するジュネーブ宣言]([ジュネーブ宣言])が採択。
1929(昭和4)年	日本	恤救規則にかわり、[救護法]制定。
1933(昭和8)年	日本	[児童虐待防止法]制定・施行。 「感化法」が[少年教護法]に改正された。
1942(昭和17)年	日本	高木憲次が日本で最初の肢体不自由児施設である[整肢療護園]を設立した。
1946(昭和21)年	日本	[日本国憲法]公布。
1947(昭和22)年	日本	[児童福祉法]制定。
1948(昭和23)年	国際連合	すべての人間が生まれながらに基本的人権を持っているとした[世界人権宣言]が採択された。
1951(昭和26)年	日本	[児童憲章]が宣言された。
1959(昭和34)年	国際連合	[児童の権利に関する宣言]採択。「児童の最善の利益」が初めて明記された。

Q　次の文は、「児童の権利に関する条約」の一部である。締約国は、休息及び余暇についての児童の権利並びに児童がその年齢に適した遊び及び表現の活動を行い並びに文化的な生活及び芸術に自由に参加する権利を認める。(2022 後)

年	場所	概要
1979(昭和54)年	国際連合	児童の権利に関する宣言から20年を記念し、1979年を[国際児童年]とした。
1989(平成元)年	国際連合	子どもの能動的権利を認めた[児童の権利に関する条約]採択(日本の批准は5年後)。
2023(令和5)年	日本	[こども基本法]施行。

\ゴロで暗記!/ コルチャック

児童の権利 缶詰めは、
(児童の権利に関する条約)
コルクとチャック入り
(コルチャック)

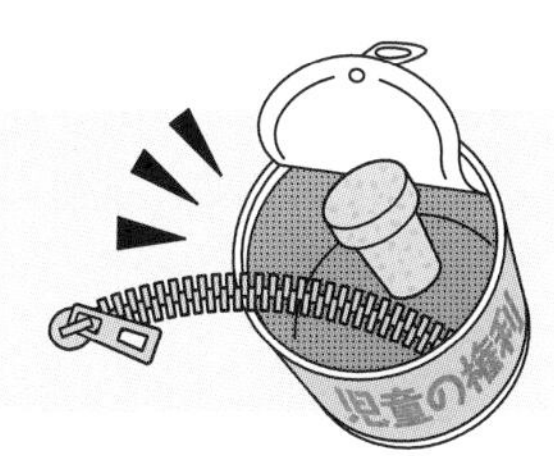

条約や法律を年代別に並べる問題が出題されることがあるよ。「児童の権利に関する宣言」と「児童の権利に関する条約」はまぎらわしいけど、「宣言」が前、「条約」が後と覚えよう。

\ゴロで暗記!/ 世界人権宣言

一休は「幸せを」と
(1948年)
世界に宣言
(世界人権宣言)

保育にかかわる重要人物についてもよく出題されているよ。科目「保育原理」(68ページ)や「教育原理」(166ページ)で紹介されている人物や業績などもあわせて確認しておいてね。

A ×:表現の活動ではなくレクリエーションの活動である。

子ども家庭福祉の制度と実施体系

子ども家庭福祉の制度と法体系

児童福祉法（[1947（昭和22）] 年制定）

- 保育所・児童養護施設などの[児童福祉施設]、子育て支援・[障害児支援] などの児童福祉に関わるサービス、保育士・児童委員など児童福祉にかかわる資格・役割などについて規定しており、日本の児童福祉の根幹となる法律である。

児童福祉法

第一条

全て児童は、[児童の権利に関する条約]の精神にのつとり、適切に養育されること、その生活を[保障されること]、[愛され]、[保護されること]、その心身の健やかな成長及び発達並びにその自立が図られることその他の[福祉]を等しく保障される権利を有する。

第二条

全て国民は、児童が良好な環境において生まれ、かつ、社会のあらゆる分野において、児童の年齢及び発達の程度に応じて、その意見が尊重され、その[最善の利益]が優先して考慮され、[心身ともに健やかに]育成されるよう努めなければならない。

2　児童の保護者は、児童を心身ともに健やかに育成することについて[第一義的責任]を負う。

3　[国]及び[地方公共団体]は、児童の保護者とともに、児童を心身ともに健やかに育成する責任を負う。

児童福祉法の改正の主なポイント

改正年	主な内容
1997（平成9）年	・保育所の入所が[市町村] の措置から、[利用選択方式] に変更となった。 ・児童福祉施設の[名称] 変更と[目的] の変更が行われた。
2001（平成13）年	・[保育士資格の法定化] が行われた（名称独占資格）。
2015（平成27）年	・[子ども・子育て支援新制度] の施策に伴い、「児童福祉法」第39条における保育所利用の要件が「保育に欠ける」から[保育を必要とする子ども] に変更された。

Q「児童福祉法」には、新生児の定義が記載されている。（2022 後）

2016 (平成28)年	・児童の権利に関する条約と理念を同じくすること([能動的権利] の保障など)が明記された。 ・児童の心身の育成についての [第一義的責任] が、児童の保護者にあることが明記された。

児童福祉法における用語と年齢の定義

用語	定義
児童	[満18歳] に満たない者
乳児	[満1歳] に満たない者
幼児	[満1歳] から [小学校就学の始期] に達するまでの者
少年	[小学校就学の始期] から [満18歳] に達するまでの者
障害児	[身体] に障害がある児童、または [知的] 障害のある児童など
妊産婦	妊娠中または出産後1年以内の女子
保護者	[親権を行う者]、未成年後見人その他の者で、[児童を現に監護する者]

「少年法」では少年は20歳未満の者とされていて、「母子及び父子並びに寡婦(かふ)福祉法」では、児童は20歳に満たない者とされているよ。定義の違いも覚えておこう。

児童手当法(1971(昭和46)年制定)

- 父母その他の保護者が子育てについての [第一義的な責任] を有するという基本的認識の下に、[児童を養育している者に児童手当] を支給することにより、家庭等における生活の安定に寄与するとともに、次代の社会を担う児童の健やかな成長に資することを目的とする。
- [中学校修了(15歳に到達後の最初の年度末まで)] までの児童が対象。

児童扶養手当法(1961(昭和36)年制定)

- [父または母と生計を同じくしていない児童] が育成される家庭の生活の安定と自立の促進に寄与することで児童の福祉の増進を図ることを目的とする。
- [母子家庭] だけが支給対象だったが、2010(平成22)年の改正で [父子家庭] も対象となった。支給に際しては、[所得制限] がある。

A ×:乳児の定義は記載されているが、新生児の定義は記載されていない。

ゴロで暗記! 児童手当

児童を手当（児童手当）するのは中学校修了まで

特別児童扶養手当等の支給に関する法律（1964（昭和39）年制定）

- ［ 精神または身体に障害 ］のある児童（［ 20 ］歳未満）に児童福祉手当を支給し、福祉の増進を図ることが目的。
- 児童福祉手当には、養育者に支給される［ 特別児童扶養手当 ］と、在宅で介護を受ける重度障害児本人に支給される［ 障害児福祉手当 ］がある。

児童手当法、児童扶養手当法、特別児童扶養手当等、似ている名前が多いから支給条件などに注意して覚えよう。

母子及び父子並びに寡婦（かふ）福祉法（1964（昭和39）年制定）

- 1964（昭和39）年、母子福祉法として制定、1981（昭和56）年に母子及び寡婦福祉法と改められ、2014（平成26）年に母子及び父子並びに寡婦福祉法と改称された。
- ［ 母子家庭・父子家庭 ］及び寡婦の生活の安定と向上に必要な措置を講じる福祉サービスの提供。
- 自立支援のための［ 就労支援事業 ］や家庭生活支援員が家事や保育などをサポートする［ ひとり親家庭等日常生活支援事業 ］などがある。
- この法律において児童とは、［ 20歳に満たない者 ］と定義されている。

母子保健法（1965（昭和40）年制定）

- ［ 母性 ］、［ 乳幼児 ］の健康の保持と増進のために、保健指導、健康診査、医療その他の措置を講じることを目的としている。

Q 児童扶養手当は、世帯収入が低く、深刻な状態にある母子家庭に支給されており、父子家庭には支給されていない。（2014）

- 乳幼児健康診査の対象は、[満1歳6か月を超え満2歳に達しない幼児]と、[満3歳を超え満4歳に達しない幼児]とされている。

ここで解説した6つの法律は「児童福祉6法」と呼ばれているよ。

子ども家庭福祉に関連するその他の法律

障害者基本法（1970（昭和45）年制定）

- すべての国民が、障害の有無にかかわらず、[等しく基本的人権]を享有するかけがえのない個人として尊重されることを理念とした法律。

児童虐待の防止等に関する法律（児童虐待防止法）（2000（平成12）年制定）

- 児童虐待を禁止し、[予防]、[早期発見]、虐待を受けた子どもの保護と自立支援について定めた法律。

配偶者からの暴力の防止及び被害者の保護等に関する法律（DV防止法）（2001（平成13）年制定）

- 配偶者等からの[暴力の防止]及び[被害者の保護]を図ることを目的とする法律。

発達障害者支援法（2004（平成16）年制定）

- これまでの障害の枠組みでうまく対応できなかった[自閉スペクトラム症（自閉症、アスペルガー症候群、その他の広汎性発達障害）、学習障害（SLD：限局性学習症）、注意欠如・多動症（ADHD）]などの障害児に支援するための法律。

障害者自立支援法（2005（平成17）年制定）

- 障害児及び障害者の地域生活と自立を支援する法律であり、2010（平成22）年の改正で発達障害者が同法の対象となった。

A ×：父子家庭にも支給される。

障害者総合支援法（2012（平成24）年制定）

- 障害者自立支援法が改正され、必要な支援の度合いを表す「[障害程度区分]」が「障害支援区分」に改められた。

障害者差別解消法（2013（平成25）年制定）

- 国・都道府県・市町村などの役所や、会社やお店などの事業者が障害のある人に対し、[正当な理由なく障害を理由として差別することを禁止する] 法律。

児童買春、児童ポルノに係る行為等の規制及び処罰並びに児童の保護等に関する法律（児童買春・児童ポルノ禁止法）（1999（平成11）年制定）

- 子どもを [性的虐待] から守り、傷ついた子どもを保護することを定めた法律。

子どもの貧困対策の推進に関する法律（2013（平成25）年制定）

- 子どもの将来が [その生まれ育った環境] によって左右されることのないよう、育成環境の整備、[教育の機会均等] などを推進するための法律。

こども基本法（2022（令和4）年制定）

- 次代の社会を担う全てのこどもが、生涯にわたる [人格形成] の基礎を築き、その [権利の擁護] が図られ、将来にわたって幸福な生活を送ることができる社会の実現を目指して、[国の責務] 等を明らかにし、こども施策を総合的に推進することを目的とする法律。

子ども家庭福祉に関わる行政及び実施機関

国

- 福祉に関する国の行政機関は [厚生労働省] である。なお、2023（令和5）年4月からは、子ども家庭福祉に関する事務は、新設される [こども家庭庁] が担当する。
- 子ども家庭福祉に関する法律立案、[都道府県]、[指定都市]、[市町村] への指導、監督を行う。

都道府県

- [国] で制定した法律や策定された計画に基づき、具体的な施策を行う。

Q 児童相談所は、子どもに関するあらゆる相談を担当し、設置数は全国で約 1,800 か所（平成 31 年 4 月 1 日現在）と、市町村（特別区を含む）の数とほぼ同数となっている。（2017 前改）

- 市町村に対し必要な助言を行う。
- 児童及び妊産婦の福祉に関し、実情の把握に努め、児童及びその保護者についての調査・[判定] に基づき必要な指導や支援を行う。

市町村

- 管轄の住民に対して子ども家庭福祉サービスを提供する。
- 児童及び妊産婦の福祉に関し、必要な[実情の把握] に努め、必要な[情報の提供] を行う。
- 児童及び妊産婦の福祉に関し、家庭その他からの[相談] に応じ、[必要な調査及び指導] を行うこと並びにこれらに付随する業務を行う。
- 児童相談所や福祉事務所と同様、[児童虐待] の通告窓口である。[虐待] の未然防止・[早期発見] を中心に積極的な取り組みが求められている。

児童相談所

- [児童福祉法] に基づき、[都道府県] 、[指定都市] に設置が義務付けられている。2022(令和4)年7月現在で全国に[229] か所設置されている。
- [18歳未満] の児童に関する相談に応じる、子どもと家庭を支援する専門機関である。[児童福祉司] などが配置されている。
- 相談の受付(通告、送致を含む)から、[調査・判定] などを行い、子どもや保護者への援助を実施している。また、必要があれば原則2か月未満の間[一時保護] を行うことができる。

福祉事務所

- [社会福祉法] に基づいて業務を行う、第一線の福祉の行政機関で、[都道府県及び市(特別区を含む)] に設置義務がある。[町村] は任意設置。
- 生活保護法、児童福祉法、母子及び父子並びに寡婦福祉法等に基づいた[相談] に応じ、[福祉サービス] を実施するための行政機関。

家庭児童相談室

- [福祉事務所] 内に設置され、専任の[社会福祉主事] と非常勤の[家庭相談員] が育児や児童に関する相談に応じる機関。
- [都道府県] 及び[市・特別区] に人口10万人単位で設置が義務付けられている。

A ×：2019（平成31）年4月時点で215箇所である。通常の市町村には設置されていないことを覚えておけば数値がわからなくても解答できる。

保健所・市町村保健センター

- [保健所] は「地域保健法」に基づき、都道府県、指定都市、中核市、特別区などに設置されている。地域保健対策に関する [専門的かつ技術的な業務] について、企画、調整、指導及びこれらに必要な事業を行うとともに市町村への積極的な支援に努める。
- [市町村保健センター] は「地域保健法」に基づいて市町村に設置することができる。[住民] に対し、[健康相談]、[保健指導] 及び [健康診査] その他、地域保健に関し必要な事業を行う。

児童福祉審議会

- [児童] や [妊産婦] 及び [知的障害者] の福祉に関する事項について、関係行政機関への意見の具申や、個々の児童行政に対して意見を述べる権限を有する。

児童福祉の実施機関のまとめ

施設名(根拠法)	都道府県	指定都市	中核市	市(区)	町村
児童相談所 [児童福祉法]	○	○	△	—	—
福祉事務所 [社会福祉法]	○	○	○	○	△
保健所 [地域保健法]	○	○	○	○※	—
市町村保健センター [地域保健法]	—	—	—	△	△

○：設置義務あり、△：任意で設置可能　※政令で定められた市または特別区では設置義務あり

「児童福祉法」に規定されている児童福祉施設

入所施設

助産施設 (第36条)	目的	保健上必要があるにもかかわらず、[経済的理由] により、入院助産を受けることができない [妊産婦] を入所させて、助産を受けさせることを目的とする施設とする。
	職員	第1種：医療法による病院としての職員 第2種：医療法により職員のほかに専任または嘱託の助産師

Q 母子生活支援施設は、父子も入所することができる。(2019 前)

乳児院 （第37条）	目的	［ 乳児 ］（必要のある場合には、［ 幼児 ］を含む）を入院させて、これを養育し、あわせて退院した者について相談その他の援助を行うことを目的とする施設とする。	
	職員	医師または嘱託医、看護師（［ 保育士 ］または［ 児童指導員 ］で代替可能）、［ 家庭支援専門相談員 ］、個別対応職員（定員20名以上）、心理療法担当職員（対象乳幼児及び保護者10人以上の施設）	
母子生活支援施設 （第38条）	目的	［ 配偶者のない女子 ］又はこれに準ずる事情にある女子及びその者の監護すべき児童を入所させて、これらの者を［ 保護 ］するとともに、これらの者の［ 自立の促進 ］のためにその生活を［ 支援 ］し、あわせて退所した者について相談その他の援助を行うことを目的とする施設とする。	
	職員	［ 母子支援員 ］、［ 少年を指導する職員 ］、嘱託医、心理療法担当職員（対象母子10人以上の施設）	
児童養護施設 （第41条）	目的	［ 保護者のない児童 ］（特に必要のある場合には、［ 乳児 ］を含む）、［ 虐待されている児童 ］その他［ 環境上養護を要する児童 ］を入所させて、これを養護し、あわせて［ 退所した者 ］に対する相談その他の自立のための援助を行うことを目的とする施設とする。	
	職員	児童指導員及び保育士、栄養士、事務員、嘱託医、調理員、［ 家庭支援専門相談員 ］、個別対応職員、心理療法担当職員（対象児童10人以上の施設）、看護師（乳児入所の場合）	
障害児入所施設 （第42条）	目的	次の各号に掲げる区分に応じ、障害児を入所させて、当該各号に定める支援を行うことを目的とする施設とする。 一　［ 福祉型障害児入所施設 ］　保護、日常生活の指導及び独立自活に必要な知識技能の付与 二　［ 医療型障害児入所施設 ］　保護、日常生活の指導、独立自活に必要な知識技能の付与及び治療	
	職員	福祉型	嘱託医、児童指導員、保育士、栄養士、調理員、［ 児童発達支援管理責任者 ］、心理担当職員、職業指導員（職業指導を行う場合）
		医療型	医療法に規定する病院として必要な職員、児童指導員、保育士、［ 児童発達支援管理責任者 ］

A　×：母子生活支援施設の対象に父子は含まれていない。

入所・通所施設

児童心理治療施設（第43条の2）	目的	家庭環境、学校における交友関係その他の環境上の理由により［ 社会生活への適応が困難 ］となつた児童を、短期間、入所させ、又は保護者の下から通わせて、社会生活に適応するために必要な心理に関する治療及び生活指導を主として行い、あわせて退所した者について相談その他の援助を行うことを目的とする施設とする。
	職員	医師、［ 心理療法を担当する職員 ］、看護師、児童指導員、保育士、栄養士、事務員、調理員
児童自立支援施設（第44条）	目的	［ 不良行為 ］をなし、又はなすおそれのある児童及び家庭環境その他の環境上の理由により［ 生活指導 ］等を要する児童を入所させ、又は保護者の下から通わせて、個々の児童の状況に応じて必要な［ 指導 ］を行い、その［ 自立 ］を支援し、あわせて退所した者について相談その他の援助を行うことを目的とする施設とする。
	職員	［ 児童自立支援専門員 ］、［ 児童生活支援員 ］、嘱託医、精神科の診療に担当経験のある医師か嘱託医、その他は児童養護施設と同様

＼ゴロで暗記!／ 児童自立支援施設

不良が
（不良行為）
自立しエーン
（児童自立支援施設）

Q 福祉型児童発達支援センターでは日常生活における基本的動作の指導、独立自活に必要な知識技能の付与又は集団生活への適応のための訓練及び治療を行う。（2022後）

通所施設

保育所 （第39条）	目的		[保育] を必要とする乳児・幼児を日々保護者の下から通わせて保育を行うことを目的とする施設（利用定員が二十人以上であるものに限り、[幼保連携型認定こども園] を除く。）とする。
	職員		保育士、嘱託医、調理員
幼保連携型認定こども園 （第39条の2）	目的		義務教育及びその後の教育の基礎を培うものとしての満 [三] 歳以上の幼児に対する [教育及び保育] を必要とする乳児・幼児に対する保育を一体的に行い、これらの乳児又は幼児の健やかな成長が図られるよう適当な環境を与えて、その心身の発達を助長することを目的とする施設とする。
	職員		[保育教諭]、事務職員、調理員
児童発達支援センター （第43条）	目的		次の各号に掲げる区分に応じ、[障害児] を日々保護者の下から通わせて、当該各号に定める支援を提供することを目的とする施設とする。 一　福祉型児童発達支援センター　日常生活における基本的動作の指導、独立自活に必要な知識技能の付与又は集団生活への適応のための訓練 二　医療型児童発達支援センター　日常生活における基本的動作の指導、独立自活に必要な知識技能の付与又は集団生活への適応のための訓練及び [治療]
	職員	福祉型	嘱託医、児童指導員、保育士、栄養士、調理員、[児童発達支援管理責任者]、機能訓練担当職員（機能訓練を行う場合）
		医療型	医療法に規定する診療所として必要な職員のほか、児童指導員、保育士、看護師、理学療法士または作業療法士及び [児童発達支援管理責任者]

利用施設

児童厚生施設 （第40条）	目的	[児童遊園]、[児童館] 等児童に健全な遊びを与えて、その健康を増進し、又は情操をゆたかにすることを目的とする施設とする。
	職員	[児童の遊びを指導する者]

（つづく）

A ×：治療を行うのは医療型児童発達支援センターである。

児童家庭支援センター（第44条の2）	目的	[地域の児童] の福祉に関する各般の問題につき、児童に関する家庭その他からの相談のうち、専門的な知識及び技術を必要とするものに応じ、必要な助言を行うとともに、市町村の求めに応じ、技術的助言その他必要な援助を行うほか、第二十六条第一項第二号及び第二十七条第一項第二号の規定による指導を行い、あわせて[児童相談所]、児童福祉施設等との連絡調整その他[厚生労働省] 令の定める援助を総合的に行うことを目的とする施設とする。
	職員	支援を担当する職員（[児童福祉司の資格要件]、児童福祉法第13条の2のいずれかを満たす職員）

家庭的養護に分類される施設

- [自立援助ホーム] とは措置解除、義務教育を終了した児童等に対して、共同生活を営むべき住居において、相談その他の日常生活上の援助及び生活指導並びに就業の支援を行う施設。

Q ゴールドプランは、平成６年に策定された少子化対策のための最初の国の具体的な計画で、「今後の子育て支援のための施策の基本的方向について」のことを指す。（2019後）

子ども家庭福祉の現状と課題

子育て支援対策の時代背景

- 高度経済成長後、日本の合計特殊出生率は徐々に減少しており、1989（平成元）年には［ 1.57 ］まで下がり、1966（昭和41）年の［ ひのえうま ］の年を下回ったことで、少子化に注目が集まった。2005（平成17）年には史上最低の［ 1.26 ］となり、2017（平成29）年は［ 1.43 ］であった。
- 日本の出生数は［ 2016（平成28）年 ］に約98万人となり、統計をとりはじめてから初めて100万人を下回った。

子育て支援の対策

エンゼルプラン「今後の子育て支援のための施策の基本的方向について」（1994（平成6）年）

- ［ 育児休業給付 ］の実施推進や［ 一時預かり保育 ］、［ 延長保育 ］等、多様な保育サービスの拡充、子育てと仕事の両立や家庭における子育て支援等を行った。

新エンゼルプラン「重点的に推進すべき少子化対策の具体的実施計画について」（1999（平成11）年）

- 政府が中長期的に進めるべき総合的な少子化対策の指針［ 少子化対策推進基本方針（1999（平成11）年） ］の決定を受け、従来のエンゼルプランを見直した。

少子化対策プラスワン（2002（平成14）年）

- ［ 母親支援 ］と［ 父親の育児参加 ］を促すため、男性を含めた働き方の見直し、多様な働き方の実現、父親の育児休暇の取得、待機児童ゼロの取り組み等が組み込まれた。

少子化社会対策基本法（2003（平成15）年）

- 少子化の原因であった様々な［ 婚姻・出産・育児 ］の問題に対応するために、子育て支援体制の整備等について規定されている。

A ×：ゴールドプランではなく、エンゼルプランが正しい。なお、ゴールドプランとは、1989（平成元）年に策定された「高齢者保健福祉推進 10 カ年戦略」のことである。

- 具体的な子育て支援の取り組みを進めるために、[次世代育成支援対策推進法] が制定された。

次世代育成支援対策推進法 (2003 (平成15) 年

- 急速な[少子化] に対応し、育児と仕事を両立できる環境を整備・充実させることを目的とした法律。
- 国や民間企業などに、[育児] と[仕事] を両立するための支援策や雇用環境の整備についてとるべき必要事項を定めている。
- 2015(平成27)年3月末までの[10年間の時限立法] であったが、2014(平成26)年に改正法が成立し、2025(令和7)年3月末まで[10年間延長] された。
- 適切な行動計画を策定・実施し、目標を達成するなど一定の要件を満たした企業は「子育てサポート企業」として、認定マーク「[くるみんマーク] 」を使用することができる。
- 常時雇用する労働者が[101] 人以上の企業に対して、一般事業主行動計画の策定・届出を義務付けている。

子ども・子育て応援プラン (2004 (平成16) 年)

- 少子化に対処するための施策の指針として、「[少子化社会対策大綱] に基づく重点施策の具体的実施計画について」(2004(平成16)年)が閣議決定された。これを具体的に実行していくための計画が「子ども・子育て応援プラン」である。

子ども・子育てビジョン (2010 (平成22) 年)

- 家庭や親だけが子育てを担うのではなく、[社会全体] で子育てを支え、「生活と仕事と子育ての調和」を目標としている。
- 子どもが主人公([チルドレン・ファースト])という考え方のもと策定。

子ども・子育て関連3法 (2012 (平成24) 年)

- ①[子ども・子育て支援法] ②「就学前の子どもに関する教育、保育等の総合的な提供の推進に関する法律の一部を改正する法律」③「子ども・子育て支援法及び就学前の子どもに関する教育、保育等の総合的な提供の推進に関する法律の一部を改正する法律の施行に伴う関係法律の整備等

Q 2010(平成22)年に閣議決定された「子ども・子育てビジョン」は、それまで少子化対策として、さまざまな計画の策定や対策が講じられてきたが、それが目に見える成果として、生活の中で実感できない現状を踏まえ、少子化対策から子ども・子育て支援へと視点を移したものとなっている。(2021後)

に関する法律」の3法で、これらをもとに[子ども・子育て支援新制度] が創設された。

- 内閣府に[子ども・子育て会議] が設置された。

子ども子育て支援法

第1条

この法律は、我が国における急速な[少子化]の進行並びに家庭及び[地域]を取り巻く環境の変化に鑑み、児童福祉法 昭和二十二年法律第百六十四号その他の子どもに関する法律による施策と相まって、[子ども・子育て支援給付]その他の子ども及び子どもを養育している者に必要な支援を行い、もって一人一人の子どもが[健やか]に成長することができる社会の実現に寄与することを目的とする。

放課後子ども総合プラン (2014 (平成26) 年)

- 文部科学省と厚生労働省が共同で[「小1の壁」] を打破するとともに、次代を担う人材を育成するために策定。
- 放課後児童クラブを利用できない児童の解消を目指し、さらなる受け皿を確保することを目指した。

子ども・子育て支援新制度 (2015 (平成27) 年)

- [市町村] が実施主体で、教育、保育、家庭的保育、地域の子ども・子育て支援の充実が図られた。
- 認定こども園、幼稚園、保育所が共通給付([施設型給付])となった。
- 小規模保育事業等(54ページの地域型保育事業を参照)への給付([地域型保育給付])が実施された。
- 幼保連携型認定こども園の認可・指導監督の[一本化] が行われた。
- [地域の実情] に応じた子育て支援(地域子ども・子育て支援事業)の拡充が行われた。

子ども・子育て支援給付

現金給付	[児童手当] (児童手当法の定めるところによる)
教育・保育給付	[施設型給付]、特例施設型給付[地域型保育給付]、特例地域型保育給付

A 設問文の通りである。

ニッポン一億総活躍プラン（2016（平成28）年　閣議決定）

- 国民一人ひとりがあらゆる場所で、[誰もが活躍できる社会] の実現を目指し、「新・3本の矢」として、「希望を生み出す強い経済」「夢をつむぐ子育て支援」「安心につながる社会保障」を掲げた。
- 具体的には「GDP600兆円」「[希望出生率1.8]」「介護離職ゼロ」の実現に向けて、様々な対応策を掲げた。

子育て安心プラン（2017（平成29）年　厚生労働省）

- 次の2つのことを目的としている。

①[待機児童の解消]
②5年間で[M字カーブ] を解消
（[M字カーブ] とは就業率を表すグラフの形状がM字になる現象のこと。女性が出産などを機に仕事を離れ、子どもの成長後に再就職する人が多いことが主な理由）

- 上記2点を柱として「6つの支援パッケージ」を設定し、すべての人が無理なく保育と仕事を両立する社会を目指している。

①保育の受け皿の拡大
②保育の受け皿拡大を支える「保育人材確保」
③保護者への「寄り添う支援」の普及促進
④保育の受け皿拡大と車の両輪の「保育の質の確保」
⑤持続可能な保育制度の確立
⑥保育と連携した「働き方改革」

新しい経済政策パッケージ（2017（平成29）年　閣議決定）

- 子ども家庭福祉関連の項目としては、[待機児童対策]（子育て安心プランの政策目標の前倒し）や幼児教育・保育の無償化、[保育士] の処遇改善などが掲げられている。
- 幼児教育・保育の無償化については、[2019（令和元）年10月] より全面実施された。

新子育て安心プラン（2020（令和2）年）

- 子育て安心プランの続きとして、2027年までに保育の受け皿のさらなる拡大を目指すものである。

Q ニッポン一億総活躍プランでは、「希望出生率 1.8」の実現に向け、多様な保育サービスの充実、働き方改革の推進、希望する教育を受けることを阻む制約の克服等の対応策を掲げた。（2018 後）

\ゴロで暗記! / 少子化対策プラスワン

少ない子犬 は
(少子化対策プラスワン)

22 匹
(2002)

\ゴロで暗記! / 少子化社会対策基本法

お産 を推進、
(2003 年)

少子化社会対策基本法

\ゴロで暗記! / 次世代育成支援対策推進法

おとうさんも子育て!
(2003 年)

次世代育成支援対策推進法

\ゴロで暗記! / 少子化社会対策大綱

おっし! 綱引きして 少子化対策 に
(2004 年) (少子化社会対策大綱)

打ち勝とう!

\ゴロで暗記! / 子ども・子育て応援プラン

子どもの子育ての応援を
(子ども・子育て応援プラン)

仁王立ちでしょう
(2004 年)

A ○:設問文の通りである。

\ゴロで暗記!/ 新待機児童ゼロ作戦

新待機児童ゼロ作戦で

親 になる
(2008年)

\ゴロで暗記!/ 子ども・子育て関連三法

子どもは12年 かけて
(2012年)

3歩 歩く
(子ども・子育て関連三法)

\ゴロで暗記!/ ニッポン一億総活躍プラン

日本のいろんな
(2016年)

一億人が活躍するプラン
(ニッポン一億総活躍プラン)

\ゴロで暗記!/ 子育て安心プラン

子育て安心は
(子育て安心プラン)

いーなー
(2017年)

\ゴロで暗記!/ 新子育て安心プラン

新米母の子育て、
(新子育て安心プラン)

フレーフレー!
(2020年)

Q 子育て短期支援事業は子ども、またはその保護者の身近な場所で、教育・保育施設や地域の子育て支援事業等の情報提供及び必要に応じて相談・助言等を行うとともに、関係機関との連絡調整等を実施する事業である。(2022後)

地域子ども・子育て支援事業（子ども・子育て支援法）

［利用者支援事業］	教育・保育施設等に関する情報提供や相談援助を行う「利用者支援」や、さまざまな子育て支援機関との連絡調整等を行う「地域連携」を実施する。これら2つを実施する基本型、利用者支援を主に行う［特定型］、保健師等の専門職がすべての妊産婦等を対象に利用者支援と地域連携を行う［母子保健型］に分類される。
［地域子育て支援拠点事業］	保護者が相互に交流を行う場を開設し、子育てにおける孤立感の解消を図る。 子育てについての相談、情報提供を行う。
［妊産婦健康診査］	妊産婦の健康状態の把握、検査計測、保健指導の実施、医学的検査。
［乳児家庭全戸訪問事業］（こんにちは赤ちゃん事業）	児童福祉法に定められた事業で、生後4か月までの乳児のいる［すべての家庭を訪問］。 養育に関する助言、指導。
［養育支援訪問事業］	支援が特に必要とされる保護者や妊婦の家庭を訪問し、養育が適切に行われるよう助言、指導を行う。
［子どもを守る地域ネットワーク機能強化事業］	要保護児童対策地域協議会の機能強化のため、関係機関の専門性、連携強化。
［子育て短期支援事業］	保護者の疾病等で一時的に養育を受けることが困難となった児童を児童養護施設等で保護する。主な事業内容として［短期入所生活援助（ショートステイ）］事業と［夜間養護等（トワイライトステイ）］事業がある。ショートステイ事業は、冠婚葬祭、学校等の公的行事への参加などの理由で［利用可能］。
［ファミリーサポートセンター事業］（子育て援助活動支援事業）	児童預かりなどの援助を希望する者と、援助を行うことを希望する者との相互援助活動に関する連絡、調整。［病児］や［病後児］の預かりも行われている。
［一時預かり事業］	保育所等に通っていない、または在籍していない乳幼児で、一時的に保育を受けることが困難な乳幼児を保育所等で一時的に保護する。保育従事者のうち［2分の1］以上を保育士とし、保育士以外は［一定の研修を受けた者］を配置することが定められている。
［延長保育事業］	保育認定を受けた子どもについて、利用時間外の日及び時間において、保育所等で一時的に預かり保護する。
［病児保育事業］	病児について、病院・保育所等に付設された場所で看護師等が一時的に保育する。4つの事業類型「［病児対応型］、［病後児対応型］、［非施設型（訪問型）］、［体調不良児対応型］」で構成される。

（つづく）

A ×：設問文は利用者支援事業の説明である。

[放課後児童クラブ](放課後児童健全育成事業)	保護者が就労して昼間家庭にいない小学生を対象に、授業終了後の小学校教室等で、適切な遊びの場を与える。実施主体は、[市町村](特別区及び一部事務組合を含む)であり、[1つ]の支援の単位を構成する児童の数は、おおむね[40]人以下とする。
[実費徴収に係る補足給付を行う事業]	保護者の世帯所得の状況を鑑み、保育・教育に対して支払うべき費用を助成する。
[多様な主体が本制度に参入することを促進するための事業]	特定教育・保育施設等への民間参入を促進。

\ゴロで暗記! / 乳児家庭全戸訪問事業

「こんにちは!」と よちよち の
(こんにちは赤ちゃん事業)　(生後4か月まで)
赤ちゃんの家庭すべて訪問

Q「引っ越してきたばかりなので、まだ知り合いがおらず、身近な子育ての話し相手や子育て仲間、子育てに関する情報がほしい。」と保護者に相談された場合、利用を勧める事業は「利用者支援事業」である。(2017前)

母子保健と児童の健全育成

母子保健サービス

- [母子保健法] に基づいた行政サービスを母子保健という。
- 以下の表の項目のうち、[乳児家庭全戸訪問] については、母子保健法ではなく[児童福祉法] 及び[子ども・子育て支援法] に基づく事業である。

健康診査

[妊産婦健康診査]	母体と胎児の健康状態の把握、保健指導。 都道府県が指定する医療機関で無料受診可能。 実施主体は[市町村] 。
[新生児マススクリーニング検査]	すべての新生児を対象に、先天性代謝異常等の疾患やその疑いを早期に発見し、治療することを目的とした検査。
[乳児家庭全戸訪問]	生後4か月までの乳児のいるすべての家庭を訪問し、不安や悩みを聞き、子育て支援に関する情報提供、助言を行う。支援が必要な家庭に対しては適切なサービス提供につなげる。
乳児健康診査	医療機関にて生後[1] か月、[3〜6] か月、[9〜11] か月に各1回ずつ実施される場合が多い。 実施主体は[市町村] 。
[1歳児6か月児健康診査]	心身障害の早期発見、むし歯予防等が目的。 [市町村] での実施が義務付けられている。
[3歳児健康診査]	身体の発育、精神発達の状況等が目的。 [市町村] での実施が義務付けられている。

保健指導

- 妊娠の届出があった者には市町村は[母子健康手帳] を交付し、両親学級、[母親学級] 等の集団指導及び個別的な相談指導を行う。
- 個別的なものには、妊産婦や新生児・未熟児の保護者に対し、医師、保健師などによる[訪問指導] がある。

A ×：身近な子育ての話し相手を求めていることから「利用者支援事業」ではなく「地域子育て支援拠点事業」の方が適している。

\ゴロで暗記!/ 乳児健康診査

乳児健診で聞いた事を

色々　参考にする。
(1歳6か月)(3歳)

母子保健関連施策の体系

- [健やか親子21] では、妊産婦から乳幼児への[切れ目のない] 保健対策、学童期・思春期から成人期へ向けた保健対策が講じられ、さまざまなニーズに対して総合的相談支援を提供するワンストップ拠点([子育て世代包括支援センター] (母子健康法での名称:母子健康包括支援センター))の整備を進めている。
- 子育て世代包括支援センターの必須業務に、妊産婦や乳幼児の実情の把握、妊娠・出産・子育てに関する各種相談に応じる、必要に応じて個別の妊産婦対象の支援プランの策定、保健医療や福祉の関係機関との連絡調整等があるが、[母子健康手帳の交付は必須業務には含まれない] 。

子育て世代包括支援センターで実施する事業の一例として、利用者支援事業(母子保健型)があるよ。実際に出題されたことがあるから覚えておこう。

児童の健全育成

児童厚生施設

- [児童遊園] 、[児童館] のことを指し、すべての子どもが利用できる。
- 児童館には、[児童の遊びを指導する者] が配置されている。
- 2018(平成30)年、児童館ガイドラインが改正された。主な改正の内容は以下の通り。

①[子どもの意見の尊重] 、[子どもの最善の利益] の優先等を示した。
②児童館の施設特性を拠点性、多機能性、地域性の3点に整理した。
③子どもの理解を深めるため、[発達段階] に応じた留意点を示した。

Q 「児童館ガイドライン」(厚生労働省)には、児童福祉法 改正及び児童の権利に関する条約の精神にのっとり、子どもの意見の尊重、子どもの最善の利益の優先等について示されている。(2022 後)

④児童館の職員に対し、配慮を必要とする子どもについて、[いじめ] や [保護者の不適切な養育] が疑われる場合等への適切な対応を求めた。
⑤乳幼児支援や中・高校生世代と乳幼児の[触れ合い体験] の取り組みの実施等内容を追加した。
⑥[大型児童館] の機能・役割について新たに示した。

児童館ガイドライン

総則　1　理念

児童館は、児童の権利に関する条約(平成6年条約第2号)に掲げられた精神及び児童福祉法(昭和22年法律第164号。以下「法」という。)の理念にのっとり、子どもの心身の健やかな成長、発達及びその[自立]が図られることを地域社会の中で具現化する児童福祉施設である。ゆえに児童館はその運営理念を踏まえて、国及び地方公共団体や[保護者]をはじめとする地域の人々とともに、年齢や[発達]の程度に応じて、子どもの[意見]を尊重し、その最善の利益が優先して考慮されるよう子どもの育成に努めなければならない。

放課後児童健全育成事業(放課後児童クラブ)

- [保護者が労働等により昼間家にいない小学生] を対象とし、学校の空き教室等を遊び場や生活の場として提供している。
- 実施主体は、[市町村(特別区及び一部事務組合を含む)] とする。
- 半数以上が[小学校] 内で実施されている。

児童虐待防止

- 児童虐待の防止等に関する法律(児童虐待防止法)が2000(平成12)年に制定された。
- 児童虐待は年々[増加] の傾向にあり、2021(令和3)年度に[児童相談所] が対応した件数は、20万7,659件と過去最多件数となっている(令和3年度児童虐待対応件数(速報値))。
- 虐待の種類別にみると、[心理的虐待] が最も多く、次いで[身体的虐待] [ネグレクト] [性的虐待] の順である(平成30年度児童虐待対応件数(速報値))。
- 児童虐待を受けたと思われる子どもを見つけた時などに、ためらわずに児童相談所に通告・相談ができるように、児童相談所全国共通ダイヤル番号「[189(いちはやく)] 」が設けられている。

A ○：設問文の通りである。

虐待の早期発見・通告義務（児童虐待防止法）

第1条（目的）

この法律は、児童虐待が［ 児童の人権 ］を著しく侵害し、その心身の成長及び［ 人格の形成 ］に重大な影響を与えるとともに、我が国における将来の世代の育成にも懸念を及ぼすことにかんがみ、児童に対する虐待の禁止、児童虐待の予防及び［ 早期発見 ］その他の児童虐待の防止に関する［ 国及び地方公共団体 ］の責務、児童虐待を受けた児童の［ 保護及び自立 ］の支援のための措置等を定めることにより、児童虐待の防止等に関する施策を促進し、もって児童の権利利益の擁護に資することを目的とする。

第5条（児童虐待の早期発見等）

学校、児童福祉施設、病院その他児童の福祉に業務上関係のある団体及び学校の教職員、児童福祉施設の職員、医師、保健師、弁護士その他児童の福祉に職務上関係のある者は、児童虐待を発見しやすい立場にあることを自覚し、児童虐待の［ 早期発見 ］に努めなければならない。

第6条（児童虐待に係る通告）

児童虐待を受けたと思われる児童を発見した者は、速やかに、これを市町村、都道府県の設置する［ 福祉事務所 ］若しくは［ 児童相談所 ］又は［ 児童委員 ］を介して市町村、都道府県の設置する福祉事務所若しくは児童相談所に通告しなければならない。

児童虐待の分類

［ 身体的虐待 ］	児童の身体に外傷が生じる、または生じる恐れのある暴行を加えること。
［ 性的虐待 ］	児童にわいせつな行為をすること、またはわいせつな行為をさせること。
［ ネグレクト ］	児童の心身の正常な発達を妨げるような著しい減食または長時間の放置、保護者以外の同居人による児童虐待と同様の行為の放置、その他保護者としての監護を怠ること。
［ 心理的虐待 ］	児童に対する著しい暴言、拒絶反応、児童が同居する家庭で配偶者への暴力、その他の児童に著しい心理的外傷を与える言動のこと。

※高齢者虐待では、この4つに加えて［ 経済的虐待 ］が定義されている。

2019（令和元）年の児童福祉法・児童虐待防止法改正の主な内容

・親権者による児童のしつけに際して［ 体罰 ］を加えてはならないものとする。［ 児童福祉施設の長 ］等についても同様とする。

・児童相談所において［ 一時保護 ］等の介入的対応を行う職員と［ 保護者支援 ］を行う職員を分ける等の措置を講ずるものとする。

Q 要保護児童対策地域協議会では、要保護児童だけでなく、すべての児童に対し健全育成から保護までの幅広い支援を行うことができる。（2017 前）

児童相談所の虐待対応の流れ

①一般市民、関係機関などから[虐待の通告]がされる。
②通告を受けた児童相談所は受理会議を行い、必要な場合は調査を行う。
③緊急の対応が必要な場合、[立ち入り調査]を行うこともある。また、必要に応じて、子どもの[一時保護]、施設入所等の措置を行う。
④調査結果を基に、判定会議を行い、処遇を決定する。
⑤処遇には、[措置による指導]と、[措置によらない指導]がある。

措置による指導	在宅による[保護者指導]、[児童福祉施設入所]、[里親委託]、[親権喪失宣言請求]、その他関連機関における指導等。
措置によらない指導	在宅による[助言指導]、[継続的指導]、他機関へのあっせん等。

児童相談所長が必要と認める場合には、保護者や児童本人の同意なしに一時保護を行うことができるんだ。また、児童相談所には、保護者が児童福祉施設の入所に同意しない場合は、家庭裁判所の承認を得た上で入所措置をする権限があるよ。

要保護児童対策地域協議会（子どもを守る地域ネットワーク）

- [児童福祉法]第25条の2に規定されており、[地方公共団体]により設置される（努力義務）。
- 要保護児童の[早期発見]、また適切な保護を図るため、[関係機関]等により構成され、要保護児童及びその保護者に関する情報の交換や支援内容の協議を行う。
- 関係機関等が[同一の認識]の下に[役割分担]しながら支援を行うため、支援を受ける家庭がよりよい支援を受けられるようになる。
- 要保護児童とは、[保護者]のない児童又は保護者に[監護させる]ことが不適当であると認められる児童のことであり、[虐待]を受けた子どもに限らず、[非行児童]なども含まれる。
- 複数の市町村による共同設置が可能である。

A ×：「すべての児童に対し」ではなく「要保護児童、要支援児童、特定妊婦」等が対象である。

配偶者からの暴力（DV）の防止

- 配偶者からの暴力の防止及び被害者の保護等に関する法律（DV防止法）（2001（平成13）年）において、ドメスティック・バイオレンスとは［ 配偶者や恋人など親密な関係にある、またはあった者から振るわれる暴力 ］と定義されている。
- 配偶者から身体に対する暴力を受けた被害者、脅迫を受けた被害者は、［ 保護命令 ］を申し立てることができる。

障害のある子どもに関連する法律

- 障害者施策における目的は［ 障害者基本法 ］に示されている。

障害者基本法

第1条

この法律は、全ての国民が、障害の有無にかかわらず、等しく［ 基本的人権 ］を享有するかけがえのない個人として尊重されるものであるとの理念にのつとり、全ての国民が、障害の有無によつて分け隔てられることなく、相互に人格と個性を尊重し合いながら［ 共生する ］社会を実現するため、障害者の［ 自立 ］及び［ 社会参加 ］の支援等のための施策に関し、基本原則を定め、及び国、地方公共団体等の責務を明らかにするとともに、障害者の自立及び社会参加の支援等のための施策の基本となる事項を定めること等により、障害者の自立及び［ 社会参加 ］の支援等のための施策を総合的かつ計画的に推進することを目的とする。

- 障害者の定義は障害者基本法に、障害児の定義は児童福祉法に記載されている。
- なお、身体障害児の定義は［ 身体障害者福祉法 ］、精神障害児の定義は［ 精神障害者福祉法 ］、発達障害児の定義は［ 発達障害者支援法 ］で規定されている。

Q 次の文は、「障害者基本法」第 1 条の一部である。この法律は、全ての国民が、障害の有無にかかわらず、等しく基本的人権を享有するかけがえのない個人として尊重されるものであるとの理念にのつとり、全ての国民が、障害の有無によつて分け隔てられることなく、相互に人格と個性を尊重し合いながら自己実現できる社会を実現する（後略）（2015）

障害者基本法

第2条

一　障害者　[身体障害]、[知的障害]、[精神障害]([発達障害]を含む。)その他の心身の機能の障害(以下「障害」と総称する。)がある者であつて、障害及び社会的障壁により継続的に日常生活又は社会生活に相当な制限を受ける状態にあるものをいう。

二　社会的障壁　障害がある者にとつて日常生活又は社会生活を営む上で障壁となるような社会における事物、制度、慣行、観念その他一切のものをいう。

児童福祉法

第4条第2項

障害児とは、[身体]に障害のある児童、[知的障害]のある児童、[精神に障害]のある児童(発達障害者支援法(平成十六年法律第百六十七号)第二条第二項に規定する[発達障害児]を含む。)。(後略)

障害児の定義

[身体障害児]	身体に障害のある[18歳未満] の児童であり、[身体障害者手帳] の交付を受けたもの。
[知的障害児]	[法律上の定義はない] が、厚生労働省の「精神薄弱児(者)福祉対策基礎調査」で以下とされている。知的機能の障害が発達期(おおむね[18歳] まで)にあらわれ、日常生活に支障を生じているため、何らかの特別な援助を必要とする状態にあるもの。
[精神障害児]	統合失調症、精神作用物質による急性中毒またはその依存症、知的障害、精神病質その他の精神疾患を有する[18歳未満] の児童。
[発達障害児]	[自閉症、アスペルガー症候群その他の広汎性(こうはんせい)発達障害、学習障害、注意欠陥多動性障害その他これに類する脳機能の障害] であってその症状が通常低年齢において発現するもの。

発達障害児の定義にある自閉症、学習障害などの疾患名は発達障害者支援法のもので、今は呼び名が変わっているよ(41ページ)。

A ×:「自己実現」ではなく「共生する」が正しい。

障害児福祉の制度

障害者の日常生活及び社会生活を総合的に支援するための法律（障害者総合支援法）（2012（平成24）年）

- 「障害者自立支援法」から名称変更された。
- 障害児・者への総合的な福祉サービスを規定している（[重度訪問介護・居宅介護・短期入所] 等）。
- 利用料は応益負担から[応能負担] に変更された。

障害児に関わる福祉施設

入所型	福祉型障害児入所施設	・保護 ・日常生活の指導 ・独立自活に必要な知識技能の付与
	医療型障害児入所施設	上記に加え、[治療] を行う
通所型	福祉型児童発達支援センター	・日常生活における基本的動作の指導 ・独立自活に必要な知識技能の付与または集団生活への適応訓練
	医療型児童発達支援センター	上記に加え、[治療] を行う

医療型の施設は、福祉型のサービス内容に「治療」が加わったものだよ。障害児向けの施設については、頻出しているから覚えておこう。

障害児のための主な福祉サービス

児童発達支援

- [児童福祉法] の障害児通所支援の一つである。日常生活における基本的な動作の指導、知識技能の付与、集団生活への適応訓練などの支援を行う。
- 上記の内容に加え治療を行うものが[医療型児童発達支援]、児童の居宅に訪問して行うものが[居宅訪問型児童発達支援] である。

Q「重度訪問介護・放課後等デイサービス・短期入所」は、「障害者総合支援法」に基づく福祉サービスである。（2017 前）

放課後等デイサービス

- ［児童福祉法］の障害児通所支援の一つである。［授業の終了後］又は休業日に児童発達支援センターその他の厚生労働省令で定める施設に［通わせ］、生活能力の向上のために必要な訓練、社会との交流の促進その他必要な支援を行うもの。

居宅訪問型児童発達支援

- 重度の障害等により外出が著しく困難な障害児の居宅を訪問して発達支援を行う。

保育所等訪問支援

- ［児童福祉法］の障害児通所支援の一つである。保育所など児童が集団生活を営む施設等に通う障害児につき、その施設を訪問し、その施設における障害児以外の児童との集団生活への適応のための専門的な支援その他の必要な支援を行うもの。

身体障害者手帳

- 18歳未満の身体障害児について、障害の程度［1～6］級までが身体障害者手帳の対象となっている。
- ［15歳未満］児は、保護者が代わって申請する。
- 手帳の交付を受けることで、医療費の助成、税金面などさまざまな［福祉制度］を利用できる。

療育手帳

- ［知的障害］児が対象となっており、［児童相談所］にて知的障害があると判定された場合に発行される。

非行少年の定義

- 少年法における少年は、満［20］歳に満たない者と定義されている。
- 非行少年とは、①［犯罪少年］②［触法少年］③［虞犯少年］を指す。
- 成人年齢の引き上げに伴い、罪を犯した18歳以上、20歳未満の者を［特定少年］とした。

A　×：「放課後等デイサービス」は、「児童福祉法」に基づく福祉サービスである。

犯罪少年	罪を犯した［ 14 ］歳以上［ 20 ］歳未満の少年。
触法少年	犯罪に触れる行為をした満［ 14 ］歳未満の少年。
虞犯少年	将来、罪を犯し、または［ 刑罰法令 ］に触れる行為をするおそれのある少年。

非行問題に対する施策

- 罪を犯した満［ 14 ］歳以上の児童を発見した者は、［ 家庭裁判所 ］に通告義務がある。
- 非行少年が低年齢の場合、［ 児童福祉法 ］に基づき、家庭環境に非行の主な原因がある場合は［ 児童相談所 ］による判定が下され、次の措置がとられる。
  ①［ 児童福祉司 ］、［ 児童委員等 ］からの指導
  ②［ 里親 ］への委託、［ 児童自立支援施設 ］への入所
  ③［ 家庭裁判所 ］への送致

家庭裁判所の役割

- 少年を児童福祉機関の指導に委ねるのが適当と認められる場合、［ 都道府県知事 ］または［ 児童相談所長 ］に事件を送致する。
- 少年を保護処分や検察官送致などの処分に付さなくとも、［ 少年の更生が十分に期待できる場合 ］、少年を保護処分に付さないことや、審判を開始せずに調査のみ行って手続きを終えることがある。
- 少年が罪を犯したときに14歳以上であった場合、事件の内容、少年の性格、心身の成熟度などから、保護処分よりも、刑罰を科するのが相当と判断される場合には、事件を［ 検察官に送致 ］することがある。
- 特定少年も全件が［ 家庭裁判所 ］へ送致されるが、［ 検察官 ］への逆送が行われる罪の範囲が拡大し、逆送された際には、［ 20歳以上の者 ］と同様の扱いとなる。

非行少年の種類について、出題されているよ。犯罪行為の有無や年齢など、それぞれ違いを理解して覚えよう。

Q「令和３年版 犯罪白書」（2021（令和３）年　法務省）において、令和２年の少年による刑法犯で、検挙人数が最も多かった罪名は「傷害」である。（2022 後）

貧困家庭、外国籍の子どもとその家庭への対応

貧困家庭の現状

- ひとり親家庭のように、大人一人で子どもを養育している家庭に経済的困窮が多い。

子どもの貧困問題
（「令和3年度子どもの貧困の状況と子どもの貧困対策の実施状況」（内閣府））

- 子どもの貧困率は13.5%であった（平成30年）。なお、子どもがいる現役世帯のうち［ 大人が一人 ］の場合の相対的貧困率は48.1%だった（平成30年国民生活基礎調査）。
- ひとり親家庭の親の就業率は、父子家庭で85％以上、母子家庭で［ 80 ］%以上であった。
- 生活保護世帯に属する子どもの高等学校等進学率は［ 93.7% ］であり、中退率は、［ 10 ］%に満たなかった。
- 生活保護世帯に属する子どもの大学等（専修学校等含む）への進学率は［ 40 ］%以下で、全世帯と比較し［ 30 ］%以上低かった。

子どもの貧困対策の推進に関する法律

第1条
この法律は、［ 子どもの現在及び将来 ］がその生まれ育った環境によって左右されることのないよう、全ての子どもが心身ともに健やかに育成され、及びその［ 教育 ］の機会均等が保障され、子ども一人一人が夢や希望を持つことができるようにするため、子どもの貧困の解消に向けて、児童の権利に関する条約の精神にのっとり、子どもの貧困対策に関し、基本理念を定め、［ 国等 ］の責務を明らかにし、及び子どもの貧困対策の基本となる事項を定めることにより、子どもの貧困対策を総合的に推進することを目的とする。

ゴロで暗記！ 非行少年の種類

飛行 しながら、具材を食 する
（非行少年）　（虞犯・犯罪・触法）

A ×：窃盗が最も多かった。

子ども家庭支援論

保育士による子ども家庭支援の意義と基本

保育の専門性を活かした子ども家庭支援とその意義

- 科目「保育原理」の「保育士の専門性」「家庭・地域との連携」を参照。
- 保育士は専門家として子どもに関わるだけではなく、[保護者への子育て支援] を行うことが業務として規定されている。

保育士に求められる基本的態度

- 保育士は、保護者への対人援助の基本的な知識や技術を身につけることが求められている。ソーシャルワークの基礎である[バイステックの7原則] の中から「受容的関わり」「自己決定の尊重」について説明する。

[受容的関わり]	相手の思いや気持ちに共感の気持ちをもって、寄り添い、思いを受け止める技法。
[自己決定の尊重]	相談を受け、意見を求められる場面があるが、あくまでも相手の決定を尊重する技法。

保護者に対する支援

- 保育士は子どもに保育を行うだけではなく、[保護者への支援] を行うことが保育所保育指針に明記されている。

「保育所保育指針」第4章「子育て支援」1「保育所における子育て支援に関する基本的事項」

(1) 保育所の特性を生かした子育て支援

ア　保護者に対する子育て支援を行う際には、各地域や家庭の実態等を踏まえるとともに、保護者の気持ちを受け止め、相互の[信頼関係]を基本に、保護者の[自己決定]を尊重すること。

イ　保育及び子育てに関する知識や技術など、保育士等の[専門性]や、子どもが常に存在する環境など、保育所の特性を生かし、保護者が子どもの成長に気付き子育ての[喜び]を感じられるように努めること。

Q　要保護児童対策地域協議会から情報提供等の求めがあった関係機関等は、これに応ずるよう努めなければならないこととされた。(2022 後)

「保育所保育指針」第4章「子育て支援」2「保育所を利用している保護者に対する子育て支援」

(1)保護者との相互理解

ア　日常の保育に関連した[様々な機会]を活用し、子どもの日々の様子の[伝達や収集]、保育所保育の[意図]の説明などを通じて、保護者との[相互理解]を図るよう努めること。

(2)保護者の状況に配慮した個別の支援

ア　保護者の就労と子育ての両立等を支援するため、保護者の[多様化]した保育の需要に応じ、病児保育事業など多様な事業を実施する場合には、保護者の状況に配慮するとともに、[子どもの福祉]が尊重されるよう努め、子どもの生活の[連続性]を考慮すること。

イ　子どもに障害や発達上の課題が見られる場合には、[市町村や関係機関]と連携及び協力を図りつつ、保護者に対する[個別]の支援を行うよう努めること。

(3)不適切な養育等が疑われる家庭への支援

ア　保護者に育児不安等が見られる場合には、保護者の[希望に応じて]個別の支援を行うよう努めること。

イ　保護者に不適切な養育等が疑われる場合には、[市町村や関係機関]と連携し、[要保護児童対策地域協議会]で検討するなど適切な対応を図ること。また、虐待が疑われる場合には、速やかに[市町村又は児童相談所]に通告し、適切な対応を図ること。

育児休業、介護休業等育児又は家族介護を行う労働者の福祉に関する法律

- [短時間勤務制度]や[所定外労働の制限の義務]が規定されている。
- [父親]が配偶者の出産後8週間以内に育児休業を取得した場合に育児休業を再度取得できることが規定されている。
- 育児休業制度等の対象となる子どもとして、特別養子縁組の監護期間中の子、養子縁組里親に委託されている子が規定されている。

多様な支援の展開と関係機関との連携

地域の子育て家庭への支援

- 保育所で実施している地域家庭への支援として「[一時預かり事業]」「[地域子育て支援拠点事業]」などがあり、いずれも[児童福祉法]、[子ども・子育て支援事業]に規定されている。
- [開所時間は原則おおむね11時間]とし、[夜の22時まで]保育をする保育所を[夜間保育所]と呼び、厚生労働省によると、2021(令和3)年4月1日現在、全国に設置されている夜間保育所は75か所となっている。

A ○：設問文の通りである。

- [母子・父子福祉センター] とは無料または低額な料金で、母子家庭等に対して、各種の相談に応ずるとともに、生活指導及び生業の指導を行う等母子家庭等の福祉のための便宜を総合的に供与することを目的とする施設。
- [子ども・若者支援地域協議会] とは社会生活を円滑に営む上での困難を有する、修学及び就業のいずれもしていない子ども・若者その他の子ども・若者を対象に支援を効果的かつ円滑に実施することを目的に設置され、複数の市町村が共同で設置することが認められている。

子ども家庭支援に関する現状と課題

- 現代で多い家族の形態は[核家族] である。
- 家族の形態は多様化しており、[ステップファミリー] 、[外国籍家庭] など様々な背景をもつ家庭が増えており、多様な需要や課題が生じている。
- フィンランドでは、親の妊娠から子どもが就学するまでの間、幅広い育児支援サービスを提供する[ネウボラ] という制度がある。

ゴロで暗記! ネウボラ

寝坊(ネウボラ)でフィンランド到着に遅れる

社会福祉

01 社会福祉の理念と概要

社会福祉の理念

- 社会福祉の基本理念としては[基本的人権の尊重][ナショナルミニマム][ノーマライゼーション]などがある。
- 「ナショナルミニマム」は、国家がすべての国民の[最低限度の生活]を保障すべきであるという日本国憲法第[25]条に記載されている理念である。

日本国憲法

第[11]条(基本的人権の尊重)

国民は、すべての基本的人権の享有を妨げられない。この憲法が国民に保障する基本的人権は、侵すことのできない[永久の権利]として、現在及び[将来の国民]に与へられる。

第[25]条(生存権と国の保障義務)

すべて国民は、[健康で文化的な最低限度]の生活を営む権利を有する。

2 国は、すべての生活部面について、[社会福祉]、[社会保障]及び公衆衛生の向上及び増進に努めなければならない。

- 「ノーマライゼーション」は、年齢の差異や[障害]の有無にかかわらず、誰もが地域社会の中で[一般の人々と変わらない生活]ができるような社会をつくるという社会福祉の理念である。デンマークの[バンク・ミケルセン]らによって提唱された。
- [ソーシャルインクルージョン]とは、社会的包含等と訳され、社会的に排除されやすい人々(経済的弱者や外国籍の人など)を地域社会の中で支え合い、助け合いながら暮らしていこうとする考え方である。
- アメリカの[ロナルド・メイス(Ronald Mace)]により「年齢や性別、障害などの状況にかかわらず多くの人が利用しやすいデザインであること」という[ユニバーサルデザイン]が提唱された。

ゴロで暗記! ノーマライゼーション

ノーマライゼーション銀行(バンク)を

見つける先生(ミケルセン)

Q ソーシャル・インクルージョンとは、国民に対して最低限度の生活を保障することである。(2022後)

ゴロで暗記! ソーシャルインクルージョン

インク　を
（ソーシャルインクルージョン）
多用し三角を描く
（多様性）（参画）

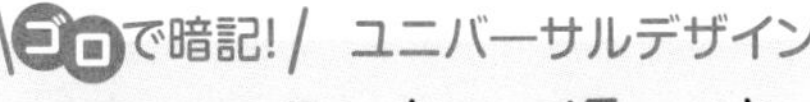

ユニーク　な　姪　は
（ユニバーサルデザイン）　（ロナルド・メイス）
多くのデザイン　をしている
（多くの人が利用しやすいデザイン）

社会福祉の対象と主体

社会福祉の主体

- 1970年代までは国、地方自治体、[社会福祉法人] が主体として社会福祉サービスを提供していたが、[高齢化の進展] に伴い福祉サービスの需要が急増したため、1980年代前後から [民間企業] の参入が始まった。

社会福祉の3つの主体

[政策主体]	・社会福祉政策を計画し、実行していく主体。国や地方自治体。
[経営主体]	・社会福祉事業を経営する主体。 ・公営の場合、国や地方自治体。民営の場合、[社会福祉法人] や非特定営利活動法人（NPO法人）など。
[実践主体]	・社会福祉現場の担い手、[援助主体] とも呼ばれる。 ・現在では [ボランティア] も実践主体に含まれる。

「社会福祉の主体」については130ページの社会福祉事業の分類とあわせて覚えておこう。経営主体になれる組織が限定されている事業もあるんだ。

A　×：設問文の内容はナショナルミニマムである。ソーシャル・インクルージョンとは、社会的に弱い立場にある人々をも含め市民一人ひとりを、排除や摩擦、孤独や孤立から援護し、社会（地域社会）の一員として取り込み、支え合う考え方のことである。

社会福祉の歴史

日本における社会福祉の歴史

- 日本初の公的救済制度は、1874(明治7)年に貧困対策として制定された[恤救規則(じゅっきゅう)]である。ただし、対象は[血縁や地縁などのない窮民]などに限られていた。

明治～昭和初期の主な慈善事業家

人物	年代	施設名	事業
石井十次	1887(明治20)年	岡山孤児院	現在の児童養護施設
石井亮一	1891(明治24)年	[滝乃川学園]	現在の知的障害児施設
アリス・ペティー・アダムス	1891(明治24)年	岡山博愛会	セツルメント・ハウス
片山潜	1897(明治30)年	キングスレー館	[セツルメント・ハウス]
留岡幸助	1899(明治32)年	[家庭学校](巣鴨)	現在の児童自立支援施設
野口幽香・森島峰	1900(明治33)年	[二葉幼稚園]	保育園の原型施設
糸賀一雄	1946(昭和21)年	[近江学園]	知的障害者施設

\ゴロで暗記!/ セツルメント・ハウス

岡山 に あった
(岡山博愛会) (アダムス)
セメントのハウス
(セツルメント・ハウス)

- 1929(昭和4)年に[救護法]が公布され、1931(昭和6)年に[恤救規則]が廃止された。財政難のため救護法が施行されたのは1932(昭和7)年からである。対象としては労働能力のある貧困者は除外されていた。
- 第二次大戦の戦災孤児、戦争による身体障害者等への対応策として、1946～1949年に[生活保護法(旧)]、[児童福祉法]、[身体障害者福祉法]の[福祉三法]が整備された。
- 1960年代には高度経済成長に入り、高齢化問題、核家族問題等、様々な生活問題が現れ、それに対応するために、[精神薄弱者福祉法]、[老人福祉法]、[母子福祉法]が制定され、[福祉六法]体制がとられた。

Q 日本国憲法には、「国民はすべての基本的人権の享有を妨げられないとされる。基本的人権は、侵すことのできない永久の権利として、現在および将来の国民に与えられるとされる」と記載されている。(2022後)

社会福祉六法

1946(昭和21)年	[生活保護法(旧)] (1950(昭和25)年に改正)
1947(昭和22)年	[児童福祉法]
1949(昭和24)年	[身体障害者福祉法]
1960(昭和35)年	[精神薄弱者福祉法] (現在の[知的障害者福祉法])
1963(昭和38)年	[老人福祉法]
1964(昭和39)年	[母子福祉法] (現在の[母子及び父子並びに寡婦福祉法])

\ゴロで暗記! / 児童福祉法の制定年

夜な夜な
(1947年)

児童の服を作る
(児童福祉法)

\ゴロで暗記! / 福祉三法

散歩 していると、 生活も身体も
(福祉三法) (生活保護法・身体障害者福祉法)

福々しく なる
(児童福祉法)

多様化する福祉サービス

1961(昭和36)年	原則[20] 歳以上[60] 歳未満の[すべての国民] が公的年金に加入する[国民皆年金] 制度が施行された。
1990(平成2)年	[福祉八法改正法] (老人福祉法等の一部を改正する法律)が制定され、在宅福祉サービスと施設福祉サービスの一元化が実施された。
1997(平成9)年	高齢化の進展に伴い、高齢者の介護を家族だけでなく、[社会全体] で支え合う仕組みとして[介護保険法] が制定された。
1998(平成10)年	多様化する社会福祉問題に対応すべく、[社会福祉基礎構造改革について(中間まとめ)] が公表された。
2000(平成12)年	「社会福祉事業法」が改正され[社会福祉法] となった。
2005(平成17)年	[障害者自立支援法] が制定された。 [発達障害者支援法] が制定された。
2011(平成23)年	[障害者虐待の防止、障害者の養護者に対する支援等に関する法律] が制定された。
2012(平成24)年	障害者自立支援法が改正され[障害者総合支援法] が制定された。子ども・子育て関連三法が成立。

A ○:設問文の通りである。

イギリスにおける社会福祉の歴史

エリザベス救貧法

- 急増した貧困者を救済するために制定された［ 世界初の国家的な貧困対策制度 ］である。労働能力を基準に、貧民を3つに区分した。

(1)［ 有能貧民 ］ (2)［ 無能力貧民 ］ (3)［ 児童 ］

- ［ 無能力貧民 ］を救済する一方で［ 有能貧民 ］と貧民の［ 児童 ］には労働を強制した。

＼ゴロで暗記!／ エリザベス救貧法

エリザベス（エリザベス救貧法）の 労働（労働能力）は 無農薬（無能力貧民）の
有機農業（有能貧民）で 児童（児童）を救った

慈善組織化運動（COS運動）

- 公的な救済制度が制限される中で、市民による救済事業が活発に行われていたが、［ 濫救（らんきゅう）、漏救（ろうきゅう） ］が発生していた。
- こうした救済の重複や漏れを防ぐことを目的とし、市民による救済事業を統括する［ 慈善組織化運動（COS運動） ］が行われた。

セツルメント運動

- 学生や宗教家などが地域の［ 貧困地域（スラム街） ］に住み込み、交流しながら支援を行う運動のことである。
- バーネット夫妻が世界初のセツルメント・ハウス「［ トインビー・ホール ］」を設立した。
- これらの活動は、後の［ グループワーク ］や［ コミュニティワーク ］へ発展していく。

＼ゴロで暗記!／ トインビー・ホール

トンビがホールに（トインビー・ホール）
バァーっと来た（バーネット夫妻）

Q セツルメント活動は、ロンドンのバーネット夫妻によるハル・ハウス、さらにはアダムズの設立したシカゴのトインビーホールを拠点として展開された。（2019 後）

ベヴァリッジ報告

- [ウィリアム・ベヴァリッジ] により、「社会保険及び関連サービス」と題した報告書(ベヴァリッジ報告)が提出され、社会生活をおびやかす5つの悪として「無知・貧困・怠惰・疾病・不潔」があげられた。
- ベヴァリッジ報告に基づいて国民保険省が創設され、家族手当法や国民保健サービス法、国民扶助法などが創設された。

イギリスにおける社会福祉の歴史

年代	できごと	内容
1601年	[エリザベス救貧法] の制定	世界初の国家による貧困対策制度。
1834年	[新救貧法] の制定	劣等処遇、均一処遇、院内保護の原則が採用され、エリザベス救貧法よりも救済内容を制限した。
1869年	[慈善組織協会(COS)] の設立	濫救、漏救を防ぐために、民間で行われている複数の救済活動の調整を行った。
1884年	[トインビー・ホール] の設立	スラム街に世界初のセツルメント・ハウスを設立し、住み込みながら貧困者の支援を行った。
1880～1900年代	[ブース]、[ラウントリー] による貧困調査	貧困の実態調査を行い、貧困の原因が個人ではなく、賃金などの社会にあることを明らかにした。 ブース「ロンドン市民の生活と労働」 ラウントリー「貧困—都市生活の研究」
1911年	[国民保険法] の制定	健康保険と失業保険を含む社会保険制度を実現させた。
1942年	[ベヴァリッジ報告] の提出	この報告書により「ゆりかごから墓場まで」というイギリスの社会福祉政策のスローガンが生まれた。

アメリカにおける社会福祉の歴史

- 1889年[ジェーン・アダムズ] がハル・ハウスを設立。
- 時を同じくして、[メアリー・リッチモンド] がケースワーク論を確立し、ソーシャルワーカーの先駆となる。「ケースワークの母」と呼ばれる。

\ゴロで暗記!/ ハル・ハウス

春のハウス農業は
(ハル・ハウス)

JAで
(ジェーン・アダムズ)

A ×：バーネット夫妻はトインビー・ホールを設立し、アダムズはハル・ハウスを設立した。

子どもの権利及び家庭福祉

子どもの権利と権利擁護

- 子どもの権利の歴史については、3章「子ども家庭福祉」86ページ参照。

親権者

- 親権とは、成年に達していない子どもを監護・教育し、その財産管理のため父母に与えられた身分上及び財産上の権利・義務。
- 具体的な親権の内容は財産管理権、身上監護権(身分行為の代理権、居所指定権、懲戒権、職業許可権)等がある。
- 親権者に親権を行使させることが子どもの利益を害すると判断された場合、児童福祉法に基づいて、[児童相談所の長] は裁判所に [親権喪失審判請求] を行うことが可能。

未成年後見人

- 未成年者の法定代理人であり監護養育、財産管理、契約等の法律行為などを行う。

家庭福祉

- 児童福祉施設については、3章「子ども家庭福祉」94ページ参照。

母子健康包括支援センター（子育て世代包括支援センター）

- [母子保健法] を根拠法とする。
- すべての妊産婦・乳幼児を対象に妊娠や子育ての不安・孤立に対応し、児童虐待のリスクを早期に発見・低減する。

ファミリーサポートセンター事業

- 地域において、[会員同士] で子育てを支え合う事業。
- 子育て中の労働者や主婦等を会員とし、子どもの預かり等の援助を受けることを希望する者と援助を行うことを希望する者との相互援助活動に関する連絡・調整を行う。

Q 第一種社会福祉事業は、国、地方公共団体または社会福祉法人が経営することを原則とする。（2020 後）

04 社会福祉の法制度

社会福祉法

- 日本の社会福祉の中心となる法律であり、福祉サービスの基本理念や事業の実施体制など、社会福祉を目的とする事業・活動について共通する事項を定めている。
- また[苦情解決]や[人材確保]などの福祉サービス事業の適正な運営等に関する事柄も定められている。
- 第2条では社会福祉事業を[第一種社会福祉事業]と[第二種社会福祉事業]に分類しており、その経営主体については、第60条で「第一種社会福祉事業は、[国]、[地方公共団体]または[社会福祉法人]が経営することを原則とする」と記載している。
- 第一種社会福祉事業の施設を経営する場合は[都道府県知事等]への届出が必要となる。
- 社会福祉法人は、社会福祉事業の他、支障がない限り「[公益事業及び収益事業]」を行うことができる。

「社会福祉法」の目的・理念

第1条（目的）

この法律は、社会福祉を目的とする事業の全分野における共通的基本事項を定め、社会福祉を目的とする他の法律と相まつて、福祉サービスの利用者の[利益の保護]及び地域における社会福祉（以下[地域福祉]という。）の推進を図るとともに、社会福祉事業の[公明かつ適正]な実施の確保及び社会福祉を目的とする事業の健全な発達を図り、もつて社会福祉の増進に資することを目的とする。

第3条（福祉サービスの基本的理念）

福祉サービスは、[個人の尊厳]の保持を旨とし、その内容は、福祉サービスの利用者が心身ともに健やかに[育成]され、又はその有する能力に応じ[自立した日常生活]を営むことができるように支援するものとして、[良質かつ適切]なものでなければならない。

第4条（地域福祉の推進）

地域住民、社会福祉を目的とする事業を経営する者及び社会福祉に関する活動を行う者は、相互に協力し、福祉サービスを必要とする地域住民が[地域社会を構成する一員]として日常生活を営み、社会、経済、文化その他あらゆる分野の活動に参加する機会が与えられるように、[地域福祉の推進]に努めなければならない。

A ○：設問文の通りである。

第5条（福祉サービスの提供の原則）

社会福祉を目的とする事業を経営する者は、その提供する多様な福祉サービスについて、[利用者の意向]を十分に尊重し、地域福祉の推進に係る取組を行う他の[地域住民等との連携]を図り、かつ、保健医療サービスその他の関連するサービスとの有機的な連携を図るよう創意工夫を行いつつ、これを総合的に提供することができるようにその事業の実施に努めなければならない。

「社会福祉法」については、これらの条文がそのまま穴埋め問題として出題されているよ。少なくとも赤字部分は確実に暗記しよう。

第一種社会福祉事業と第二種社会福祉事業

福祉サービスの根拠法令	第一種社会福祉事業	第二種社会福祉事業
児童福祉法	[乳児院]、[児童養護施設]、[母子生活支援施設]、[障害児入所施設]、[児童心理治療施設]、[児童自立支援施設]	[保育所]、障害児通所支援事業、放課後児童健全育成事業等
[老人福祉法]	養護老人ホーム、特別養護老人ホーム等	老人居宅介護等事業、老人デイサービス事業等
[障害者総合支援法]	障害者支援施設	障害福祉サービス事業等
[売春防止法]	婦人保護施設	―
社会福祉法	[共同募金]	―
[生活保護法]	救護施設・更生施設等	―
[生活困窮者自立支援法]	―	認定生活困窮者就労訓練事業
[身体障害者福祉法]	―	身体障害者生活訓練事業、手話通訳事業等
[知的障害者福祉法]	―	知的障害者の更生相談に応ずる事業等
就学前の子どもに関する教育、保育等の総合的な提供の推進に関する法律	―	[幼保連携型認定こども園]
[母子及び父子並びに寡婦福祉法]	―	母子・父子福祉施設を経営する事業等

Q 共同募金は、第1種社会福祉事業に属するものである。（2015、2019後）

第一種社会福祉事業は入所サービス、第二種社会福祉事業には通所サービスが多い気がする…。

その通り。入所サービスは利用者保護の必要性が高いから、その経営主体は原則として、国、地方公共団体、社会福祉法人に限られているんだ。そこを覚えておくとどの事業が第一種なのか区別がつきやすくなるよ。

ゴロで暗記! 第一種社会福祉事業

「今日どう（共同募金）？ 一緒（第一種社会福祉事業）に 入試（入所施設） 受けない?」

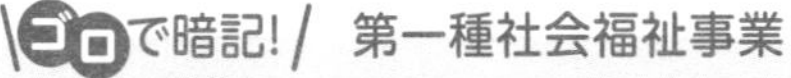

ゴロで暗記! 第一種社会福祉事業

1種（第一種社会福祉事業） は お泊り（入所施設が主） 都道府県ランキング（都道府県に届出必要）

ゴロで暗記! 第二種社会福祉事業

保（保育所） 養（幼保連携型認定こども園） 所に 二つの種（第二種社会福祉事業） をまく

生活保護法（1946（昭和21）年制定、1950（昭和25）年改正）

- 日本国憲法第［ 25 ］条に基づき、国民の最低限度の生活を保障し、自立を助長することを目的に制定された。
- 民法上の親族等の［ 扶養義務者から援助 ］を受けることができる場合、他の制度や法律により［ 給付 ］が受けられる場合は、生活保護よりもそれらが優先される。

A ○：設問文の通りである。なお、社会福祉法には、「共同募金会以外の者は、共同募金を行ってはならない」と記載されている。共同募金会は社会福祉法人である。

- 生活保護法に基づく保護施設には、[救護施設]、[更生施設]、[医療保護施設]、[授産施設]、[宿所提供施設] がある。

生活保護法の基本原理

[国家責任の原理] (第1条)	[日本国憲法第25条] の理念に基づき、国が生活に困窮するすべての国民に対し、その困窮の程度に応じ、必要な保護を行い、その[最低限度の生活] を保障するとともに、その[自立] を助長する。
[無差別平等の原理] (第2条)	すべて国民は、この法律の定める要件を満たす限り、この法律による保護を、[無差別平等] に受けることができる。
[健康的で文化的な最低生活保障の原理] (第3条)	この法律により保障される[最低限度の生活] は、健康で[文化的] な生活水準を維持することができるものでなければならない。
[保護の補足性の原理] (第4条)	保護は、生活に困窮する者が、その利用し得る資産、能力その他あらゆるものを、その[最低限度の生活] の維持のために活用することを要件として行われる。

生活保護の種類

[生活] 扶助	食費、被服費、光熱費等の日常生活費が支給される。[金銭] 給付。
[教育] 扶助	義務教育に必要な学用品、通学費、[給食費]が支給される。[金銭]給付。
[住宅] 扶助	家賃、転居費、住宅補修費等が支給される。[金銭] 給付。
[介護] 扶助	福祉用具の貸与等、介護保険と同等の介護サービスが支給される。[現物] 支給。
[出産] 扶助	出産に必要な費用が支給される。[金銭] 給付。
[生業] 扶助	生業を行うために必要な資金、技能習得費等の費用が支給される。[金銭] 給付。
[葬祭] 扶助	遺体の火葬等、葬祭のために必要最低限の費用が給付される。[金銭] 給付。
[医療] 扶助	入院、通院などの医療に必要な費用が支給される。原則は[現物] 給付であるが、治療費は[金銭] 給付。

扶助の種類や給付の種別が出題されるよ。現物給付は介護扶助と医療扶助の一部。頑張って覚えよう。

Q 授産施設は、「生活保護法」に基づく保護施設である。(2022 後)

\ゴロで暗記! / 生活保護の扶助

僧侶（葬祭扶助・医療扶助）が 出生（出産扶助・生業扶助）や

生育（生活扶助・教育扶助）の話を15個した（住宅扶助・介護扶助）

\ゴロで暗記! / 現物給付の扶助

改（介護扶助）良（医療扶助）して現物（現物給付）をもらう

児童福祉法（1947（昭和22）年制定）

- 児童の健全育成と福祉の増進を図ることを目的とし、制定された。
- 保育所・児童養護施設などの［ 児童福祉施設 ］、子育て支援・［ 障害児支援 ］などの児童福祉に関わるサービス、保育士・児童委員など児童福祉に関わる資格・役割などについて規定しており、日本の児童福祉の根幹となる法律である。
- 「全て児童は、［ 児童の権利に関する条約の精神 ］にのつとり、適切に養育されること、その生活を保障されること、愛され、保護されること、その心身の健やかな成長及び発達並びにその自立が図られることその他の福祉を等しく保障される権利を有する」（同法 第1条）といった基本理念からなる。

児童福祉施設の設備及び運営に関する基準（1948（昭和23）年制定）

- ［ 児童福祉法 ］第45条に基づいて制定されたものであり、児童福祉施設の最低基準の他、職員の［ 秘密保持 ］や、［ 苦情解決制度 ］についても定めている。

児童福祉施設の設備及び運営に関する基準

第4条（最低基準と児童福祉施設）

児童福祉施設は、［ 最低基準 ］を超えて、常に、その設備及び運営を［ 向上 ］させなければならない。

A ○：設問文の通りである。

第14条の2(秘密保持等)

児童福祉施設の職員は、正当な理由がなく、その業務上知り得た利用者又はその[家族]の[秘密]を漏らしてはならない。

第14条の3(苦情への対応)

児童福祉施設は、その行つた援助に関する入所している者又はその保護者等からの苦情に[迅速かつ適切に対応]するために、苦情を受け付けるための[窓口]を設置する等の必要な措置を講じなければならない。

4 児童福祉施設は、社会福祉法第八十三条に規定する[運営適正化委員会]が行う同法第八十五条第一項の規定による調査に[できる限り協力]しなければならない。

母子及び父子並びに寡婦福祉法(1964(昭和39)年制定)

- 「母子家庭等及び寡婦に対し、その[生活の安定と向上]のために必要な[措置]を講じ、もつて母子家庭等及び寡婦の[福祉]を図ること」を目的とする法律である。
- 「母子及び寡婦福祉法」から、2014(平成26)年に改正・改称され、[父子家庭]も対象に含まれるようになった。
- 母子家庭(第17条)、父子家庭(第31条の7)、寡婦(第33条)に日常生活支援事業が規定され乳幼児の保育や食事、生活等の助言・指導を行う[母子・父子自立支援員]の他、母子・父子福祉センター、母子・父子休養ホームを規定している。
- この法律では児童を[20歳に満たない者]と定義している。

「母子及び父子並びに寡婦福祉法」が規定するひとり親への支援内容、母子・父子福祉センターはどの法律に基づく施設か、といった問題が出題されているみたいだよ。

母子保健法(1965(昭和40)年制定)

- 「母性並びに乳児及び幼児の[健康の保持及び増進]を図る」ために、「母性並びに乳児及び幼児に対する[保健指導]、[健康診査]、医療その他の措置を講じ、もつて国民保健の向上に寄与すること」を目的とする法律である。

Q 「配偶者からの暴力の防止及び被害者の保護等に関する法律」により、地域包括支援センターは、配偶者暴力相談支援センターとしての機能を果たすようになった。(2019後)

児童虐待の防止等に関する法律（児童虐待防止法）（2000（平成12）年制定）

- 児童虐待を予防・防止するための国や地方自治体の責務や虐待を受けた児童の保護、自立支援のための措置などを定めた法律である。
- 児童虐待の定義として、保護者（児童養護施設の施設長等を含む）が［ 身体的虐待 ］、［ ネグレクト ］、［ 性的虐待 ］、［ 心理的虐待 ］の4種類の行為を行うことと同法第2条で定められている。
- 2019（令和元）年の一部改正では、親がしつけの際に必要な範囲を超えて［ 体罰 ］を加えてはいけないこと、児童相談所において、［ 保護者支援 ］を行う職員と［ 一時保護等の介入的対応 ］を行う職員を分けるなどの変更が行われた。

配偶者からの暴力の防止及び被害者の保護等に関する法律（DV防止法）（2001（平成13）年制定）

- 配偶者（事実上［ 婚姻関係と同様の事情 ］にある者を含む）からの暴力に関わる通報、相談、保護、［ 自立支援体制 ］の整備を目的としている。
- この法律によって、［ 婦人相談所 ］は、配偶者暴力相談支援センターの機能を担う施設の一つとして規定された。

ゴロで暗記！／ 婦人相談所の根拠法

婦人 は
（婦人相談所の根拠）
春の帽子を売った
（売春防止法）

子ども・子育て支援法（2012（平成24）年制定）

- 少子化の進行や家庭・地域を取り巻く環境の変化に対して、子ども・子育て支援給付やその他必要な支援を行い、一人ひとりの子どもが健やかに成長することができる社会の実現に寄与することを目的とした法律。

A ×：配偶者暴力相談支援センターについては「都道府県が設置する婦人相談所その他の適切な施設」という記載がされている。地域包括支援センターでは、配偶者暴力相談支援センターの機能は求められていない。

- 地域子ども・子育て支援事業の一つとして[子どもや保護者]の身近な場所で、教育・保育施設や地域の子育て支援事業などの[情報提供]、利用にあたっての相談・助言、関係機関との[連絡調整]などを行う、[利用者支援事業]を規定している。

子ども・子育て支援法の基本理念

第2条(基本理念)

子ども・子育て支援は、父母その他の保護者が子育てについての[第一義的責任]を有するという基本的認識の下に、家庭、学校、地域、職域その他の社会のあらゆる分野における全ての構成員が、各々の[役割を果たす]とともに、[相互に協力]して行われなければならない。

子どもの貧困対策の推進に関する法律(2013(平成25)年制定)

- この法律の目的として、「子どもの[現在及び将来]がその生まれ育った[環境]によって左右されることのないよう、[全て]の子どもが心身ともに健やかに育成され、及びその[教育の機会均等]が保障され、…(中略)…[児童の権利に関する条約]の精神にのっとり、子どもの貧困対策に関し、基本理念を定め、[国等の責務]を明らかにする」と記載されている。

第1条の内容が穴埋め形式で出題されたよ。子どもの貧困は社会的にも話題になっているテーマだから、覚えておこう。

生活困窮者自立支援法(2013(平成25)年制定)

- [生活保護受給にいたる前]の段階にある生活困窮者を支援し、自立の促進を図るための法律である。
- 都道府県及び市・特別区(福祉事務所設置自治体)について必須事業として、[自立相談支援事業]の実施及び[住居確保金]の支給がある。
- 都道府県及び市・特別区(福祉事務所設置自治体)の任意事業として、就労準備支援事業、[子どもの学習・生活支援事業]などがある。
- これらの事業は、社会福祉協議会や社会福祉法人等に[委託]が可能である。

Q 次の文は、「子どもの貧困対策の推進に関する法律」の一部である。教育の機会均等を図るため、子どもの貧困対策に関し、基本理念を定め、国等の責務を明らかにし、及び子どもの貧困対策の基本となる事項を定める(後略)。(2016 後)

必須事業

[自立相談支援事業]	就労その他の自立に関する相談支援、事業利用のためのプラン作成等の実施
[住居確保給付金]	離職により住宅を失った、または、そのおそれが高い生活困窮者等に対し家賃相当を支給

任意事業

[就労準備支援事業]	就労に必要な訓練を日常生活自立、社会生活自立段階から有期で実施
[一時生活支援事業]	住居のない生活困窮者に対して一定期間宿泊場所や衣食の提供等を行う
[家計相談支援事業]	家計に関する相談、家計管理に関する指導、貸付のあっせん等を行う
[学習支援事業]	生活困窮家庭の子どもへの学習支援を行う

2018(平成30)年に一部改正が行われ、生活保護世帯の子どもの大学等への進学支援や児童扶養手当の支払回数の見直しなど、支援体制が強化されているよ。

介護保険法

- 高齢者の介護を家族だけでなく、[社会全体] で担うことを目的に制定された。また、介護サービス受給にあたっては、行政による措置制度から、利用者主体の契約制度へと変更された点もこの法律の特徴である。
- 介護サービスを受けるためには、以下の手順で[要介護・要支援認定] を受ける必要がある。

> ①ケアマネジャーの聞き取り調査に基づいた[コンピュータ]による判定
> ②市町村の[介護認定審査会] により、介護・支援が必要かどうかの判定
> ③市町村による[認定]

- 認定には[有効期限] があり、原則初回は半年、更新認定は1年である。
- 原則、サービス費用の1割(高所得世帯の場合、3割)と食費、居住費を利用者が負担する[応益負担] である。

A ○：設問文の通りである。

4章 社会福祉

- 介護保険における保険者は、[全国の市町村及び特別区] である。
- [居宅介護支援サービス（ケアマネジメント）] とは介護支援専門員（ケアマネジャー）が中心となりケアマネジメントを行う「利用者本位」を実現するサービス提供である。

\ゴロで暗記! / 介護保険法の施行年

ニセ 物の
(2000 年)
介護保険に注意!
(介護保険法)

身体障害者福祉法

- 第1条には、「身体障害者の自立と[社会経済活動への参加] を促進するため、身体障害者を援助し、及び必要に応じて保護し、もつて身体障害者の[福祉の増進] を図ること」が、定められている。
- 身体障害者を、18歳以上で都道府県知事から[身体障害者手帳] の交付を受けた者と定義している。

障害者基本法

- 日本の障害者福祉の理念を定め、国、地方公共団体等の責務を明らかにしている。
- 都道府県に[都道府県障害者計画] 、市町村に[市町村障害者計画] の作成を義務付けている。

障害者基本法の目的

第1条（目的）

全ての国民が、[障害の有無にかかわらず]、等しく[基本的人権を享有]するかけがえのない個人として尊重されるものであるとの理念にのつとり、全ての国民が、障害の有無によつて分け隔てられることなく、相互に[人格と個性]を尊重し合いながら[共生する社会]を実現するため、（中略）障害者の[自立]及び[社会参加]の支援等のための施策を総合的かつ計画的に推進することを目的とする。

Q 「障害者の日常生活及び社会生活を総合的に支援するための法律」（障害者総合支援法）に基づく自立支援給付制度について、障害支援区分の認定は、市町村が行う。（2016後）

障害者の日常生活及び社会生活を総合的に支援するための法律（障害者総合支援法）

- 障害福祉サービスとその基盤等について定めた法律で、2013（平成25）年、障害者自立支援法が［ 障害者総合支援法 ］となった。
- 「障害程度区分」が［ 障害支援区分 ］へと改められた。「障害支援区分」の認定は、［ 市町村 ］が行う。
- 障害福祉サービスには、介護給付として居宅介護、同行援護、重度訪問介護、行動援護、生活介護、療養介護、短期入所、施設入所支援等がある。
- 訓練等給付として自立生活援助、自立訓練、就労移行支援、共同生活援助、就労定着支援等がある。

障害福祉サービスのうち、障害児入所支援、障害児通所支援（児童発達支援、放課後デイサービス、保育所訪問支援など）の根拠法は児童福祉法になるので、注意しよう。

障害者虐待の防止、障害者の養護者に対する支援等に関する法律（障害者虐待防止法）

- 障害者福祉施設使用者、保育所などに、障害者虐待の防止のための責務を課し、障害者虐待を発見した者に対しては、［ 通報義務 ］を課した。
- 市町村は、養護者による虐待を受けている障害者について、［ 一時的に保護 ］することができる。

障害者の権利に関する条約（障害者権利条約）

- 障害者の権利実現のための措置などを定めた条約。日本は2007（平成19）年に署名し、2014（平成26）年に批准した。

A ○：設問文の通りである。

第1条(目的)

全ての障害者によるあらゆる[人権及び基本的自由]の完全かつ[平等な享有]を促進し、保護し、及び確保すること並びに障害者の[固有の尊厳]の尊重を促進することを目的とする。

第3条(一般原則)

この条約の原則は、次のとおりとする。

(a) [固有の尊厳]、個人の自律(自ら選択する自由を含む。)及び個人の[自立]の尊重
(b) [無差別]
(c) 社会への完全かつ効果的な[参加]及び包容
(d) 差異の尊重並びに人間の多様性の一部及び[人類の一員]としての障害者の受入れ
(e) [機会の均等]
(f) 施設及びサービス等の[利用の容易さ]
(g) [男女]の平等
(h) 障害のある児童の発達しつつある[能力]の尊重及び障害のある児童がその[同一性を保持する権利]の尊重

特定非営利活動促進法

- 福祉、医療の促進、まちづくり等、17の活動を[特定非営利活動]と定義し、これらの活動を行っているボランティア団体が[法人格]を取得することを可能とした。

育児休業、介護休業等育児又は家族介護を行う労働者の福祉に関する法律(育児・介護休業法)

- 労働者が離職せず、仕事と育児や介護を両立できるよう支援するための法律であり、2016(平成28)年に改正され、2017(平成29)年に施行された。
- 2021(令和3)年の法改正により、「子の看護休暇・介護休暇」について、すべての労働者が[時間単位]で取得が可能になった。

Q 児童相談所が受け付ける相談として「不登校に関する相談」がある。(2022後)

05 社会福祉の実施体系

福祉事務所

- ［ 社会福祉法 ］によって規定されており、［ 都道府県 ］、［ 市 ］、［ 特別区 ］に設置が義務付けられている。
- ［ 福祉六法 ］に定められた福祉サービスを行い、地域住民や利用者の生活問題を把握し、社会資源を活用したサービスの提供を行う。
- 福祉事務所には［ 社会福祉主事 ］を置かなければならない。

「福祉事務所」について、サービスの内容が出題されているよ。何を行っている施設か把握しておこう。

ゴロで暗記！ 福祉事務所の配置

し、至福…！ 事務所 で
（市）　（福祉事務所）
特製豆腐 を食べるとき
（特別区・都道府県）

児童相談所

- ［ 児童福祉法 ］第12条に規定されており、［ 都道府県 ］、［ 政令指定都市 ］に設置が義務付けられている。
- ［ 児童 ］に関する相談や調査、保護者への指導、緊急な保護が必要な児童の［ 一時保護 ］などの役割を担い、［ 児童福祉司 ］が援助にあたる。

婦人相談所

- ［ 売春防止法 ］第34条により各都道府県に設置された行政機関。
- 婦人保護事業を行い、［ DV被害者 ］の支援機能がある。

A ○：設問文の通りである。

婦人保護施設

- ［ 売春防止法 ］第36条により、各［ 都道府県 ］や［ 社会福祉法人 ］などにより設置される。
- 売春を行う恐れのある女子を保護する施設だったが、現在では［ 社会生活において問題 ］を抱える女子も保護対象となり、また［ 配偶者暴力防止法 ］により、配偶者からの暴力被害者も保護できるようになった。

身体障害者更生相談所

- ［ 身体障害者福祉法 ］の規定により、［ 都道府県 ］には義務設置、［ 政令指定都市 ］には任意で設置される。
- ［ 身体障害者福祉司 ］が、身体障害者に関しての相談、指導、更生援護施設への入所手続き等を行う。

「知的障害者更生相談所」の設置について、出題されているよ。

＼ゴロで暗記！／ 身体（知的）障害者更生相談所

紹介（障害）されてきた高校生の相談（更生相談所）は、豆腐キムチ（都道府県は義務）

社会福祉サービスにおける情報提供

- 福祉サービスの質の向上と利用者本位の福祉サービスの整備を目的とし、1994（平成6）年の老人福祉法の改正により情報提供について規定された。
- 1997（平成9）年の児童福祉法改正においても、法的に情報提供が規定された。これは保育所への入所が［ 措置制度 ］から［ 利用契約 ］に移行したことが背景となっている。

Q 児童相談所の児童福祉司は、苦情解決制度の中で、相談に携わることが定められている。（2016 後）

社会福祉に関わる専門職

国家資格（すべて名称独占）

社会福祉士	・心身に障害がある、または環境上の理由により日常生活を営むのに支障がある人に対し相談、指導、連絡等を行う。 ・［ 社会福祉士及び介護福祉士法 ］により規定。
介護福祉士	・介護が必要な高齢者や障害者に対し、状況に応じた介護や介護に関する指導を行う。 ・［ 社会福祉士及び介護福祉士法 ］により規定。
介護支援専門員 （ケアマネジャー）	・要支援者からの相談に応じ、市町村や福祉サービスの事業者等との連絡調整を行う。 ・試験合格後、［ 都道府県の介護支援専門員名簿に登録 ］を行い、介護支援専門員証の交付を受ける。
保育士	・保育の専門的知識及び技術をもって、児童の保育及び児童の保護者に対する保育の指導を行う。 ・［ 児童福祉法 ］により規定。

社会福祉士を規定している法律は「社会福祉士及び介護福祉士法」だよ。「社会福祉法」と勘違いしやすいから注意しよう。

その他の専門職

児童福祉司	・［ 児童相談所 ］で、児童の相談に応じ、必要に応じて指導を行う。 ・［ 児童福祉法 ］により規定。
児童指導員	・［ 児童福祉施設 ］で、児童の生活指導を行う者に必要とされる［ 任用 ］資格。 ・［ 児童福祉施設の設備及び運営に関する基準 ］により規定。
母子・父子 自立支援員	・ひとり親家庭や寡婦家庭に対し、相談に応じ、その自立に必要な情報提供、指導を行う。 ・［ 母子及び父子並びに寡婦福祉法 ］により規定。
身体障害者福祉司	・身体障害者更生相談所などで身体障害者の福祉に関して、専門的な知識と技術が必要な業務を行う。 ・［ 身体障害者福祉法 ］により規定。
社会福祉 主事	・［ 福祉事務所 ］の現業員（家庭訪問、面談、生活指導等を行う職員）として任用される者に要求される［ 任用 ］資格。 ・［ 社会福祉法 ］により規定。

（つづく）

A ×：設問文の内容は、苦情解決制度の中で定められていない。

婦人相談員	・要保護子女の発見、相談、指導等を行う。[売春防止法] により規定。 ・配偶者からの暴力相談、指導を行う。[売春防止法] により規定。
家庭支援専門相談員（ファミリーソーシャルワーカー）	・入所児童の早期家庭復帰、里親委託等を目的とし相談・指導を行う。[児童養護施設] や、[乳児院]、[児童心理治療施設]、[児童自立支援施設] に設置が義務付けられている。
民生委員	・住民の相談に応じて必要な援助を行う、市町村の区域に置かれる民間奉仕者で、任期は [3年] である。給与は [支給されない]。 ・[都道府県知事] の推薦によって、[厚生労働大臣] が委嘱する。 ・児童福祉法に基づく [児童委員] も兼任する。 ・[方面委員制度] は、現在の児童民生委員・児童委員制度の前身とされ、[小河滋次郎] が創設にかかわった。

児童指導員は保育所以外のほぼすべての児童福祉施設に配置されているよ。

\ゴロで暗記! / 児童福祉司の配置

児童相談所では
（児童相談所）
児童の服が獅子
（児童福祉司）

Q 民生委員・児童委員制度の前身とされる「方面委員制度」と関わりのある人物は小河滋次郎である。（2022 後）

社会福祉の財政と社会保険制度

社会福祉の財政

国の社会福祉財源

- 2022(令和4)年度一般会計歳出総額は約107.5兆円。社会保障関係費は約36兆円で一般会計歳出総額の[33.7%]を占める。
- 2020(令和2)年度の社会保障給付費(ILO基準)は[132兆2,211億円]であり1950年度の集計開始以降最高額を更新し、高齢化の進展が影響していることがわかる。
- 社会保障給付費の内訳は「[年金]」「[医療]」「[福祉]」の順に給付額が大きく、「年金」と「医療」だけで全体の70%を超える。
- 財源としては、[保険料]が約40%、[税金]が約32%となり国民負担率については社会保障給付費の増大に伴い拡大傾向にある。ただし、国庫負担は新型コロナウイルス関連で流行以前よりも増加率が高くなっている。

共同募金

- 各都道府県の共同募金会が主体となり、年に一度、[共同募金]を行う。目標額、配分先などについては、共同募金会に設置された[配分委員会]の承認を得なければならない。なお、共同募金は[第一種福祉事業]である。

社会福祉サービスにおける住民参加活動

- ボランティア活動を推進するため、簡易な手続きで[法人格]を付与することを目的とした[特定非営利活動促進法]([NPO法])に基づいて設立された法人が[特定非営利活動法人]である。

在宅福祉サービス

- [在宅福祉]を推進するためには、住民参加型福祉サービスの提供や、[多様な主体]の参入が求められる。

A ○：設問文の通りである。

社会保険制度

医療保障（医療保険）

保険者	加入者	現金給付
健康保険（協会けんぽ）	中小企業のサラリーマンとその家族	傷病手当金 出産手当金 ［ 出産育児一時金 ］ 埋葬料
健康保険（組合管掌）	大企業のサラリーマンとその家族	
［ 共済組合 ］	公務員 私立学校教職員	
［ 国民健康保険 ］	自営業者 年金生活者　等	葬祭費 出産育児一時金
［ 後期高齢者医療保険 ］	原則75歳以上の高齢者	葬祭費

所得保障（年金制度）

- 年金給付の形態には、［ 老齢（基礎・厚生）年金 ］、［ 障害（基礎・厚生）年金 ］、［ 遺族（基礎・厚生）年金 ］があり、老齢年金については資格期間が［ 10年以上 ］ある者について、原則［ 65 ］歳から給付される。
- 公的年金の被保険者は［ 20 ］歳以上［ 60 ］歳未満の国民で、職業などにより以下のように第1号～第3号被保険者に分かれている。なお、第2号被保管者は基礎年金に加えて厚生年金を受けることになる。
- 20歳から保険料の納付が義務付けられているが、学生については、申請により在学中の保険料の納付が猶予される［ 学生納付特例制度 ］が設けられている。
- 遺族基礎年金は、死亡した者によって家計を維持されてきた［ 子のある配偶者 ］と［ 子 ］に支給される。
- 障害者が障害年金を受給するためには、原則として事前の保険料拠出を必要とするが、国民年金に加入できる［ 20歳前に障害をもった ］場合はこの限りではない。
- 年金以外の所得保障制度として、雇用保険、労災保険（労働者災害補償保険）などがある。
- 雇用保険の失業等給付には［ 求職者給付 ］、［ 就職促進給付 ］、［ 教育訓練給付 ］、［ 雇用継続給付 ］の4つがある。

Q　公務員は、国民健康保険に加入する。（2015）

公的年金制度の被保険者

対象		受給年金
[20] 歳以上～ [60] 歳未満の国民	サラリーマン・公務員等 ([第2号被保険者])	基礎年金、 [厚生年金]
	第2号被保険者に扶養されている配偶者 ([第3号被保険者])	基礎年金
	自営業者等 ([第1号被保険者])	基礎年金

その他の所得保障制度

労働保険	[雇用保険]、労働者災害補償保険(労災保険)
児童手当	[中学校卒業] まで(15歳の誕生日以降の最初の3月31日まで)の児童を養育している者に支給。
児童扶養手当	父または母と生計を同じくしていない子どもが育成される家庭([ひとり親家庭])の生活の安定と自立の促進のために支給される。
特別児童扶養手当	[20歳未満] の精神または身体に障害を有する児童を家庭で監護養育している父母等に支給。
障害児福祉手当	精神または身体に重度の障害を有し、日常生活において[常時の介護] を必要とする状態にある在宅の[20歳未満] の者に支給。

公的年金の被保険者の区分や受給年金については、最近でも出題されているのでしっかり覚えておこう。

\ゴロで暗記!/ サラリーマンの公的年金

サラリーマン 好青年 金 (厚生年金)

に GO ! (第 2 号被保険者)

A ×:「国民健康保険」ではなく「共済組合」が正しい。

社会福祉における相談援助

相談援助技術の形態と方法

ソーシャルワークの基本事項

- ソーシャルワーク（社会福祉援助技術）とは、社会福祉におけるさまざまな[相談援助法]の総称のことである。
- 問題や課題を抱えている人のことを[クライエント]と呼び、相談にのる専門家を[ソーシャルワーカー]と呼ぶ。
- ソーシャルワークを実践していく方法を[実践モデル]といい3種類ある。
- 相談援助者は、福祉サービスを必要とする地域住民が来訪したときに、所属する機関が提供できる[福祉サービス]及びその他の[社会資源]を調整する。

ソーシャルワークの実践モデル

[治療モデル]	クライエントの抱える問題を把握し、援助の方法や手順を判断するアプローチ。
[生活モデル]	クライエントを援助する過程で、人と社会環境との相互作用を主眼としたアプローチ。
[ストレングスモデル]	クライエントが本来もっている力（強み）に注目し、自ら回復するよう導くアプローチ。 ・利用者の[生活経験やそれによって得た知識]は、ストレングスとして評価する。 ・利用者の[ADL（日常生活動作）]の自立度や認知的能力は、ストレングスとして評価する。 ・利用者の[近隣住民同士の助け合い]は、ストレングスとして評価する。

\ゴロで暗記！/ ソーシャルワークの実践モデル

実際モテル（実践モデル） 人は 知性（治療モデル・生活モデル） と

ストレングス（ストレングスモデル） を兼ね備えている

Q ソーシャルワークの方法・技術に関する組み合わせとして「ソーシャルアドミニストレーション」と「組織運営管理」は正しい。（2022 後）

相談援助技術の形態と方法

直接援助技術

[個別援助技術]([ケースワーク])	生活問題や課題を抱える利用者に対し、援助者が問題解決に導いていくよう個別に援助する技法。
[集団援助技術]([グループワーク])	小集団(グループ)の相互作用を活用して、問題や課題を解決する技法。

間接・関連援助技術

[ソーシャルアクション(社会活動法)]	社会福祉制度の運営改善などを目指して社会に働きかける活動。
[ソーシャルワークリサーチ(社会福祉調査法)]	社会福祉に関する実態(福祉ニーズや問題の把握)、社会福祉サービスや政策の評価、個別ケースにおける支援の効果測定などを目的とする調査の総称。
[ソーシャルアドミニストレーション(社会福祉運営管理)]	組織運営管理論など社会福祉を効率的に運営・管理するための技術、方法。
[ケアマネジメント]	クライエントが適切なサービスを利用できるよう、利用者のニーズと社会資源を結びつける技術。
[スーパービジョン]	専門職([スーパーバイザー])が、経験の浅いワーカー([スーパーバイジー])の支援、指導、教育をする過程。
[カウンセリング]	利用者の心理的な問題を解決するため、心理学的な手法を用いて、問題解決を図る手法。
[コンサルテーション]	ワーカーが他領域の専門的な知識や技術について、専門職に相談し、意見や情報を求めること。
[アウトリーチ]	ソーシャルワーカーが、支援が必要な利用者の居宅や地域に直接出向いて援助すること。ケースの発見につながる。
[ソーシャル・ネットワーク]	援助者や関連サービス施設が支援組織をつくり、利用者が効果的な支援を受けることができるようにする手法。

個別援助技術(ケースワーク)

- [ケースワーク] は、19世紀後半にイギリス・ロンドンから始まった慈善組織協会(COS)が始まり。その後、アメリカへ渡り、[メアリー・リッチモンド] によって理論化・体系化が図られた。
- [パールマン] はケースワークの4つの構成要素として4つのP([人]、[問題]、[場所]、[過程])を示した。

A ○:設問文の通りである。

ケースワークの原則（バイステックの7原則）

[個別化]	利用者を一人の個人として個別性を尊重する。
[意図的な感情表出]	利用者がありのままの感情を表すことができるように援助する。
[統制された情緒関与]	利用者の感情や言葉を理解し、援助者は意図的に反応する。
[受容]	利用者のあるがままの行動や態度を受け止める。
[非審判的態度]	利用者の行動を良い悪いで判断しない。
[自己決定]	利用者の自己選択・自己決定を尊重する。
[秘密保持]	利用者の情報を、利用者の許可なしには漏らさない。

＼ゴロで暗記!／ パールマンの4つのP

パール の カ バ に 問題
（パールマン） （過程） （場所） （人） （問題）

4つのPってなぁんだ?

ケースワークの展開過程

①[インテーク] （[受理面接]）	利用者が相談を持ち掛けた時点の面接。信頼関係の構築、援助可能か検討することが目的。
②[アセスメント] （[事前評価]）	収集した情報をもとに、利用者と援助者が援助すべき問題を選定する。
③[プランニング] （[援助計画]）	援助の具体的な方法を選び、実施するための計画を立てる。
④[インターベンション] （[介入]）	クライエント本人に行う直接介入と、家族や施設等と連携する間接介入がある。
⑤[モニタリング] （[観察・把握]）	計画された援助が予定通り行われているか点検する。
⑥[エバリュエーション]	援助により利用者の生活問題が解決されたか判断する。
⑦[ターミネーション] （[終結]）	利用者の問題が解決された場合や、利用者が終結を望んだ場合に援助を終了する。

Q インテークとは、支援者が利用者と信頼関係を構築する過程であり、主訴の提示、支援者の所属する機関や施設の説明、契約等を行う。（2022 後）

\ゴロで暗記!/ ケースワークの展開過程

いー（インテーク） アッ（アセスメント） プ!（プランニング）
インターネット（インターベンション） で（モニタリング） 萌え（エバリュエーション） た♥（ターミネーション）

エバリュエーションの結果、引き続き援助を継続する場合は、再びアセスメントを行うよ。

集団援助技術（グループワーク）

- 集団援助技術の構成要素は「[利用者]・[グループ]・[援助者]・[プログラム活動]・[社会資源]」の5つである。
- 集団援助技術においても、[個別化の原則] は遵守されるべきである。

グループワークの展開過程

①[準備期]	グループ活動を開始する準備を始め、援助者とグループメンバーが顔合わせする前段階。
②[開始期]	最初の顔合わせからグループ活動を開始するまでの段階。
③[作業期]	目標達成のための活動を始める段階。
④[終結期]	グループ援助の終わりの段階。

地域援助技術（コミュニティワーク）

- 援助者が利用者と直接的に関わらず、[地域住民] や [専門機関] と協働して、地域における問題解決を援助する [関接援助技術] の一つである。
- 活動主体は、[地域の住民組織] や関連機関の専門職である。
- 専門職同士が連携し、地域の中でネットワークを構築することは、[ケースの発見] に結びつく。

A ○：設問文の通りである。

情報提供と利用者保護

社会福祉サービスの情報提供

- [アカウンタビリティ] とは、福祉サービスに関して、サービス提供者や国、地方公共団体等が、利用者あるいは国民に対して [説明する責任] のこと。
- [社会福祉士法] では、社会福祉事業の [経営者] は利用申請時における利用契約内容等に関する説明を行うよう [努めなければならない] と定められている。
- [社会福祉法] では、社会福祉の事業経営者は、提供する福祉サービスについて、事実と異なる表示をしてはならないとされている。
- 保育所への入所が [措置制度] から [利用契約制度] へと移行したことを背景に、[児童福祉法] に情報提供が規定された。
- [児童福祉法] では、[市町村] は児童の保護者に対して、区域内にある保育所に関する情報提供を行うことが [義務付けられている] 。

「保育所保育指針」第1章「総則」1「保育所保育に関する基本原則」

(5)保育所の社会的責任

イ　保育所は、地域社会との交流や連携を図り、[保護者]や[地域社会]に、当該保育所が行う保育の内容を適切に説明するよう[努めなければ]ならない。

ウ　保育所は、入所する子ども等の個人情報を適切に取り扱うとともに、保護者の苦情などに対し、その解決を図るよう[努めなければ]ならない。

第三者評価と第三者委員

第三者評価

- 福祉サービス提供事業者以外の第三者が、客観的な基準に基づいて、サービスの質の [評価] を行い、結果を [公表] し、利用者に [情報提供] する制度である。
- 次の5種類の児童福祉施設では、[毎年] の自己評価、及び、[3年に1回] 以上の第三者評価の受審と評価結果の公表が義務付けられている。

[児童養護施設、乳児院、児童心理治療施設、児童自立支援施設、母子生活支援施設]

Q　福祉サービスの提供施設においては、苦情受付担当者と苦情解決責任者を置くことが定められている。（2016 後）

- 保育所は自己評価を行うなど、福祉サービスの質の向上に向け努力することが義務付けられており、第三者評価は努力義務である。
- [WAM NET] とは、福祉・保健・医療の総合情報サイトのことで、サービス提供者の [サービス] やその [第三者評価] が公表されている。

「福祉サービス第三者評価事業に関する指針」における第三者評価

1　福祉サービス第三者評価事業の目的等について
(2)福祉サービス第三者評価事業の目的

福祉サービス第三者評価事業は、個々の事業者が [事業運営における問題点] を把握し、[サービスの質の向上] に結びつけることを目的とするものであること。
なお、福祉サービス第三者評価を受けた結果が [公表] されることにより、結果として利用者の [適切なサービス選択] に資するための情報となること。

ゴロで暗記! 第三者評価の義務がある児童福祉施設

3年に一回 第三者 と 4時 に
(第三者評価)(児童養護施設・児童自立支援施設)

にぼし食べる
(乳児院・母子生活支援施設・児童心理治療施設)

第三者委員

- 第三者委員は、社会福祉法人の [経営者] の責任において選任するか、理事会が選考して理事長が任命する。
- 第三者委員は、[苦情申出人] と [サービス提供者] の間に立って助言を行うなどの役割を担うことが定められている。

苦情解決

- 福祉サービス利用者の [利益を保護] し権利を擁護することを目的に [苦情解決] の仕組みが義務付けられている。
- 苦情解決の体制として、[苦情解決責任者]、[苦情受付担当者]、[第三者委員] が必要となる。
- [社会福祉法] 第82条では、提供する福祉サービスについて、利用者等からの苦情の [適切な解決に努めなければ] ならないと定められている。
- 福祉サービス事業者への苦情相談で解決しない場合、利用者は [都道府県社会福祉協議会] に設置されている [運営適正化委員会] へ相談することができる。

A ○：設問文の通りである。

- ［保育所保育指針］の第1章「総則」1（5）「個人情報の保護と苦情解決」において、保育所は「保護者からの苦情の［解決を図るように努めなければならない］」と定められている。
- ［児童福祉施設の設備及び運営に関する基準］において、児童福祉施設は、社会福祉法に規定する［運営適正化委員会］が行う調査に［できる限り協力］しなければならないと定められている。

児童福祉施設の苦情解決制度は、「児童福祉法」ではなく、「児童福祉施設の設備及び運営に関する基準」に規定されている点にも注意しておこう。

運営適正化委員会

- 福祉サービス利用援助事業の運営を適正に確保し、福祉サービス利用者からの苦情を適切に解決するため、［都道府県社会福祉協議会］に設置されている（［社会福祉法］第83条）。
- 利用者から社会福祉サービスについて苦情解決の申出があったときに、［相談］に応じ、［調査及び必要な助言］を行う。
- 苦情に関連して、福祉サービスの利用者の処遇について不当な行為が行われているおそれがある場合は、［都道府県知事］に通知を行う。

権利擁護

成年後見制度

- 認知症や精神障害などによって［判断能力が不十分な者］が不利益を受けないため、［家庭裁判所］に申請し、保護または支援する者（［成年後見人］）を付ける制度。［民法］で規定されている。
- 法定後見制度における成年後見人の選任は、［家庭裁判所］が行う。その際に、［法人］が選任される場合もある。
- 民法では、成年後見制度とともに未成年後見制度が定められており、こちらの場合も、後見人の選定は［家庭裁判所］が行う。
- 将来の判断能力が低下した場合に備え、あらかじめ後見人の選定や後見人に任せる内容を契約で決めておくことができる。これを［任意後見制度］という。

Q 福祉サービス利用援助事業（日常生活自立支援事業）を適正に実施するために、契約締結審査会と運営適正化委員会が設けられている。（2017 前）

- 法定後見制度に関する申し立てをすることができる者は、本人、配偶者、[4親等内の親族] などである。

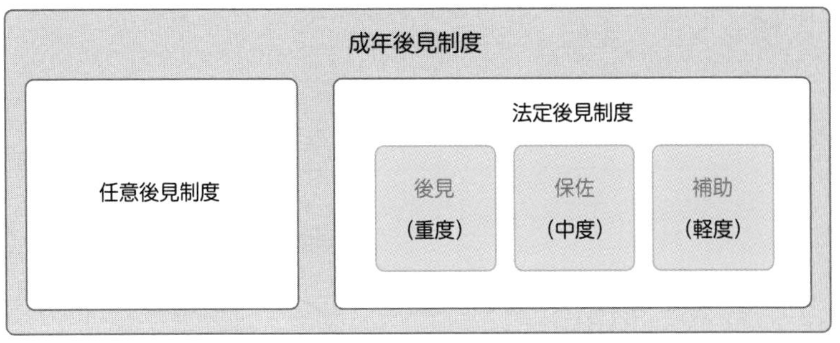

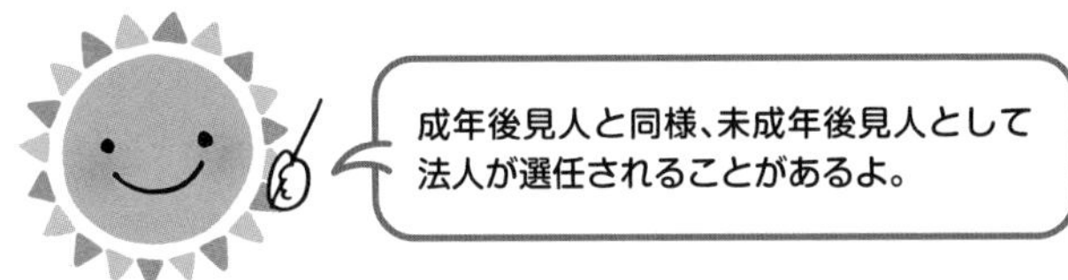

日常生活自立支援事業（福祉サービス利用援助事業）

- 認知症高齢者、知的障害者、精神障害者等のうち [判断能力が不十分な者] が地域において自立した生活が送れるよう、[利用者との契約] に基づき、福祉サービスの利用援助等を行うものである。
- 根拠法は [社会福祉法] であり、実施主体は [都道府県・指定都市社会福祉協議会] である。
- 具体的な支援内容は、福祉サービスの利用援助やさまざまな手続きの援助、日常の [金銭管理] など幅広いが、成年後見人とは異なり財産の管理は行ってはいけない。
- サービスの利用料は、原則として [利用者] が負担する。
- 当事業が適正に実施されるために、[契約締結審査会] と [運営適正化委員会] が設けられている。

A ○：設問文の通りである。

判断能力が不十分な人なのに、自分で契約をしなければいけないの？

日常生活自立支援事業が適応されるためには、利用者が契約を結ぶことが必要なんだ。だから、成年後見制度とは違って最低限、契約内容について判断し得る能力がないと利用できないんだ。

\ゴロで暗記!/ 日常生活自立支援事業の対象

日常生活の自立支援 をして
（日常生活自立支援事業）
くれるのは 高知製
（認知症高齢者、 知的障害者、 精神障害者）

Q 厚生労働省の人口動態統計によると、出生数は、2016（平成 28）年には約 97.7 万人と、統計開始以来はじめて 100 万人を割った。（2019 後）

社会福祉の動向と課題

少子高齢社会

日本における高齢化と少子化

- 高齢化の進展には、[死亡率低下] による高齢者人口の増加、及び、[少子化の進行] という2つの要因がある。
- 15歳～49歳までの女性の年齢別出生率を合計したものを、[合計特殊出生率] といい、合計特殊出生率が2.07を下回ると総人口が自然減となる。
- 2022（令和4）年には、65歳以上の高齢者が総人口に占める割合は [29.1] %と過去最高となった。
- [2005（平成17）年] には、日本の合計特殊出生率が1.26となり、過去最低の数値を記録した。また、[2016（平成28）年] の出生数は約97万人となり、統計開始以来、初めて100万人を下回った。

日本における高齢化率の変遷

1970（昭和45）年	[高齢化社会]（高齢化率7%以上）
1994（平成6）年	[高齢社会]（高齢化率14%以上）
2010（平成22）年	[超高齢社会]（高齢化率21%以上）

日本における合計特殊出生率の変遷

1975（昭和50）年	1.91
1989（平成元）年	[1.57]（[1.57ショック] と呼ばれ、[エンゼルプラン] 策定の契機となった）
2005（平成17）年	[1.26]（過去最低記録）
2017（平成29）年	1.43
2019（令和元）年	1.36

ゴロで暗記! エンゼルプラン

いちご7個食べたのきっかけに
（1.57）
天使 が ハックション
（エンゼルプラン） （1989年）

A ○：設問文の通りである。

人口動態統計

- 一年を通して［ 厚生労働省 ］が集計・公表を行う出生・死亡・死産・婚姻・離婚の集計である。
- 日本の人口動態事象を把握し、［ 人口 ］及び厚生労働行政施策の基礎資料を得ることを目的とする。
- 人口統計の際、年齢に3区分あり、0～14歳は［ 年少人口 ］、15～64歳は［ 生産年齢人口 ］、65歳以上は［ 老年人口 ］と呼ぶ。

家庭生活と福祉

核家族化

- 核家族とは、①夫婦のみ、②夫婦とその未婚の子ども、③ひとり親と未婚の子どもからなる家族のことであり、日本では［核家族化］が急速に進んでいる。

ひとり親家庭

- 父親または母親の片方いずれかと、その子からなる家庭のこと。

令和3年国民生活基礎調査

児童のいる世帯	約1,073万7千世帯（全世帯の［ 20.7 ］%）
夫婦と未婚の子のみの世帯	約1,427万2千世帯（全世帯の27.5%）
親と未婚の子のみの世帯	約528万4千世帯（全世帯の20.5%）
高齢者世帯	約1,506万2千世帯（全世帯の［ 29.0 ］%）

地域包括支援体制

- 2015（平成27）年に厚生労働省により新たな時代に対応した福祉の提供ビジョンが公表され、地域包括支援体制があらわされた。
- 高齢者が可能な限り住み慣れた地域で自分らしい暮らしを最期まで続けることができるよう［ 地域包括ケアシステム ］の構築が推進されている。
- 多職種が相互に協力し、在宅医療や介護を一体的に提供できる体制を構築する取り組みを推進している。

教育原理

01 教育の意義と目的

日本国憲法

- 1946年(昭和21)年に制定され、日本国憲法の基本原理の一つである基本的人権の尊重に基づき、[学問の自由]、及び、[教育を受ける権利]を明記している。

日本国憲法と教育

第13条(国民の権利)
すべて国民は、[個人]として尊重される。生命、自由及び幸福追求に対する国民の権利については、[公共の福祉]に反しない限り、立法その他の国政の上で、最大の尊重を必要とする。

第23条(学問の自由)
学問の自由は、これを保障する。

第25条(生存権)
すべて国民は、健康で[文化的な最低限度の生活]を営む権利を有する。
2 [国]は、[すべての生活部面]について、社会福祉、社会保障及び公衆衛生の向上及び増進に努めなければならない。

第26条(教育を受ける権利)
すべて国民は、法律の定めるところにより、その[能力]に応じて、ひとしく[教育]を受ける権利を有する。
2 すべて国民は、法律の定めるところにより、その保護する子女に[普通教育]を受けさせる義務を負ふ。義務教育は、これを[無償]とする。

\ゴロで暗記!/ 日本国憲法(学問の自由)

兄さん、(23条) 日本(日本国憲法) の
学問は自由(学問の自由)なんだよ。

Q 次の文は、「教育基本法」の一部である。国民一人一人が、自己の人格を磨き、豊かな人生を送ることができるよう、その生涯にわたって、あらゆる機会に、家庭やすべての社会教育施設において学習することができ、その成果を適切に生かすことのできる社会の実現が図られなければならない。(2022 後)

教育基本法

- [日本国憲法] の精神に則り、1947(昭和22)年に制定された日本の教育の根幹をなす法律である。教育の目的や教育の[機会均等] などの理念を明示している。

教育基本法

第1条(教育の目的)

教育は、[人格]の完成を目指し、平和で民主的な国家及び[社会の形成者]として必要な資質を備えた心身ともに健康な国民の育成を期して行われなければならない。

第2条(教育の目標)

教育は、その目的を実現するため、[学問の自由]を尊重しつつ、次に掲げる目標を達成するよう行われるものとする。

一　幅広い知識と教養を身に付け、[真理]を求める態度を養い、豊かな情操と[道徳心]を培うとともに、健やかな身体を養うこと。

二　個人の価値を尊重して、その能力を伸ばし、[創造性]を培い、自主及び自律の精神を養うとともに、職業及び生活との関連を重視し、[勤労]を重んずる態度を養うこと。

三　正義と責任、男女の平等、自他の敬愛と協力を重んずるとともに、[公共]の精神に基づき、主体的に社会の形成に参画し、その発展に寄与する態度を養うこと。

(中略)

五　[伝統と文化]を尊重し、それらをはぐくんできた我が国と[郷土]を愛するとともに、他国を尊重し、国際社会の[平和と発展]に寄与する態度を養うこと。

第3条

国民一人一人が、[自己の人格]を磨き、豊かな人生を送ることができるよう、その生涯にわたって、[あらゆる機会]に、あらゆる場所において学習することができ、その成果を適切に生かすことのできる[社会]の実現が図られなければならない。

第4条(教育の機会均等)

すべて国民は、ひとしく、その[能力]に応じた教育を受ける[機会]を与えられなければならず、人種、信条、性別、社会的身分、経済的地位又は門地によって、[教育上]差別されない。

2　国及び地方公共団体は、[障害]のある者が、その[障害]の状態に応じ、十分な教育を受けられるよう、教育上必要な支援を講じなければならない。

3　国及び地方公共団体は、能力があるにもかかわらず、[経済]的理由によって修学が困難な者に対して、奨学の措置を講じなければならない。

第9条(教員)

法律に定める学校の教員は、自己の崇高な使命を深く自覚し、絶えず研究と[修

A　×：家庭やすべての社会教育施設においてではなくあらゆる場所である。

養]に励み、その[職責]の遂行に努めなければならない。
2 前項の教員については、その使命と[職責]の重要性にかんがみ、その身分は尊重され、待遇の適正が期せられるとともに、養成と研修の充実が図られなければならない。

第10条(家庭教育)

父母その他の保護者は、子の教育について[第一義的責任]を有するものであって、生活のために必要な[習慣]を身に付けさせるとともに、自立心を育成し、[心身]の調和のとれた発達を図るよう努めるものとする。

第11条(幼児期の教育)

幼児期の教育は、生涯にわたる[人格形成]の基礎を培う重要なものであることにかんがみ、国及び地方公共団体は、幼児の健やかな成長に資する良好な[環境]の整備その他適当な方法によって、その[振興]に努めなければならない。

第16条(義務教育の中立性)

教育は、不当な[支配]に服することなく、この法律及び他の法律の定めるところにより行われるべきものであり、[教育行政]は、国と地方公共団体との適切な役割分担及び相互の協力の下、公正かつ適正に行われなければならない。

ゴロで暗記! 教育基本法(教育の目的)

いい教育の基本は
(11条) (教育基本法)
人格の形成から

学校教育法

- 日本国憲法、教育基本法の理念をもとに、[学校教育制度]について規定している法律である。教育基本法と同時に公布された。
- この法律では、小学校(6年間)、中学校(3年間)の[義務教育]を定義し、保護者に対して義務教育を受けさせる義務を定めている。

学校教育法

第1条(学校の範囲)

この法律で、学校とは、[幼稚園]、小学校、中学校、[義務教育学校]、高等学校、中等教育学校、[特別支援学校]、大学及び高等専門学校とする。

Q 「学校教育法」第22条において、「幼稚園は、義務教育及びその後の教育の基礎を培うものとして、幼児を保育し、幼児の健やかな成長のために適当な環境を与えて、その身体の成長を助長することを目的とする」と定められている。(2017前)

第21条（普通教育の目的）

一　学校内外における［ 社会的活動 ］を促進し、自主、自律及び協同の精神、規範意識、公正な判断力並びに公共の精神に基づき主体的に社会の形成に参画し、その発展に寄与する態度を養うこと。
二　学校内外における［ 自然体験活動 ］を促進し、生命及び自然を尊重する精神並びに環境の保全に寄与する態度を養うこと。

第22条（幼稚園の目的）

幼稚園は、義務教育及びその後の教育の［ 基礎 ］を培うものとして、幼児を保育し、幼児の健やかな成長のために適当な［ 環境 ］を与えて、その［ 心身の発達 ］を助長することを目的とする。

第23条（幼稚園の目標）

一　健康、安全で幸福な生活のために必要な基本的な習慣を養い、身体諸機能の調和的発達を図ること。
二　集団生活を通じて、喜んでこれに参加する態度を養うとともに家族や身近な人への信頼感を深め、自主、自律及び協同の精神並びに規範意識の芽生えを養うこと。
三　身近な社会生活、生命及び自然に対する興味を養い、それらに対する正しい理解と態度及び思考力の芽生えを養うこと。
四　日常の会話や、絵本、童話等に親しむことを通じて、言葉の使い方を正しく導くとともに、相手の話を理解しようとする態度を養うこと。
五　音楽、身体による表現、造形等に親しむことを通じて、豊かな感性と表現力の芽生えを養うこと。

第24条（教育の支援）

幼稚園においては、第［ 二十二 ］条に規定する目的を実現するための教育を行うほか、幼児期の教育に関する各般の問題につき、保護者及び地域住民その他の関係者からの相談に応じ、必要な［ 情報の提供 ］及び助言を行うなど、家庭及び地域における幼児期の教育の支援に努めるものとする。

第29条（小学校の目的）

小学校は、心身の発達に応じて、義務教育として行われる普通教育のうち基礎的なものを［ 施す ］ことを目的とする。

第72条（特別支援学校の目的）

特別支援学校は、視覚障害者、聴覚障害者、知的障害者、肢体不自由者又は病弱者（身体虚弱者を含む。以下同じ。）に対して、幼稚園、小学校、中学校又は高等学校に準ずる教育を施すとともに、障害による［ 学習 ］上又は［ 生活 ］上の困難を克服し自立を図るために必要な［ 知識技能 ］を授けることを目的とする。

A　×：「その身体の成長を助長すること」ではなく「その心身の発達を助長すること」が正しい。

ちなみに保育所は、学校ではなく児童福祉施設としての位置づけなので、児童福祉法が根拠法になっているよ。幼保連携型認定こども園は児童福祉施設とともに学校としても位置づけられていて、認定こども園法※が根拠法になるんだ。

※正式名称：就学前の子どもに関する教育、保育等の総合的な提供の推進に関する法律

＼ゴロで暗記！／ 学校の範囲

幼（幼稚園） 小（小学校） 中（中学校、中等教育学校） の 義務（義務教育学校） は

高（高等学校） 大（大学） 専門（高等専門学校） で 特別（特別支援学校）

幼稚園教育要領

- 2017（平成29）年の改定では、[育みたい資質・能力] と [幼児期の終わりまでに育ってほしい姿] が記載されており、保育所保育指針、及び、幼保連携型認定こども園教育・保育要領と幼児教育の方向性の統一が図られている。

幼稚園教育要領

前文

これからの幼稚園には、[学校教育]の始まりとして、こうした教育の目的及び目標の達成を目指しつつ、一人一人の幼児が、将来、自分の[よさや可能性]を認識するとともに、あらゆる他者を価値のある存在として尊重し、多様な人々と協働しながら様々な社会的変化を乗り越え、豊かな人生を切り拓き、[持続可能な社会]の創り手となることができるようにするための基礎を培うことが求められる。

Q 次の文は、「幼稚園教育要領」（平成 29 年 3 月告示）前文の一部である。豊かな人生を切り拓（ひら）き、平和な国家の創り手となることができるようにするための基礎を培うことが求められる。（2019 前）

第1章　総則

第1　幼稚園教育の基本

幼児期の教育は、生涯にわたる[人格形成]の基礎を培う重要なものであり、幼稚園教育は、学校教育法に規定する目的及び目標を達成するため、幼児期の[特性]を踏まえ、[環境]を通して行うものであることを基本とする。(後略)

第3　教育課程の役割と編成等

1　教育課程の役割
各幼稚園においては、[教育基本法]及び[学校教育法]その他の法令並びにこの幼稚園教育要領の示すところに従い、創意工夫を生かし、幼児の[心身]の発達と幼稚園及び[地域]の実態に即応した適切な教育課程を編成するものとする。
また、各幼稚園においては、6(本書では省略)に示す全体的な計画にも留意しながら、[幼児期の終わりまでに育ってほしい姿]を踏まえ教育課程を編成すること、教育課程の実施状況を[評価]してその改善を図っていくこと、教育課程の実施に必要な人的又は[物的]な体制を確保するとともにその改善を図っていくことなどを通して、教育課程に基づき組織的かつ計画的に各幼稚園の教育活動の質の向上を図っていくこと(以下「カリキュラム・マネジメント」という。)に努めるものとする。
2　各幼稚園の教育目標と教育課程の編成
教育課程の編成に当たっては、幼稚園教育において[育みたい資質・能力]を踏まえつつ、各幼稚園の教育目標を明確にするとともに、教育課程の編成についての基本的な方針が[家庭や地域]とも共有されるよう努めるものとする。

第3章　教育課程に係る教育時間の終了後等に行う教育活動などの留意事項

2　幼稚園の運営に当たっては、子育ての支援のために保護者や地域の人々に機能や施設を開放して、園内体制の整備や関係機関との連携及び協力に配慮しつつ、幼児期の教育に関する相談に応じたり、情報を提供したり、幼児と保護者との登園を受け入れたり、保護者同士の交流の機会を提供したりするなど、[幼稚園]と家庭が一体となって幼児と関わる取組を進め、地域における[幼児期の教育のセンター]としての役割を果たすよう努めるものとする。その際、心理や保健の専門家、地域の子育て経験者等と連携・協働しながら取り組むよう配慮するものとする。

A　×：「平和な国家」ではなく「持続可能な社会」が正しい。

02 教育の思想と歴史的変遷

諸外国の教育思想

● 代表的な教育思想家とその業績・著作は以下の通りである。

代表的な教育思想家

人名	主な著書	業績
ソクラテス	―	市民たちと問答し、無知の知について追及した手法を[問答法]と呼ぶ。 また、対話によって考えの過ちに自ら気付かせる[産婆術]を行った。
アリストテレス	「政治学」	プラトンの弟子。学塾[リュケイオン]を開設した。ギリシャに集積された知識の体系化と分類を行い、[万学の祖]といわれている。
コメニウス	[大教授学] [世界図絵]	「すべての人にすべてのことを教える普遍的技術」という考えを主張した。[直観教授・感覚教授]の原理を具体化した。世界初の絵入り教育書[世界図絵]を著した。
ルソー	[エミール]	[児童中心主義]という教育観を持ち、[子どもの発見者]と呼ばれた。著書[エミール]では、大人の抑圧から子どもを解放し、子どもの本来もつ能力を引き出す理論[消極的教育]が展開されている。
ヘルバルト	「一般教育学」	教授するときの学習過程を、①[明瞭]②[連合]③[系統]④[方法]の4段階に沿って進めるとした[4段階教授法]を提唱した。
ペスタロッチ	[隠者の夕暮] [リーンハルトとゲルトルート]	ルソーの思想を継承したスイスの教育思想家。[直観教授]を基本とし、[生活が陶冶(とうや)する]という言葉が有名である。
オーエン	―	ペスタロッチの教育法を取り入れ、[直観教授]を重視した。自身の紡績工場に[性格形成学院]を創設した。

Q ルソーは性善説の立場をとり、本来子ども一人ひとりのなかにある固有の価値を認め、それを伸ばしていこうとする考えであった。子どもは大人に無理に教えられなくとも、自ら学び、成長していく力をもっているとした。(2022後)

人名	主な著書	業績
フレーベル	[人間の教育]	世界初の幼稚園[キンダーガルテン] の創設者。子どもの発達は遊びにより促進されると考え、教具[恩物] を考案した。教育の目的を、人間の内にある神的なものを子どもの活動によって発展させることと主張した。
エレン・ケイ	[児童の世紀]	主著[児童の世紀] では[20世紀は児童の世紀である] という言葉を残している。この書は[児童中心主義運動] にも影響を与えた。
アリエス	[子供の誕生]	児童労働が一般的であった時代から、子どもが子どもらしく生活できるような近代になって「子ども観」が変化したと説明した。
デューイ	[学校と社会]	[経験主義、実験主義] を教育の基本原理と考え、[シカゴ大学附属実験学校] を開設した。
キルパトリック	—	デューイの教育理念を具体化した[プロジェクト・メソッド] を提唱した。
モンテッソーリ	[子どもの発見] [モンテッソーリ・メソッド]	ローマのスラム街に設立された[子どもの家] で教育指導した。幼児期には精神的発達の基礎として[感覚の訓練] が特に重要である、との観点から[教具] を開発した。
スキナー	—	階段を1段ずつ上るような学習法である[プログラム学習] を提唱した。
ブルーナー	「教育の過程」	発見的に学んでいくことを意図した[発見学習] を提唱した。
オーズベル	—	学習者にあらかじめ関連した情報を与えることで、学習が効率的に進む概念[先行オーガナイザー] を提唱した。
ブルーム	—	これまでの教育が、一部の生徒しか理解できない前提であることを批判し、[完全習得学習] を提唱した。
イリイチ	[脱学校の社会]	学校制度を通じて「教えられ、学ばされる」ことにより、「自ら学ぶ」など、学習していく動機を持てなくなる様子を[学校化] として批判的に分析した。
ロック	「教育に関する考察」	子どもは白紙のようなもので、経験や環境で変化する[白紙説] を唱えた。

A ○：設問文の通りである。

\ゴロで暗記! / ソクラテス

ソクラテスがサンバ（産婆術）を踊る

\ゴロで暗記! / アリエス

アリ（アリエス）の子どもの誕生

\ゴロで暗記! / モンテッソーリ

モンテッソーリ、いつ子どもの家に行く?

「今日、Good（教具）」

日本の教育思想

- 代表的な教育思想家とその業績・著作は以下の通りである。

代表的な教育思想家

人名	業績
空海	日本最古の私設の教育機関［ 綜芸種智院（しゅげいしゅちいん） ］を創設したとされている。
世阿弥（ぜあみ）	［ 能役者 ］、謡曲作家。『風姿花伝』において年齢段階の特質に応じた心や稽古のあり方を説いた。
貝原益軒（かいばらえきけん）	江戸時代の儒学者。日本初の体系的な児童教育書［ 和俗童子訓（わぞくどうじくん） ］を著した。
中江藤樹（とうじゅ）	江戸時代の儒学者。日本の陽明学の祖とされており、［ 知行合一（ちこうごういつ） ］で知られている。主著書は［ 翁問答（おきなもんどう） ］。
石田梅岩（ばいがん）	江戸時代の思想家で、［ 石門心学 ］の創始者。『都鄙（とい）問答』を著し、商人が利益を得るのは恥ずべきことではないなど、神・儒・仏教の思想を自身の商人としての経験をもとに記し、町人への実践哲学を説いた。

Q 松下村塾をひらき、儒学・史学・兵学を総合した人間教育を行ったのは、吉田松陰である。（2018 後）

人名	業績
本居宣長	自宅の書斎である[鈴屋]で古事記や源氏物語などを研究し、「もののあはれ」という日本固有の情緒について言及した。
吉田松陰	私塾である「松下村塾」をひらき、儒学・史学・兵学を総合した人間教育を行って高杉晋作、伊藤博文、山縣有朋などを育てた。
松野クララ	[東京女子師範学校附属幼稚園]で保母の指導にあたり、[フレーベル]の理論を広めた。
赤沢鍾美	[新潟静修学校]の設立と同時に、子どもを保育するための常設託児所を開設し、それが発展したものが[守孤扶独幼稚児保護会]である。
倉橋惣三	児童中心主義の教育を広めた。[生活を、生活で、生活へ]と導くことを大切とし、[誘導保育]を実践した。主著書は[幼稚園雑草]等がある。[保育要領]の作成にも携わった。
城戸幡太郎	[社会中心主義]を主張し、[保育問題研究会]を創立した。主著に「幼児教育論」がある。
澤柳政太郎	機関紙『教育問題研究』の中で、実践例等を紹介し、[成城小学校を創設]した。

\ゴロで暗記!/ 空海

空海は 手芸 が好き
(綜芸種智院)

\ゴロで暗記!/ 中江藤樹

中江 さんは
(中江藤樹)
太陽のように明るい
(陽明学)

\ゴロで暗記!/ 石田梅岩

石田 くんは
(石田梅岩)
石で門を作った
(石門心学)

A ○：設問文の通りである。

日本の教育史（第二次世界大戦直後まで）

年	主なできごと
1710年	貝原益軒が［ 和俗童子訓（わぞくどうじくん） ］を執筆
1805年	広瀬淡窓（たんそう）が豊後新田に［ 私塾 ］（後の［ 咸宜園（かんぎえん） ］）を開き、学級組織を工夫して多くの門下生を輩出した。
1838年	緒方洪庵が、大阪に［ 適々斎塾 ］を開く。
1856年	吉田松陰が、［ 松下村塾 ］を開き、儒学・史学・兵学など広い分野から人間教育を行った。
1872（明治5）年	福沢諭吉が［ 学問のすゝめ ］を刊行 ［ 学制 ］公布
1879（明治12）年	［ 学制 ］が廃止され、［ 教育令 ］公布
1880（明治13）年	「改正教育令」公布
1885（明治18）年	［ 森有礼（もりありのり） ］が初代文部大臣に就任
1886（明治19）年	［ 教育令 ］が廃止され、「帝国大学令」「師範学校令」「小学校令」「中学校令」が公布される。
1890（明治23）年	［ 教育ニ関スル勅語（教育勅語） ］渙発
1918（大正7）年	鈴木三重吉が［ 赤い鳥 ］刊行
1926（大正15）年	日本初の幼稚園を規定した法令［ 幼稚園令 ］公布
1946（昭和21）年	［ 日本国憲法 ］が公布。［ 教育刷新委員会 ］が設置されている。
1947（昭和22）年	［ 教育基本法 ］［ 学校教育法 ］が公布される。

＼ゴロで暗記！／ 吉田松陰

松の下の塾 は
（松下村塾）
松の陰 で覆われている
（吉田松陰）

学生は 花 になる
（学制）（1872年）

Q 1872（明治５）年には学区制度と単線型の学校制度を構想した教育令が公布された。その後、伊藤博文が初代文部大臣となった。（2022 前）

＼ゴロで暗記!／ 教育令

いや、泣く教育令
(1879年)

＼ゴロで暗記!／ 森有礼

初代文部大臣が

森の有るところで ハコ を作った
(森有礼)　(1885年)

＼ゴロで暗記!／ 教育勅語

直後 に一羽くれ
(教育勅語)　(1890年)

＼ゴロで暗記!／ 幼稚園令

幼稚園でくつろぐ
(幼稚園令)　(1926年)

日本の教育史については、江戸～明治時代の問題が頻出しているよ。流れをおさえて重点的に覚えよう。

A ×：1872（明治5）年に公布されたのは学制であり、初代文部大臣は森有礼である。

教育の制度と実践

教育の制度

- 教育の制度に関しては本章01「教育の意義と目的」の日本国憲法、教育基本法、学校教育法の解説を参照。

教授・学習理論

- 代表的な教授法、学習理論については以下の通りである。

代表的な教授法・学習理論

人名	教授法・学習理論	特徴
コメニウス	[直観教授]	実際の物や事象または絵画・模型・写真などを観察させ、具体的、感覚的に理解させる教育方法。
ペスタロッチ	[直観教授]	コメニウスの直感教授を発展させ、教育とは子どもに初めから備わっている能力を内部から発展させる([生活が陶冶(とうや)する])とした。
ヘルバルト	[四段階教授法]	教授するときの学習過程を、①[明瞭]②[連合]③[系統]④[方法]の4段階に沿って進めるとした。
デューイ	[問題解決学習]	学習者自らが問題を積極的に捉えて、主体的にそれを解決していく学習方法。
キルパトリック	[プロジェクト・メソッド]	デューイの[経験主義]に基づき、実践的な作業を通して問題解決をする方法。
スキナー	[プログラム学習]	学習段階を小さな段階に分け、学習者のレベルに応じて学習を行っていく方法。
ブルーナー	[発見学習]	子どもが自分で発見し、その発見によって進められる学習の方法。
オーズベル	[有意味受容学習]	学習に先行して与えられる情報である[先行オーガナイザー]によって学習が容易になるという考え方。
ブルーム	[完全習得学習]	学級の90～95%以上の児童生徒に学習内容を習得させようとする考え方に立ち、学習方法・評価を工夫した。

Q ブルーナー（Bruner, J.S.）は、形成的評価を組み込んだ完全習得学習（マスタリー・ラーニング）という授業モデルを提唱した。（2017 前）

人名	教授法・学習理論	特徴
ベル ランカスター	[助教法]	生徒を小人数のグループに分け、それぞれを優秀な上級生の中から採用した助教生に指導させるもの(別名：[ベル=ランカスター法])。
レイヴと ウェンガー	[正統的周辺参加]	初心者の頃は組織の端の位置にいた者が学習を進めていくにつれ、参加する位置と見方を次第に中心に移し、その組織への参加度合を増していくという理論。

\ゴロで暗記!/ ヘルバルト

警報連盟 は
(系統・方法・連合・明瞭)

4 人に 減る
(4段階教授法) (ヘルバルト)

\ゴロで暗記!/ キルパトリック

プロならメソメソ しないで、
(プロジェクト・メソッド)

斬るパッと !
(キルパトリック)

\ゴロで暗記!/ ブルーナー

学習中に発見 するーなー !
(発見学習) (ブルーナー)

\ゴロで暗記!/ ブルーム

完全に学習を習得 するなら
(完全習得学習)

ルーム で!
(ブルーム)

A ×:「ブルーナー」ではなく「ブルーム」が正しい。

\ゴロで暗記!/ スキナー

プログラミング が 好きな人 !
(プログラム学習)　(スキナー)

\ゴロで暗記!/ オーズベル

おー!すべる!しょーがないさー!
(オーズベル)　(オーガナイザー)

カリキュラムの類型

- [教科カリキュラム] とは、知識や技術を [系統的] に伝達するのに適したカリキュラム。[受動的] な暗記学習になるデメリットがある。
- [経験カリキュラム] とは、子どもたちの [興味・欲求] から問題を解決し、適応する能力を身につけさせることを目的としたカリキュラム。[教育評価] があいまいになったり、習得する知識や技能に [偏り] が出たりするデメリットがある。

その他のカリキュラム

[相関カリキュラム]	教科の区分を残したまま、複数の教科間に共通性を見出し、相互に関連させて指導するための方法。
[融合カリキュラム]	異なる内容の複数教科を、一定の共通要素に合わせて再編成する方法。
[広領域カリキュラム]	内容が近いの教科の間で一層の統合や融合を進める方法。
[コア・カリキュラム]	学習者の「生活問題解決のための単元学習」を中心課程とし、「それを支えるための知識・技術などの学習」課程と組み合わせて編成される方法。
潜在的カリキュラム	主として学校において、子どもたちが学校の文化ひいては近代社会の文化としての価値、態度、規範や慣習などを知らず知らず身につけていく一連の働きのことであり、無意図的に、目に見えない形ではあるが、子どもたちに影響を及ぼし、その発達を方向づけていく。

Q 経験カリキュラムは、系統的に教えることができるため、既習事項の把握を行いながら、効率的に多くのことを学ぶことができる。(2015)

教科書（知識が系統的にまとめられたもの）通りに、授業をするのは教科カリキュラム。体験学習などで、子どもたちの興味・関心を引き出して、それに基づいて学習させるのは経験カリキュラムにあたるよ。

評価法

- 教育の評価については、そのタイミングによって、学習活動に入る前に行う[診断的評価]、学習の途中での理解度をはかる[形成的評価]、学習活動が終了した後に行う[総括的評価]がある。
- 評価の方法については以下のようなものがある。

代表的な評価の方法

[相対評価]	子どもが集団の中でどのレベルにいるのかを表す。成績が上位の者から配分されていく。
[絶対評価]	相対評価に対するもので、子どもがどこまで到達したのかによって評価する。
[ポートフォリオ評価]	子どもたちの学習記録や作品、その成果や感想などを時間的経過にあわせてファイルしたものを評価に利用する方法。教師、[子ども、保護者]で評価を行う。

例えばテストで、上位20%の点の子どもをA評価にする、という場合、どの評価方法になると思う？

うーん。「上位20%」というのは、集団の中でどのレベルにいるかを示すものだから、相対評価かな。

その通り！それに対して、例えば80点以上の子どもをA評価にする、という場合は絶対評価だよ。この場合、全員が80点以上とったら、みんなA評価になるんだ。相対評価との大きな違いだね。

A ×：「経験カリキュラム」ではなく「教科カリキュラム」である。

5章 教育原理

生涯学習社会における教育

生涯学習

- 生涯学習とは、各人が[自発的意思]に基づいて行う学習を基本とするものであり、必要に応じ、自己に適した[手段・方法]を自ら選んで、[生涯]を通じて行うもの。
- 生涯教育とは、自ら学習する意欲と能力を養い、社会の様々な[教育機能]を相互の関連性を考慮しつつ総合的に整備・充実しようとすること。

生涯学習・生涯教育の歴史

年	概要
1965(昭和40)年	第三回ユネスコ成人教育推進国際会議で、[ポール・ラングラン]が「生涯教育論」を提唱した。
1973(昭和48)年	OECD(経済協力開発機構)が[リカレント教育]を提唱した。
1990(平成2)年	[生涯学習振興法]が制定される。 文部省に[生涯学習審議会]が設置される。
2006(平成18)年	教育基本法に[生涯学習の理念]が盛り込まれる。

\ゴロで暗記!/ ポール・ラングラン

「ポールはいつもグラングラン してるよ」
(ポール・ラングラン)

「紹介して!今日行く!」
(生涯教育)

現代の新しい教育の概念

持続可能な開発のための教育(ESD)

- 現代社会の課題(貧困、環境、人権等)を[自らの問題]として見なし、身近なところから実践することで、課題解決につながる新たな[価値観]や行動を生み出し、[持続可能]な社会を創造していくことを目指す学習や活動を指す。

Q「持続可能な開発のための教育」の目指すべきは、「地球的視野で考え、様々な課題を自らの問題として捉え、身近なところから取り組み、持続可能な社会づくりの担い手となる」よう個々人を育成し、意識と行動を変革することとされている。(2014)

SDGs

- Sustainable Development Goals（持続可能な開発目標）の略称で、2015（平成27）年に国連総会で採択された[持続可能な開発のための2030アジェンダ]で提唱された。
- SDGsは17の目標から構成されており、そのうちの一つとして、「すべての人々に[包摂的かつ公平]で質の高い教育を提供し、[生涯学習]の機会を促進する」ことが掲げられている。
- SDGsの目標の一つに[ジェンダーの平等の実現]があり、女性に対するあらゆる形態の差別の撤廃、すべての女性に対するあらゆるレベルでのエンパワーメントを行うことなどが掲げられている。
- 2019（令和元）年には、ESDの強化とSDGsの17の全ての目標実現への貢献を通じて、より公正で持続可能な世界の構築を目指す「持続可能な開発のための教育：SDGs実現に向けて（ESD for 2030）」が承認された。

5章 教育原理

インクルーシブ教育

- 人間の[多様性]の尊重を強化し、障害者が精神的及び身体的な能力等を可能な限り発達させ、自由な社会への効果的な参加を可能にすることを目的として、[障害のある者]と[障害のない者]がともに学ぶ仕組み。

キャリア教育

- 一人ひとりの[社会的・職業的]自立に向け、必要な基盤となる能力や態度を育てることを通して、キャリア発達を促す教育。
- 2008（平成20）年、文部科学省「[教育振興基本計画]（第一期）」にてキャリア教育・職業教育の推進と生涯を通じた学び直しの機会の提供の推進が示された。2011（平成23）年、中央教育審議会の答申にて「[今後の学校におけるキャリア教育・職業教育の在り方について]」が示された。

人権教育

- 「人権教育の指導方法等の在り方について[第三次とりまとめ]」（平成20年3月文部科学省）の一部として、児童生徒の人権感覚の育成には、体系的に整備された正規の教育課程と並び、いわゆる「隠れたカリキュラム」が重要であるとの指摘があることが記載されている。

A ○：設問文の通りである。

05 現代の教育課題

いじめ

- スマートフォンの普及によるSNSでのいじめが増加する中で、2013(平成25)年に[いじめ防止対策推進法]が制定された。
- 早期発見の観点から、学校の設置者等と連携し、[学校ネットパトロール]を実施することにより、ネット上のトラブルの早期発見に努める。
- パスワード付きサイトやSNS、携帯電話のメールを利用したいじめなどについては、より大人の目に触れにくく、発見しにくいため、学校における[情報モラル教育]を進めるとともに、保護者においてもこれらについての理解を求めていくことが必要である。

いじめ防止対策推進法

第2条第1項(いじめの定義)

児童等に対して、当該児童等が在籍する学校(小学校、中学校、高等学校、中等教育学校及び特別支援学校)に在籍している等当該児童等と[一定の人的関係]にある他の児童生徒が行う[心理的]又は[物理的]な影響を与える行為([インターネット]を通じて行われるものを含む。)であって、当該行為の対象となった児童等が心身の苦痛を感じているものをいう。

第8条(学校及び学校の教職員の責務)

学校及び学校の教職員は、基本理念にのっとり、当該学校に在籍する児童等の保護者、[地域住民、児童相談所]その他の関係者との連携を図りつつ、学校全体でいじめの[防止及び早期発見]に取り組むとともに、当該学校に在籍する児童等がいじめを受けていると[思われるとき]は、適切かつ迅速にこれに対処する責務を有する。

第15条第1項(学校におけるいじめの防止)

学校の設置者及びその設置する学校は、児童等の[豊かな情操]と[道徳心]を培い、心の通う対人交流の能力の素地を養うことがいじめの防止に資することを踏まえ、全ての教育活動を通じた[道徳教育]及び[体験活動]等の充実を図らなければならない。

Q 次の文は、「体罰の禁止及び児童生徒理解に基づく指導の徹底について（通知）」（平成25年3月　文部科学省）の一部である。「体罰は、教育基本法 第11条において禁止されており、校長及び教員（以下「教員等」という。）は、児童生徒への指導に当たり、いかなる場合も体罰を行ってはならない。」(2014)

学校がいじめに対処するタイミングは、いじめがあったと「思われるとき」と書かれてあり、「確証を得たとき」ではない点にも注目しよう。

体罰

- 体罰による懲戒については、[学校教育法] で全面的に禁止されている。

学校教育法

> **第11条**
> 校長及び教員は、教育上必要があると認めるときは、文部科学大臣の定めるところにより、児童、生徒及び学生に[懲戒]を加えることができる。ただし、[体罰]を加えることはできない。

- 2013(平成25)年には、体罰に関する下記の通知が文部科学省から出ている。

体罰に関する文部科学省の通知

> **「体罰の禁止及び児童生徒理解に基づく指導の徹底について(通知)」**
> 体罰は、[学校教育法]第11条において禁止されており、校長及び教員(以下「教員等」という。)は、児童生徒への指導に当たり、[いかなる場合も]体罰を行ってはならない。体罰は、違法行為であるのみならず、児童生徒の心身に深刻な悪影響を与え、教員等及び学校への信頼を失墜させる行為である。

教育振興基本計画

- 教育基本法に示された理念の実現と、教育振興に関する総合的・計画的な推進を図るために[政府] が作成した計画で現在は第3期が公表されている。

「今後の教育政策に関する基本的な方針」で示した5つの基本的な方針

1, 夢と志を持ち、可能性に挑戦するために必要となる力を育成する
2, 社会の持続的な発展をけん引するための[多様な力] を育成する
3, 生涯学び、活躍できる環境を整える

A ×:「教育基本法」ではなく「学校教育法」が正しい。

5章 教育原理

4, 誰もが社会の担い手となるための[学びのセーフティネット]を構築する
5, 教育政策推進のための基盤を整備する

児童の学力向上に向けて

- 経済協力開発機構(OECD)が2018年に実施した「生徒の学習到達度調査(PISA)の調査結果」によると[数学的リテラシー]及び[科学的リテラシー]は、引き続き世界トップレベルであり、[読解力]については、OECD平均より高いグループに位置しているものの、前回2015年調査よりも平均得点及び順位が低下していた。
- 文部科学省は以下の3点を推進していくと発した。

1, 来年度からの新学習指導要領の着実な実施により、[主体的・対話的]で深い学びの視点からの授業改善や、言語能力、情報活用能力育成のための指導の充実
2, 学校における一人一台のコンピュータの実現等の[ICT環境の整備]と効果的な活用
3, 幼児期から高等教育段階までの[教育の無償化・負担軽減等]による格差縮小に向けた質の高い教育機会の提供

社会的養護

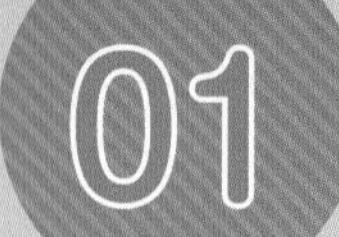

社会的養護の歴史と意義

社会的養護の歴史

- 593年に聖徳太子が設立した、孤児や身寄りのない高齢者のための[悲田院]が日本の社会的養護の原点とされている。
- 日本では、1950年代以降[ホスピタリズム論争]が起こり、児童養護施設等での家庭的処遇の必要性が提唱され、それに対して集団養護を目指す考え方も論じられた。
- 諸外国の社会的養護の歴史は以下のようにまとめられる。

諸外国の社会的養護の歴史

制定年	法律等	概要
1601年	[エリザベス救貧法](イギリス)	イギリスで生活困窮者が増加した状況を受け、治安を維持するために浮浪者・孤児を施設[救貧院]に収容する法律。
1870(明治3)年	[バーナードホーム](イギリス)	T.J.バーナードが設立した、[小舎制]で家庭的な生活を保障した養護施設。
1924(大正13)年	児童の権利に関するジュネーブ宣言(国際連盟)	第一次世界大戦で多くの子どもたちを失った反省から「人類は[子どもに対して最善のものを与える義務]を負う」とした。
1953(昭和28)年	[ノーマライゼーション]提唱(デンマーク)	デンマークのバンク・ミケルセンは、[障害]をもっていても一般の人々と同じように生活できる社会こそあるべき姿と主張した。
1959(昭和34)年	児童の権利に関する宣言(国際連合)	人類には[児童の最善の利益]を与える義務があるとした。 児童は[保護される存在]とした。
1989(平成元)年	児童の権利に関する条約(国際連合)	児童権利宣言に[法的拘束力]をもたせるため、ポーランドが条約化を提案した。 子どもは単に保護される存在だけではなく、[権利の主体者]であるとされた。

Q イギリスでは、1870年にバーナードホームが設立され、小舎制による養護を実施した。(2017前)

\ゴロで暗記!/ ホスピタリズム

ホースをピタリと
(ホスピタリズム)
施設につける
(施設病)

育児施設に関する歴史(明治～戦前)

制定年	施設名	設立者
1887(明治20)年	[岡山孤児院]	石井十次
1900(明治33)年	[二葉幼稚園]	野口幽香・森島峰

代表的な感化施設(児童自立支援施設)に関する歴史

制定年	施設名	設立者
1883(明治16)年	自宅にて非行少年を保護した	[池上雪枝]
1899(明治32)年	家庭学校(東京巣鴨)	[留岡幸助]

代表的な障害児施設に関する歴史

制定年	障害種別	施設名	設立者
1891(明治24)年	[知的障害]	滝乃川学園	[石井亮一]
1942(昭和17)年	[肢体不自由]	整肢療護園(せいしりょうごえん)	[高木憲次]
1946(昭和21)年	[知的障害]	近江学園	[糸賀一雄]
1963(昭和38)年	[重症心身障害]	びわこ学園	[糸賀一雄]

施設名と設立者を組み合わせる問題が多く問われているよ。糸賀一雄は「この子らを世の光に」という言葉も有名だね。出題されたこともあるよ。

\ゴロで暗記!/ 池上雪枝

自宅で飛行 **していると、**
(自宅で非行少年の保護)
池に雪 が!
(池上雪枝)

A ○：設問文の通りである。

現代における社会的養護の意義

- 社会的養護とは、保護者のない児童や、保護者に監護させることが不適当な児童を社会の［ 公的責任 ］で保護・養育し、子どもが心身ともに健康に育つ［ 基本的な権利 ］を保障するものである。
- 社会的養護の基本理念は、①［ 子どもの最善の利益のために ］、②［ すべての子どもを社会全体で育む ］、とされている。
- 子どもが永続的かつ恒久的に生活できる家庭環境で、心身の健康が保障された生活を実現するための援助計画を［ パーマネンシー・プランニング ］という。

施設養護と家庭養護

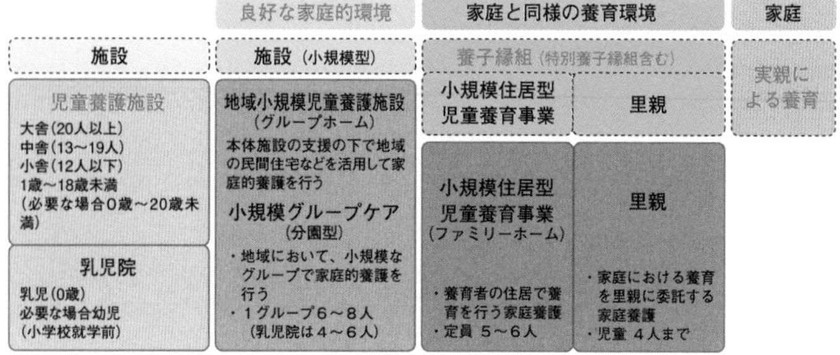

社会的養護の基本理念（「児童養護施設運営指針」を簡略化して掲載）

子どもの［ 最善の利益 ］のために	・児童福祉法第1条、児童憲章、児童の権利に関する条約第3条の規定に基づき、社会的養護は、子どもの［ 権利擁護 ］を図るための仕組みであり、「子どもの最善の利益のために」をその基本理念とする。
すべての子どもを［ 社会全体 ］で育む	・社会的養護は、保護者の［ 適切な養育 ］を受けられない子どもを、［ 公的責任 ］で社会的に保護・養育するとともに、養育に困難を抱える［ 家庭への支援 ］を行うものである。 ・子どもの健やかな育成は、［ すべての国民 ］の努めであるとともに、［ 国及び地方公共団体 ］の責任であり、一人一人の国民と社会の理解と支援により行うものである。 ・児童の権利に関する条約第20条で規定されているように、児童は権利の［ 主体 ］として、社会的養護を受ける権利を有する。

Q 「児童養護施設運営指針」に基づく心理的ケアに関して心理的ケアが必要な子どもは、自立支援計画に基づき、その解決に向けた心理支援プログラムを策定するとある。(2022 後)

社会的養護の原理（「児童養護施設運営指針」を簡略化して掲載）

発達の保障と自立支援

・子ども期のすべては、その[年齢]に応じた発達の課題を持ち、その後の成人期の人生に向けた準備の期間でもある。社会的養護は、未来の人生を作り出す基礎となるよう、子ども期の健全な心身の発達の保障を目指して行われる。
・特に、人生の基礎となる乳幼児期では、[愛着関係]や基本的な信頼関係の形成が重要である。子どもは、[愛着関係]や基本的な信頼関係を基盤にして、自分や他者の存在を受け入れていくことができるようになる。[自立]に向けた生きる力の獲得も、健やかな身体的、精神的及び社会的発達も、こうした基盤があって可能となる。

社会的養護の機能（「社会的養護の課題と将来像」より）

[養育機能]	家庭で適切に養育されない児童を適切に養育する機能。
[心理的ケアの機能]	虐待など様々な背景のもとで、適切な養育が受けられなかったことなどによって生じる発達のゆがみや心の傷を癒し、回復させ、適切な発達を図る機能。
[地域支援等の機能]	家庭関係の再構築などの家庭関係の調整、地域における子どもの養育や保護者への支援、自立支援やアフターケアの機能。

児童福祉法

第3条の2（国及び地方公共団体の責務）

国及び地方公共団体は、児童が家庭において心身ともに健やかに養育されるよう、児童の保護者を支援しなければならない。ただし、児童及びその保護者の心身の状況、これらの者の置かれている環境その他の状況を勘案し、児童を家庭において養育することが困難であり又は適当でない場合にあつては児童が[家庭における養育環境と同様の養育環境]において継続的に養育されるよう、児童を家庭及び当該養育環境において養育することが適当でない場合にあつては児童ができる限り良好な家庭的環境において養育されるよう、必要な措置を講じなければならない。

＼ゴロで暗記！／ 家庭養護の種類

里親家族 の
（里親・ファミリーホーム）
家庭用ごはん
（家庭養護）

A ○：設問文の通りである。

社会的養護における施設・事業

児童福祉施設の設備及び運営に関する基準

- 各施設の対象・目的は、[児童福祉法] で定められ、内容・設備・職員は、[児童福祉施設の設備及び運営に関する基準] で定められている。

児童福祉施設の設備及び運営に関する基準（第4条）

第4条

児童福祉施設は、最低基準を超えて、常に、その[設備]及び[運営]を向上させなければならない。

2　最低基準を超えて、[設備]を有し、又は運営をしている児童福祉施設においては、最低基準を理由として、その[設備]又は[運営]を低下させてはならない。

第5条

1　児童福祉施設は、入所している者の[人権]に十分配慮するとともに、一人一人の人格を尊重して、その運営を行わなければならない。

2　児童福祉施設は、地域社会との交流及び連携を図り、児童の保護者及び[地域社会]に対し、当該児童福祉施設の運営の内容を適切に説明するよう努めなければならない。

3　児童福祉施設は、その運営の内容について、自ら評価を行い、その結果を[公表]するよう努めなければならない。

第29条

母子生活支援施設における生活支援は、母子を共に入所させる施設の特性を生かしつつ、親子関係の[再構築]等及び退所後の生活の安定が図られるよう、個々の母子の家庭生活及び[稼働の状況]に応じ、就労、家庭生活及び児童の養育に関する相談、助言及び指導並びに関係機関との連絡調整を行う等の支援により、その自立の促進を目的とし、かつ、その[私生活]を尊重して行わなければならない。

「児童福祉施設の設備及び運営に関する基準」については、「保育原理」51ページ、「社会福祉」133ページも参照してね。

Q　児童養護施設における子どもの養育・支援の記録は養育・支援の実施状況を、家族及び関係機関とのやりとり等を含めて適切に記録する。（2022 後）

子どもの養育・支援に関する適切な記録（児童養護施設運営ハンドブックより一部抜粋）

記録は、子どもや[家族の状況]がそこに反映するのみならず、職員のその子どものとらえ方や家族に対しての思いも表現されます。[客観的]にとらえ記録していくよう心がけても、そこにはその職員の[価値観]が反映されてきます。そうした記録の内容を振り返ることにより、子どもの理解の仕方や自分の価値観、こだわりがどこにあるのかを知り、子どもへの関わりに活かすことが求められます。その一方で、記録は養育を[引き継いで]いくための重要な資料です。子どもの問題行動についての記述も大切ですが、子どもの変化への気づきや成長を感じたエピソードなども重要な情報であることも忘れてはなりません。

児童の健全育成のための施設・事業

施設

保育所（対象・目的：児童福祉法第39条）	
対象	乳児・幼児
目的	[保育] を必要とする乳児・幼児を日々保護者の下から通わせて保育を行うことを目的とする施設
内容	児童を保育する。保育時間は原則1日[8] 時間。
職員	保育士、嘱託医、調理員※

※調理業務の全部を委託する施設では、調理員を置かなくてもよい。

児童厚生施設（対象・目的：児童福祉法第40条）	
対象	すべての児童（[18] 歳未満）。
目的	児童に健全な遊びを与えて、その[健康] を増進し、[情操] をゆたかにする。
内容	児童に健全な遊びを与える。
職員	[児童の遊びを指導する者]

事業

放課後児童健全育成事業（児童福祉法第6条の3第2項）	保護者が労働等により昼間家庭にいない小学校に就学している児童が対象。[保護者が就労などにより昼間にいない] 場合、児童厚生施設等の施設を利用して、児童の健全な育成を図る。なお、[放課後児童支援員] の配置が必要である。

A ○：設問文の通りである。

＼ゴロで暗記！／ 児童の遊びを指導する者

児童の遊びを自動にする者 は、
（児童の遊びを指導する者）

児童の個性 を育てない
（児童厚生施設）

養育環境に問題のある児童のための施設・事業

施設

乳児院（対象・目的：児童福祉法第37条）	
対象	保護を必要とする乳児（必要な場合は［ 幼児 ］も）
目的	・保護を必要とする乳児を入院させて、養育する。 ・あわせて退院した者について［ 相談その他援助 ］を行う。
内容	乳児を養育する。
職員	医師または嘱託医、［ 看護師 ］、［ 家庭支援専門相談員 ］、［ 個別対応職員 ］ など。
児童養護施設（対象・目的：児童福祉法第41条）	
対象	保護を必要とする［ 乳児を除く児童 ］（必要な場合は［ 乳児 ］も）
目的	・［ 保護者 ］のない児童、［ 虐待 ］されている児童、その他環境上養護を必要とする児童を入所させて、養護する。 ・あわせて退所した者の［ 相談その他の自立のための援助 ］を行う。
内容	・保護者のいない児童や虐待されている児童を養育する。 ・［ 家庭関係の調整 ］を行う。
職員	［ 児童指導員 ］、［ 個別対応職員 ］、［ 家庭支援専門相談員 ］、保育士など。
母子生活支援施設（対象・目的：児童福祉法第38条）	
対象	［ 配偶者のない ］女子またはこれに［ 準ずる事情 ］にある女子及びその者の監護すべき児童。
目的	・対象の女子と児童を入所させて、保護するとともに、［ 自立の ］促進のために生活を支援する。 ・あわせて退所した者についての相談その他の援助を行う。
内容	・母親に対して家庭生活・［ 就労 ］等のための支援を行う。 ・児童に対して養育支援を行う。
職員	［ 母子支援員 ］、［ 少年指導員 ］ など。

Q「児童の遊びを指導する者」は、児童厚生施設に配置され、子どもの健全育成を目的として、遊びを通して子どもの心身の健康や情緒の安定を図る役割を担う職員である。（2017 前）

児童家庭支援センター(対象・目的:児童福祉法第44条の2)	
対象	児童の福祉の問題を抱える地域の児童と家庭。
目的	・専門的な知識と技術をもって、地域の児童の福祉に関する様々の問題につき相談に応じ、必要な助言を行う。 ・関係機関との[連絡調整]を行って、援助を総合的に行う。
内容	地域の児童に関する相談に応じる。
職員	[支援を担当する職員]

事業

[子育て短期支援事業](児童福祉法第6条の3第3項)	短期入所生活援助([ショートステイ])事業は、保護者の疾病等の事由により児童の養育が一時的に困難となった場合、または育児不安等の[身体的・精神的負担]の軽減が必要な場合に、一時的に児童を児童養護施設等で預かる事業。なお、保護者が仕事等で平日の夜間または[休日]に不在となる家庭の児童を対象にした夜間養護等([トワイライトステイ])事業もある。 子ども・子育て支援新制度の[地域子ども・子育て支援事業]の一つとしても位置づけられており、実施主体は[市町村]である。
[児童自立生活援助事業](児童福祉法第6条の3第1項)	児童養護施設などを[義務教育]終了後に退所した[20]歳未満の児童等を入所させ、自立生活のための[相談援助・生活指導・就労指導]を行う事業。この事業を行う施設が[自立援助ホーム]で、第[二]種社会福祉事業に位置づけられている。

児童自立生活援助事業

- 児童自立生活援助事業(自立援助ホーム)の対象者に、[22歳]の年度末までの間にある大学等就学中の者が追加されたこととあわせて、[里親]等への委託や、[児童養護施設]等への施設入所措置を受けていた者について、18歳(措置延長の場合は20歳)到達後も原則[22]歳の年度末まで、引き続き必要な支援を受けることができる事業。
- この事業を行う際には、[生活相談支援担当職員]を配置することとされている。
- 実施主体は、[都道府県]、[指定都市]、[児童相談所設置市]である。

A ○:設問文の通りである。

心身に障害のある児童のための施設・事業

施設

福祉型 障害児入所施設（対象・目的：児童福祉法第42条）	
対象	障害児。
目的	障害児を[入所]させて、保護、日常生活の指導及び独立自活に必要な知識技能を付与する。
内容	障害児の保護、生活指導をする。
職員	児童指導員、保育士、嘱託医、[児童発達支援管理責任者]　など。
医療型 障害児入所施設（対象・目的：児童福祉法第42条）	
対象	[医療]を必要とする障害児。
目的	障害児を[入所]させて、保護、日常生活の指導及び独立自活に必要な知識技能を付与及び治療する。
内容	障害児の保護、生活指導をする。
職員	[病院]として必要な職員、児童指導員、保育士、[児童発達支援管理責任者]　など。
福祉型 児童発達支援センター（対象・目的：児童福祉法第43条）	
対象	障害児。
目的	日々[保護者の下から通わせて]、日常生活における基本的動作の指導、[独立自活に必要な知識技能の付与]する。 集団生活への適応のための訓練を行う。
内容	障害児を保護者の下から通わせて生活指導や訓練をする。
職員	[児童指導員]、保育士、嘱託医、[児童発達支援管理責任者]　など。
医療型 児童発達支援センター（対象・目的：児童福祉法第43条）	
対象	肢体不自由のある児童または重症心身障害児。
目的	日々保護者の下から通わせて、日常生活における基本的動作の指導、独立自活に必要な知識技能を付与する。 集団生活への適応のための訓練及び[治療]を行う。
内容	障害児を保護者の下から通わせて生活指導や訓練をする。
職員	[診療所]として必要な職員、[児童指導員]、保育士、[理学療法士または作業療法士]、[児童発達支援管理責任者]　など。

Q 次の文は、放課後等デイサービスに関する記述である。授業の終了後又は休業日において生活能力の向上のために必要な訓練、社会との交流の促進その他の便宜を供与するとされている。（2016 前）

事業

[放課後等デイサービス] (児童福祉法第6条の2の2)	児童福祉法で規定される[障害児通所支援] の一つで、障害児のための療育機能・居場所機能を備えた福祉サービス。[6] 歳から[18] 歳までの就学年齢の児童が対象。 授業の終了後または休業日に、[自立支援] と[日常生活の充実] のための活動等を行う。[指導訓練室] 等、サービス提供に必要な設備及び備品等を設ける必要がある。 児童発達支援管理責任者、児童指導員または保育士、機能訓練担当職員が職員として配置される。

「放課後等デイサービス」について、目的・活動内容・設備・職員の資格について出題されているよ。内容を把握しておこう。

情緒面・行動面に問題のある児童の施設

児童自立支援施設(対象・目的:児童福祉法第44条)	
対象	[不良行為] をなし、またはなすおそれのある児童及び家庭環境その他の[環境上] の理由により[生活指導] 等を要する児童。
目的	・対象の児童を入所させ、または保護者の下から通わせて、個々の児童の状況に応じて必要な指導を行い、[自立] を支援する。 ・あわせて退所した者について相談その他援助を行う。
内容	・不良行為をする児童を入所または通所させて指導や[自立支援] をする。 ・[家庭関係] の調整を行う。
職員	[児童自立支援専門員]、[児童生活支援員]、[医師又は嘱託医]、[個別対応職員]、[家庭支援専門相談員]　など。
児童心理治療施設(対象・目的:児童福祉法第43条の2)	
対象	家庭環境、学校における交友関係その他の環境上の理由により社会生活への適応が困難となった児童。
目的	・対象の児童を[入所] させ、または[保護者の下から通わせて]、個々の児童の状況に応じて必要な指導を行い、その自立を支援する。 ・あわせて退所した者について相談その他援助を行う。
内容	・軽い情緒障害児を入所または通所させ、社会的適応力の回復を図る。 ・[家庭の状況] に応じ、家庭関係の調整を行う。

(つづく)

A ○:設問文の通りである。

職員	[心理療法担当職員]、[医師]、児童指導員、保育士、[個別対応職員]、[家庭支援専門相談員] など。

＼ゴロで暗記!／ 家庭支援専門相談員の配置

固(か)って一石園 には 侵入用 の
(家庭支援専門相談員)　(心理・乳・養護)

自立 した杖がある
(自立支援施設)

※心理：児童心理治療施設、乳：乳児院、養護：児童養護施設、自立支援：児童自立支援施設

里親等での養育

- 里親希望者は、[その者の居住地を所管する児童相談所] において登録申請をする。
- 児童相談所は、[里親希望者の家庭訪問] を行い、里親の適否について調査を行う。
- 現に児童が委託されている里親家庭の総数は4,379世帯で、委託児童数は5,556人で年々増加している。
- [特別養子縁組制度] とは、実親との養育が困難であり特別な理由がある場合に、[家庭裁判所] に申し立てて、実親との [法的関係] を終了させ、養親子関係を安定させる制度。6歳未満の児童に限られていたが、2020(令和2)年度から [15歳未満] と改正された。
- [小規模住宅型児童養育事業(ファミリーホーム)] とは、児童を [養育者の家庭の中] で預かり養育する家庭養護事業で、児童定員 [5～6] 人、養育者に加え2名の補助者を確保できる事務費が支給される。
- 里親及びファミリーホームは、社会的養護を必要とする子どもを、養育者の家庭に迎え入れて養育する [家庭養護] である。また、社会的養護の担い手として [社会的] な責任に基づいて提供される養育の場である。
- 社会的養護の養育は、家庭内の養育者が単独で担えるものではなく、家庭外の協力者なくして成立し得ないため、家庭内における養育上の課題や問題を解決し、あるいは予防するためにも、養育者は協力者を活用し、養育のありかたをできるだけ [ひらく] 必要がある。

Q 母子生活支援施設は家庭支援専門相談員の配置が義務づけられている。(2022 後)

里親の種類と条件

[養育里親]	・要保護児童の里親として[都道府県知事] から認定を受けた者。
[専門里親]	・養育里親であること。 ・被虐待児、非行児、障害児等、特に心のケアや専門的な養育が必要な児童を養育する者で、以下の要件を満たす者。 ①[3] 年以上の養育里親経験、福祉事業経験、それらと同等以上の経験があること。 ②[専門里親研修] の修了。 ③児童の養育に専念できる。 ・[2年以内の期間] を定めて[2名以内] の里子を受託できる。 ・登録期間は[2年間] で更新には研修を受ける必要がある。
[養子縁組里親]	・養子縁組によって養親となることを希望し、里子を養子として養育する里親。子どもが20歳のときに里親の年齢が[65] 歳以下となることが望ましい。 ・一定期間、里子の養育を経た上で適切と判断されれば養子縁組が成立する。 ・里親手当は[支給されない] 。
[親族里親]	・要保護児童の[三親等内] の親族が里親としての認定を受け養育する里親。[経済的に困窮していない] という里親の要件は適用されない。児童の[養育費] が支給される。 ・[おじ・おば] は養育里親制度を利用して手当の支給を受けることができる。

＼ゴロで暗記！／ 里親の種類

よう行く 専門 店は、
（養育里親）（専門里親）

親 子 が多い。
（親族里親）（養子縁組里親）

＼ゴロで暗記！／ 専門里親の登録期間、里子の数

専門2年 で 2人まで！
（専門里親は登録期間２年） （里子は２人以下）

A ×：母子生活支援施設には家庭支援専門相談員の配置義務はなく、母子支援員や少年を指導する職員が配置される。

6章 社会的養護

\ゴロで暗記!/ 養子縁組里親の手当

縁　あったけど手当なし
（養子縁組里親）　（里親手当なし）

\ゴロで暗記!/ 特別養子縁組における養子の年齢

特別　な イチゴ を持って
（特別養子縁組）（15 歳未満）
実親と離れる
（実親法的関係終了）

里親が行う養育に関する最低基準（平成29年厚生労働省）

> 里親が行う養育は、委託児童の[自主性]を尊重し、基本的な[生活習慣]を確立するとともに、豊かな人間性及び社会性を養い、委託児童の[自立]を支援することを目的として行われなければならない。

里親及びファミリーホーム養育指針（家庭養護における家庭の要件）

①(一貫継続)した特定の養育者の確保
②特定の養育者との生活基盤の共有
③同居する人たちとの生活の共有
④生活の柔軟性
⑤地域社会に存在

里親委託ガイドライン

2　里親委託優先の原則

家族は、社会の基本的集団であり、家族を基本とした家庭は子どもの成長、福祉及び保護にとって自然な環境である。このため、保護者による養育が不十分又は養育を受けることが望めない[社会的養護]のすべての子どもの[代替的養護]は、[家庭養護]が望ましく、[里親委託]を優先して検討することを原則とするべきである。特に、乳幼児は安定した家族の関係の中で、愛着関係の基礎を作る時期であり、子どもが安心できる、温かく安定した家庭で養育されることが大切である。

Q　児童自立生活援助事業（自立援助ホーム）について、児童相談所長や都道府県が採るべき措置等における委託を受けたときは、正当な理由がない限り、入所を拒んではならない。（2016 前）

社会的養護の制度と実施体制

社会的養護の原理

- 児童養護施設運営指針では、社会的養護の基本理念(184ページ)とともに社会的養護の原理が記載されている。

社会的養護の原理(児童養護施設運営指針を簡略化して掲載)

①家庭的養護と個別化

・[当たり前の生活]を保障する、あるいは家庭的な環境で養育する「家庭的養護」と、個々の子どもと丁寧に向き合う[個別化]。

②発達の保障と自立支援

・未来の人生に向けた準備期間である[子ども期の健全な心身の発達]の保障。
・愛着や基本的な人間関係の形成を基本として、[自立に向けた生きる力]の形成。
・自立や自己実現を目指して、子どもの主体的な活動を大切にし、さまざまな生活体験を通して自立した社会生活に必要な力を形成。

③回復をめざした支援

・虐待体験や分離体験などによる悪影響からの[癒しや回復]を目指した専門的ケアや心理的ケアなどの治療的な支援。
・[自己肯定感](自尊心)を取り戻していける支援。

④家族との連携・協働

・子どもや親の問題状況の解決や緩和を目指して、それに的確に対応するため、[親と共に]、親を支えながら、あるいは[親に代わって]、子どもの発達や養育を保障していく包括的な取り組み。

⑤継続的支援と連携アプローチ

・始まりから[アフターケア]までの継続した支援と、できる限り特定の養育者による一貫性のある養育。
・児童相談所などの行政機関、各種の施設、里親が[連携]し合ってのアプローチ。
・支援の[一貫性、継続性、連続性]というトータルなプロセスの確保。
・一人ひとりの子どもに用意される社会的養護は[つながりのある道すじ]として子ども自身に理解されるアプローチ。

⑥ライフサイクルを見通した支援

・[社会に出てからの暮らし]を見通した支援。
・貧困や虐待の[世代間連鎖]を断ち切っていけるような支援。

A ○:設問文の通りである。

・[ライフストーリーワーク]は、子ども自身が自己の生い立ちを正しく理解するための支援である。

児童福祉施設の形態

- 社会的養護においては、原則として[家庭養護]を優先するとともに、施設養護もできる限り[家庭的な養育環境]に変えていく必要があるとされている。そうした流れの中で、[小舎制]の施設が増加している。
- 入所方法には、[行政の判断]により入所が決定される措置入所と、[児童の保護者の申込み]により入所する利用者契約入所がある。

施設の形態と入所方法

大舎制養護	・1舎あたりの児童定員が[20]人以上での生活。 ・児童養護施設の[50]%を占めるが、大舎制単独の体制の施設は少なく、中舎制や小舎制も取り入れている施設が多い。 ・細やかな援助や、児童が[特定の職員]と信頼関係が築きにくい等の問題点がある。	
中舎制養護	・1舎の定員[13～19]人の生活。 ・児童養護施設の約[26]%。	
小舎制養護	・1舎の定員が[12]人以下の生活。 ・児童養護施設の約[40]%。	
グループホーム	・地域の一般的な住宅において[6]名程度の児童を養育する施設。 ・[地域小規模児童養護施設]は広義でここに含まれる。	
施設の入所	[措置入所]	・乳児院、児童養護施設、児童心理治療施設、児童自立支援施設は[都道府県]から委託を受けた児童相談所の長が決定する。
	[利用者契約入所]	・保護者の申込みにより契約し、入所する。

＼ゴロで暗記！／ 措置入所の児童福祉施設

そっち入る（措置入所） と 侵入用（心理・乳・養護） だから

ジリジリ（自立支援）鳴るよ！

※心理：児童心理治療施設、乳：乳児院、養護：児童養護施設、自立支援：児童自立支援施設

Q 児童福祉施設は、苦情を受け付けるための窓口を設置する等の必要な措置を講じなければならないとされている。（2018 前）

児童福祉施設の運営

- 児童福祉施設の運営にあたっては、児童福祉施設の設備及び運営に関する基準（[厚生労働省令]）が設けられており、各[都道府県]はこれをもとに、条例で基準（最低基準）を定めなければならない。

児童福祉施設の設備及び運営に関する基準（一部簡略化して掲載）

第2条　最低基準の目的

最低基準は、児童福祉施設に入所している者が、[明るくて]、[衛生的]な環境において、素養があり、かつ、[適切な訓練]を受けた職員（施設長を含む。）の指導により、心身ともに健やかにして、[社会に適応する]ように育成されることを保障するものとする。

第4条　最低基準と児童福祉施設

児童福祉施設は、[最低基準]を超えて、常に、その設備及び運営を向上させなければならない。

第7条、第7条の2　児童福祉施設における職員の一般的要件

職員は、健全な心身を有し、豊かな人間性と倫理観を備え、児童福祉事業に[熱意]のある者であつて、できる限り児童福祉事業の理論及び実際について訓練を受けた者でなければならない。
（中略）
児童福祉施設は、職員に対し、その資質の向上のための[研修の機会]を確保しなければならない。

第9条の3　懲戒に係わる権利の濫用禁止

児童福祉施設の長は、入所中の児童等に対し懲戒するとき、または懲戒に関しその児童等の[福祉のために必要な措置]を採るときは、身体的苦痛を与え、人格を辱める等その権限を[濫用]してはならない。

第14条の3　苦情への対応

児童福祉施設は、入所者または保護者等からの苦情に迅速かつ適切に対応するために、苦情を受け付けるための[窓口を設置]する等の必要な措置を講じなければならない。

第24条の3、第29条の3、第45条の3　業務の質の評価等

施設の長は定期的に[自ら]業務の[質の評価]を行うとともに、定期的に[外部による評価]を行い公表しなければならない（[第三者評価]の義務）。

第45条の2　自立支援計画の策定

目的を達成するため、入所中の個々の児童について、児童やその家庭の状況等を勘考して、その[自立]を支援するための計画を策定しなければならない。

A ○：設問文の通りである。

「児童福祉施設の設備及び運営に関する基準」については、設備の基準や187ページの職員の配置など、様々な形で出題されるよ。一度目を通しておこう。

児童福祉施設の援助体制

児童福祉施設の職員

保育士・児童指導員	・保育士資格は、児童福祉法[第18条]に定められた[国家資格]。 ・児童の担当職員として生活をともにし、生活援助をする。
家庭支援専門相談員	・里親委託・養子縁組の推進。 ・児童の早期家庭復帰([家族再統合])を行う。 ・児童相談所との連絡調整。 ・2004年度から[乳児院]、[児童自立支援施設]、[児童心理治療施設]、[児童養護施設]に1名加算配置。
個別対応職員	[児童養護施設]、[乳児院]、[母子生活支援施設]、[児童心理治療施設]、[児童自立支援施設]に配置。
心理療法担当職員	心理療法を必要とする利用者が以下の場合に配置。 ・児童が10人以上いる[児童養護施設]。 ・母子が10人以上の[乳児院]。 ・母及び児童が10人以上の[母子生活支援施設]。
看護師	・[乳児院]では基本となる職員として配置。 ・[児童養護施設]では、乳児入所の場合に配置。 ・日々の生活で[医療的ケア]が必要な児童が15人以上いる施設に配置。
里親支援専門相談員(里親支援ソーシャルワーカー)	・[児童相談所]や[乳児院]と連携して里親についての普及と里親開拓を行う。 ・里親やファミリーホームの支援を行う。

\ゴロで暗記!/ 里親支援専門相談員の配置

サッと相談できる、
(里親支援専門相談員)

new 自動 ロボ。
(乳児院)(児童養護施設)

Q 児童心理治療施設には、医師、心理療法担当職員、児童指導員、保育士、看護師、個別対応職員、家庭支援専門相談員、栄養士を置かなければならないとされている。(2018前)

ゴロで暗記! 個別対応職員

私立入試用 の
（自立支援・乳・心理・養護）
個別対応塾が、生徒を 募集 している。
（個別対応職員）　　（母子生活支援施設）

※自立支援：児童自立支援施設、乳：乳児院、心理：児童心理治療施設、養護：児童養護施設

親権

- 親権者等は、児童相談所長や児童福祉施設の施設長、里親等による監護措置を、不当に妨げてはならない。
- ［ 家庭裁判所 ］は、「父又は母による親権の行使が困難又は不適当であることにより子の利益を害するとき」に、［ 2年以内 ］の期間を定めて［ 親権停止 ］の審判をすることができる。
- 子の親族及び検察官の他、子、［ 未成年後見人及び未成年後見監督人 ］、［ 児童相談所長 ］も、親権の喪失等について、家庭裁判所への請求権を有する。
- 児童福祉施設入所児童で親権のない子どもや、一時保護中の児童で親権を行う者がいない子ども、［ 里親 ］に委託された子どもの場合の親権は［ 児童相談所長 ］が行う。

児童相談所長は、親権喪失、親権停止及び管理権喪失の審判について家庭裁判所への請求権があるんだ。

親権に関しては、複雑に感じるけど、過去に複数回出題されているから、父母、児童相談所長、家庭裁判所の関係性についてしっかり把握しておいた方がよさそうだね。

A ○：設問文の通りである。

児童福祉施設職員の働き方

- 日々の働きを通し、職場内で助言を受けて学ぶ仕組みを［ オン・ザ・ジョブ・トレーニング（OJT） ］という。
- OJTの具体的手段の一つとして、職員が自らの援助内容を向上させるための仕組みを［ スーパービジョン ］といい、助言を行う者をスーパーバイザーと呼ぶ。
- 職員は、常に［ 自己研鑽 ］に励み、施設の目的を達成するために必要な知識及び技能の修得、維持及び向上に努めなければならない。

OJTやスーパービジョンの意味について問われる問題が出題されているよ。それぞれ意味を理解しておこう。

Q 母子生活支援施設入所世帯（母親）の入所理由は「経済的理由による」が最も多い（「児童養護施設入所児童等調査の概要（平成30年）」）。（2022 後）

04 社会的養護の実際

児童福祉施設の入所理由と入所経路

- 入所理由としては、「母の放任・怠惰」は[児童養護施設]で最も多く、「母の精神疾患等」は[乳児院]、配偶者からの暴力は[母子生活支援施設]で最も多い。
- 入所経路としては、どの施設も「家庭から」が最も多く、児童自立支援施設では、「家庭から」の次に[家庭裁判所]からが多い。

主な入所理由

施設名	最も多い入所理由	割合
乳児院	母の精神疾患等	23.2%
児童養護施設	母の放任・怠惰	15.0%
里親委託	養育拒否	15.3%
児童心理治療施設	児童の問題による監護困難	38.6%
児童自立支援施設	児童の問題による監護困難	68.2%

出典：厚生労働省「児童養護施設入所児童等調査の結果（平成30年2月1日現在）より」

入所経路

施設名	最も多い入所経路	割合
乳児院	家庭から	62.2%
児童養護施設	家庭から	62.1%
里親委託	家庭から	42.5%
児童心理治療施設	家庭から	56.4%
児童自立支援施設	家庭から	57.4%

出典：厚生労働省「児童養護施設入所児童等調査の結果（平成30年2月1日現在）より」

里親委託・児童養護施設の2番目に多い入所経路としては、乳児院からとなっているよ。

A ×：「配偶者からの暴力」が最も多かった。

6章 社会的養護

入所時の児童の年齢と在所期間

- 施設入所時の平均年齢は、[児童養護施設] と [里親委託] が約6歳で乳児院の次に低く、[児童心理治療施設]、[児童自立支援施設] の順に年齢が高くなる。
- 在所期間は、[乳児院] と [児童自立支援施設] が約1年と短く、[児童心理治療施設]、[里親委託]、[児童養護施設] の順に長くなる。

入所児童の総数と年齢

施設名	最も多い年齢	入所時の平均年齢
乳児院	0歳	0.3歳
児童養護施設	2歳	6.4歳
里親委託	2歳	5.9歳
児童心理治療施設	12歳	10.7歳
児童自立支援施設	13歳	12.9歳

出典：厚生労働省「児童養護施設入所児童等調査の結果（平成30年2月1日現在）より」

入所時の児童の年齢については、施設の特徴や入所の経路とあわせて考えると覚えやすいよ。

確かに！乳児院からの入所が多い里親委託や児童養護施設では、最も多い年齢が2歳で、平均年齢も6歳と児童心理治療施設や児童自立支援施設と比べて低いんだね。

入所児童の在所期間

施設名	在所年数
乳児院	1.4年
児童養護施設	5.2年
里親委託	4.5年
児童心理治療施設	2.2年

Q「児童養護施設入所児童等調査（平成 30 年）によると、児童養護施設入所児童のうち、被虐待経験のある子どもは 6 割を超える。（2021 後）

施設名	在所年数
児童自立支援施設	1.1年

出典：厚生労働省「児童養護施設入所児童等調査の結果（平成30年2月1日現在）より」

更生や治療を目的とした児童自立支援施設や児童心理治療施設では、里親委託や児童養護施設よりも在所期間が短いんだね。

被虐待体験のある児童／障害をもつ児童の割合

- 被虐待体験のある児童の割合は、[児童心理治療施設] が最も多く、次いで [児童養護施設]、[児童自立支援施設]、その後に [乳児院]、[里親委託] と続く。
- 障害をもつ児童の割合は、[児童心理治療施設] が最も多く、次いで児童自立支援施設、その後、児童養護施設、乳児院、里親委託と続く。
- 児童養護施設の障害のある児童は、1998（平成10）年には入所児童の10.3%だったが、2008（平成20）年には23.4%、2018（平成30）年は36.7%となっている。

被虐待体験のある児童の割合

施設名	被虐待体験のある児童の割合
乳児院	40.9%
児童養護施設	65.6%
里親委託	38.4%
児童心理治療施設	78.1%
児童自立支援施設	64.5%

出典：厚生労働省「児童養護施設入所児童等調査の結果（平成30年2月1日現在）より」

A ○：設問文の通りである。

社会的養護の現状と課題

社会的養護の課題と将来像

家庭的養護の推進

- 「新しい社会的養育ビジョン」(平成29年新たな社会的養育の在り方に関する検討会)では、すべての要保護児童に対して[家庭養育]を原則とすることが示され、3歳未満についてはおおむね2022(令和4)年までに、それ以外の就学前の子どもについてはおおむね2024(令和6)年までに里親委託率[75%]以上を実現し、学童期以降はおおむね2027(令和9)年までに里親委託率[50%]以上の実現を目指すとした。
- フォスタリング機関とは、里親包括支援機関ともいわれ、以下の業務を行うものである。

> ・里親の[リクルート]及び[アセスメント]
> ・里親登録前後及び委託後における里親に対する[研修]
> ・子どもと里親家庭の[マッチング]
> ・子どもの里親委託中における里親養育への[支援]
> ・[里親委託措置解除後]における支援

- 家庭養護・家庭的養護の推進に関連して「児童福祉法」では以下のような点が2016(平成28)年に改正された。

家庭養護・家庭的養護に関連した児童福祉法の主な改正内容

養子縁組里親の法定化	[養子縁組里親]が法定化された。
里親支援における都道府県の役割拡大	[都道府県(児童相談所)]の業務として、養子縁組に関する相談・支援を位置づけた。
自立援助ホームの利用期間拡大	自立援助ホームを20歳になる前まで利用している[大学等就学中]の者について、[22歳]の年度末までの間、利用を継続できることとした。

Q 次の文は、児童養護施設運営指針の一文である。社会的養護のもとで養育される子どもにとって、その子にまつわる人間関係は、その多くが重く、困難を伴うものである。(2020 後)

\ゴロで暗記!/ フォスタリング機関

4つのタンバリンを
(フォスタリング機関)
持って　里親支援　!

生活グループ単位の小規模化

- 2012(平成24)年3月時点では、児童養護施設の[半数]以上が小規模グループケアを導入している。

それぞれの児童福祉施設や里親に関するガイドラインが公開されているよ。そこから出題されることも多いから、できれば一読しておこう。

児童養護施設運営指針

社会的養護の原理

- 社会的養護を必要とする子どもには、その子どもに応じた成長や発達を支える支援だけでなく、[虐待]体験や分離体験などによる悪影響からの癒しや[回復]を目指した専門的ケアや[心理的]ケアなどの治療的な支援も必要となる。
- 社会的養護は、できる限り特定の養育者による[一貫性のある養育]が望まれる。
- 子ども期のすべては、その[年齢]に応じた発達の課題をもち、その後の成人期の人生に向けた準備の期間でもある。社会的養護は、未来の人生をつくり出す基礎となるよう、子ども期の健全な心身の発達の保障を目指して行われる。
- 特に、人生の基礎となる乳幼児期では、[愛着関係]や基本的な信頼関係の形成が重要である。子どもは、[愛着関係]や基本的な信頼関係を基盤にして、自分や他者の存在を受け入れていくことができるようになる。[自立]に向けた生きる力の獲得も、健やかな身体的、精神的及び社会的発達も、こうした基盤があって可能となる。

A ×:「人間関係」ではなく「事実」が正しい。

6章 社会的養護

養育のあり方の基本

- 社会的養護のもとで養育される子どもにとって、その子にまつわる[事実]は、その多くが重く、困難を伴うものである。しかし、子どもが未来に向かって歩んでいくためには、自身の[過去]を受け入れ、自己の[物語]を形成することが極めて重要な課題である。
- 社会的養護は、従来の「[家庭代替]」の機能から、[家族]機能の支援・補完・再生を重層的に果たす、さらなる[家庭支援(ファミリーソーシャルワーク)]に向けた転換が求められている。[親子間]の関係調整、回復支援の過程は、施設と[親]とが協働することによって果たされる。

権利擁護

- 入所時においては、子どもの[それまでの生活とのつながり]を重視し、そこから分離されることに伴う不安を理解し受け止め、不安の解消を図る。
- 子どもが相談したり意見を述べたりしたいときに、相談方法や相談相手を[選択できる環境を]整備し、子どもに伝えるための取り組みを行う。
- いかなる場合においても、[体罰]や子どもの[人格]を辱めるような行為を行わないよう徹底する。
- 様々な生活体験や[多くの人たちとの触れ合い]を通して、他者への心づかいや他者の立場に配慮する心が育まれるよう支援する。

発達の保障と自立支援

- 子どもは、[愛着関係]や基本的な[信頼関係]を基盤にして、自分や他者の存在を受け入れていくことができるようになる。
- 子どもは、様々な生活体験を通して、[自立した社会生活]に必要な基礎的な力を形成していく。

第7章 子どもの保健

子どもの心身の健康と保健の意義

健康の定義と子どもの保健の意義

- 世界保健機関（WHO）によると健康とは、完全な[肉体的]、[精神的]及び[社会的福祉]の状態であり、単に[疾病]または病弱の存在しないことではない。
- 保育所保育指針では、第1章の「養護に関わるねらい及び内容」と第3章「健康及び安全」、第1章「幼児期の終わりまでに育ってほしい姿」で、子どもの保健に関する事柄が記載されている。

保育所保育指針 第1章「総則」2（2）「養護に関わるねらい及び内容」

ア 生命の保持（ア）ねらい

① 一人一人の子どもが、快適に[生活]できるようにする。
② 一人一人の子どもが、[健康で安全]に過ごせるようにする。
③ 一人一人の子どもの[生理的欲求]が、十分に満たされるようにする。
④ 一人一人の子どもの[健康増進]が、積極的に図られるようにする。

イ 情緒の安定（ア）ねらい

① 一人一人の子どもが、[安定感]をもって過ごせるようにする。
② 一人一人の子どもが、[自分の気持ち]を安心して表すことができるようにする。
③ 一人一人の子どもが、周囲から[主体]として受け止められ、[主体]として育ち、自分を[肯定する気持ち]が育まれていくようにする。
④ 一人一人の子どもがくつろいで共に過ごし、[心身の疲れ]が癒されるようにする。

「保育所保育指針」第1章「総則」4（2）「幼児期の終わりまでに育ってほしい姿」

ア　健康な心と体

保育所の[生活]の中で、[充実感]をもって自分のやりたいことに向かって心と体を十分に働かせ、[見通し]をもって行動し、自ら健康で[安全]な生活をつくり出すようになる。

WHOの健康の定義は、心身だけでなく社会的にも満たされた状態のことをいうんだね。

Q 次の文は、「保育所保育指針」第１章「総則」４（2）「幼児期の終わりまでに育ってほしい姿」に関する記述の一部である。保育所の生活の中で、（中略）自ら健康で幸福な生活をつくり出すようになる。（2019 前）

保育所保育指針 第3章「健康及び安全」

子どもの健康及び安全の確保は、子どもの[生命の保持]と[健やかな生活]の基本であり、一人一人の子どもの[健康の保持]及び[増進]並びに[安全の確保]とともに、[保育所全体]における健康及び安全の確保に努めることが重要となる。また、子どもが自らの体や健康に関心をもち、心身の機能を高めていくことが大切である。(後略)

1 (1)子どもの健康状態並びに発育及び発達状態の把握

ア 子どもの[心身の状態]に応じて保育するために、子どもの健康状態並びに発育及び発達状態について、定期的・継続的に、また、必要に応じて随時、[把握する]こと。

イ 保護者からの情報とともに、登所時及び保育中を通じて子どもの状態を観察し、何らかの疾病が疑われる状態や傷害が認められた場合には、[保護者に連絡]するとともに、[嘱託医と相談する]など適切な対応を図ること。看護師等が配置されている場合には、その専門性を生かした対応を図ること。

日本の合計特殊出生率と出生数

- [合計特殊出生率]とは、調査を行った年次の15歳～49歳までの女性の年齢別出生率を合計したもので、一人の女性が一生の間に産む子どもの数を推計した数値である。なお、人口が維持できる水準は、[2.07]といわれている。
- 日本の合計特殊出生率は、統計をとりはじめてから最低を記録した2005(平成17)年以降は[増加]傾向であったが、依然として出生数は[死亡数]より少なく、人口減少は進んでいる。
- [2016(平成28)]年の出生数は約98万人で、統計データをとりはじめてから初めて100万人を割り込んだ。
- 第1子出生の母親の年齢の上昇が続いており、合計特殊出生率の伸びが抑制されている一因にもなっている。

日本の合計特殊出生率

2005(平成17)年	1.26
2012(平成24)年	1.41
2015(平成27)年	1.45
2016(平成28)年	1.44
2017(平成29)年	1.43
2018(平成30)年	1.42

(つづく)

A ×:「幸福」ではなく「安全」が正しい。

2019(令和元)年	1.36
2020(令和2)年	1.33
2021(令和3)年	1.30

出典：厚生労働省ホームページより作成

第1子出生の母親の平均年齢は、2021(令和3)年には30.9歳と30歳を超えているよ。晩婚化も一つの原因だと考えられているよ。

乳児死亡／乳幼児突然死症候群(SIDS)

- 乳児死亡は生後1年未満の死亡をいい、2021(令和3)年の乳児死亡率は［ 1.7(出生1,000に対し1.7人) ］であった。
- SIDSは、何の予兆や既往歴もないまま乳幼児が死にいたる、原因不明の病気で、窒息などの事故とは異なり、2019(令和元)年には78名の乳幼児がSIDSで亡くなっており、乳児期の死亡原因としては［ 第4位 ］となっている。
- ［ うつぶせ、あおむけ ］のどちらでも発症するが、寝かせるときに［ うつぶせ ］に寝かせたときの方がSIDSの発症率が高いということが研究者の調査からわかっている。
- ［ 母乳 ］で育てられている赤ちゃんの方がSIDSの発症率が低く、母親の喫煙や受動喫煙はSIDS発症の大きな危険因子である。
- 予防のため、毛布やタオルケットなどが顔にかからないように気を付ける。

乳幼児突然死症候群(SIDS)については、何度も出題がある重要項目なので、基本をしっかり押さえておこう。

Q 乳児死亡は生後1年未満の死亡をいい、乳児死亡率は出生千対で表す。(2022 後)

子どもの身体的発育･発達と保健

子どもの発育

胎児の発育と出産

- 妊娠［ 9 ］週から胎児と呼ばれる。
- 妊娠［ 22 ］週未満の分娩は流産と呼ばれる。
- 出産予定日は、妊娠［ 40 ］週0日を表し、妊娠［ 37 ］～［ 42 ］週の出産は正産とされている。［ 37 ］週未満の出産は早期産とされている。

新生児の特徴

- 正期産に産まれた新生児を［ 成熟児 ］という。
- 成熟児は体重［ 3,000 ］g前後、身長［ 50 ］cm程度である。
- 体重［ 2,500 ］g未満の場合は、低出生体重児とされる。

発育期の区分

- 児童福祉法では満18歳未満を［ 児童 ］とし、児童について、さらに以下のように区分している。なお、新生児とは生後［ 28日未満 ］の者を示す。
- 「小児」は15歳まで、「青年」として20歳まで扱うこともある。

児童福祉法における「児童」の区分

乳児	［ 満1歳に満たない ］者
幼児	満1歳から、［ 小学校就学の始期に達するまで ］の者
少年	小学校就学の始期から、満18歳に達するまでの者

ちなみに、学校教育法では、初等教育を受けている子どもを児童、中等教育を受けている子どもを生徒、高等教育を受けている子どもを学生と呼んでいるよ。

A ○：設問文の通りである。

体重と身長

- 出生時の体重は、男児[3,000] g、女児[2,950] gが中央値である。
- 生後数日間、新生児の体重は、5〜10%ほど減少する。これを[生理的体重減少] という。
- 体重は、生後3か月で出生時の[2] 倍、生後1年で[3] 倍となる。
- 身長は、生後1年で出生時の[1.5] 倍、4歳で[2] 倍、12歳で[3] 倍となる。
- 脳の重量は出生時に大人の約[25] %であり、出生後急速に増加して3歳で約[80] %、6歳で約[90] %に達する。

\ゴロで暗記!/ 正期産

お産 は 皆腰痛
(正期産) (37 週から 42 週)

\ゴロで暗記!/ 早期産

皆より 早い
(37 週未満) (早期産)

身体計測時の注意

- [保護者] に計測の日時と項目を前もって知らせる。
- 継続的な計測では、測定する[時間帯] を一定にする。
- 冬期の室温は[20〜22] ℃に整え、必要に応じて暖房を使用する。
- 年長児の場合は、[羞恥心(しゅうちしん)] に配慮し、カーテンやスクリーンを用いる。

身長の測定法

2歳未満	[仰臥位(ぎょうがい)] (あおむけに寝た姿勢)で頭頂部から足底までの水平身長を測定する。
2歳以上	[立位] で足先を少し開かせて、後頭部、背部、かかとを身長計の柱に密着するように直立させて測定する。

Q 生理的体重減少とは、生後 7 日以降の新生児に見られる一過性の体重減少である。(2017 前)

\ゴロで暗記! / 身体測定

真っ直ぐ寝ころがって行儀がいい
(仰臥位)

2歳の身体測定
(2歳の身体測定)

頭囲の測定法

- 前方は[眉の上]、後方は[後頭結節]を通って、ミリ単位で測定する。

乳幼児の発育評価

- 乳幼児の発育評価は、厚生労働省の[乳幼児身体発育値]が使われているが、これは[パーセンタイル値]で示されている。50パーセンタイル値は中央値であり、[3]パーセンタイル未満、または、[97]パーセンタイルを超えると、発育上の偏りとされ、詳細な検査が必要になることもある。
- 身長、体重から栄養状態を知る指標として、[カウプ指数]があり、体重(Kg)÷(身長(m))^{2}または、体重(g)/(身長(cm))^2×10で算出される。

発育の進む時期

- 発育速度は器官によって異なり、[身長や体重]は乳児期に最も増加するが、思春期に第二成長期がある。
- [神経系]の発達は、乳児期が最も急速であり、神経細胞の数は2歳半でほぼ成人と同じになる。
- [免疫系]は学童期に最も活発となる。
- 最も遅いのは[生殖系]の発育であり、思春期になって成長が始まり、一般に男児より女児の方が早く成長する。

子どもの生理機能と保健

子どもの体温調整

- 健康な乳幼児の体温は[37℃]前後である。
- 新生児は[低体温]になりやすいため、保温が大事である。
- 2か月以降は[着せすぎ]による「うつ熱」で体温が上昇することもある。
- 体温には[日内変動]があるが、乳幼児期では不鮮明で、年長児になって鮮明となってくる。

A ×:生理的体重減少は通常、生後数日(3～5日頃)にみられる。

子どもの呼吸機能

- 乳児はろっ骨が水平方向に走り、胸郭があまり膨らまず、[腹式呼吸] である。胸式呼吸が加わるのは [2歳] 以降である。
- 口呼吸ができるようになるのは生後 [3か月] 以降であり、それまでは鼻呼吸が主である。
- 毎分の呼吸数は、乳児の方が幼児よりも [多い]。

子どもの循環機能

- [低年齢] なほど、新陳代謝が盛んで脈拍数が多い(安静時の乳児：1分間に [120] 前後)。
- 胎児期には、[胎児循環] と呼ばれる血液の流れがあり、卵円孔や動脈管が存在するが、[肺呼吸] の開始とともに心臓・血管系の解剖学的変化が生じて卵円孔や動脈管は存在しなくなる。

子どもの体液調節機能

- 低年齢なほど、体重当たりの [水分量] が多く、[脱水症状] を起こしやすい。

子どもの免疫機能

- 子どもは母親の [胎盤] を通じて免疫グロブリン [IgG] を受け取る。これは、生後 [6か月] 程度までの感染症予防に重要な役割を果たしている。
- 母乳、特に [初乳] に多く含まれる [IgA] も、感染予防に役立っている。
- 上記のような、母親から与えられた免疫機能([受動免疫])から、徐々に自らの免疫機能([能動免疫])に移行していく。

子どもの排泄

- 出生直後は、尿を濃縮する能力がなく、腸の動きも活発なため、[頻繁に排尿・排便] をする。
- おむつ交換時に、両足をそろえて持ち上げると、[股関節脱臼] になることがあるため、腰を持ち上げて交換することが望ましい。

子どもの睡眠

- 夜の睡眠時間が長くなると、深い眠りである [ノンレム睡眠] と浅い眠りである [レム睡眠] を繰り返すようになる。なお、[レム睡眠] では、夢を

Q レム睡眠では、夢を見ていることが多い。(2017 前)

見ていることが多い。

- 間脳の松果体（しょうかたい）から分泌される［ メラトニン ］は、睡眠覚醒リズムの調節に関係している。
- うつぶせ寝は、［ SIDS ］（［ 乳幼児突然死症候群 ］）のリスクが高くなる。

子どもの歯の発達

- 乳児の歯は一般に生後4～6か月で下顎前歯より生え、1歳頃になると上下4本そろい、1歳半頃に乳臼歯が生え、［ 2歳半頃には20本 ］生えそろう。
- 永久歯には6歳頃より生え変わり、生えそろうと［ 32本 ］になる。

「呼吸」や「体温」について、乳児と幼児との比較などが出題されているよ。発達段階においての特徴を把握しておこう。

運動機能の発達と保健

- 新生児は刺激に対して［ 原始反射 ］を行う。本人の意思ではなく反射的に起こる反応で成長に伴い徐々に消失する。

原始反射

反射の種類	内容	消失時期
［ 探索反射 ］	頬や口のまわりを指で触れるとそちらに顔を向けて探し、口を開けたりする反射	4か月頃
［ 吸啜反射 ］	口唇に触れると乳を吸う動作をする	6か月頃
［ モロー反射 ］	大きな音でビックリしたときや落ちると感じたときに起こる。腕は伸び、さらに抱きしめるような動きがある	4か月頃
［ 把握反射 ］	手のひらや足の裏を指で押すと、握るような動作をする	4か月頃
［ 自動歩行 ］	新生児の脇の下を支えて足底をつけると歩いているような動作をする	2か月頃
［ 非対称性緊張性頸反射 ］	背臥位のときに頭部を右もしくは左の方向（一つの方向）に向けると、顔の向いた側の手足は伸びて、反対側の手足は曲がっている姿勢（フェンシングの姿勢）をとる	5か月頃
［ バビンスキー反射 ］	足の裏をペンなどで刺激すると足の指は背屈し扇状に広がる	24か月頃

A ○：設問文の通りである。

7章 子どもの保健

原始反射の種類

■探索反射

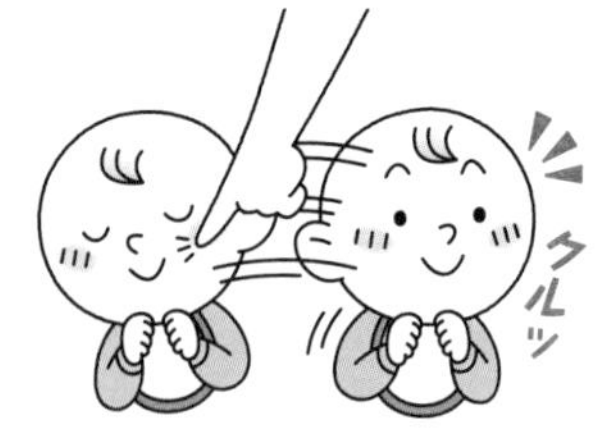

■モロー反射

■吸啜反射

■把握反射

■自動歩行

■非対称性緊張性頸反射

■バビンスキー反射

Q「はいはい」は、生後 10 〜 11 か月未満の乳児の 90%以上が可能である。(2018 後)

子どもの運動機能の発達

- 運動機能の発達は、以下のような一定の順序・方向性がある。
  ①[頭部]から[下方]へ　②身体の[中心]から[末梢]へ
  ③[粗大運動]から[微細運動]へ

粗大運動の発達

運動	時期※	運動の内容
首のすわり	[4〜5か月] 未満	仰向けにし、両手を持って、引き起こしたとき、首がついてくる。
寝返り	[6〜7か月] 未満	仰向けの状態から、自ら、うつぶせになることができる。
ひとりすわり	[9〜10か月] 未満	両手をつかず、1分以上座ることができる。
はいはい	[9〜10か月] 未満	両腕で体を支えて進む動作ができる。
つかまり立ち	[11〜12か月] 未満	物につかまって立つことができる。
つたい歩き	[1年2〜3か月頃]	手で何かにつかまっていれば移動できる。
ひとり歩き	[1年3〜4か月] 未満	立位の姿勢をとり、歩くことができる。

※90%以上の乳幼児が可能になる時期

微細運動の発達

- 微細運動の発達は、「手を[見つめる]→手を[伸ばしてつかむ]→左右の手で[物を持ちかえる]→小さいものを[つまむ]」の順で進む。

運動機能の発達の順序や方向性は頻出だよ。科目「保育の心理学」でも出題されるので必ず覚えておこう。

\ゴロで暗記!/ 首のすわり

首がすわってしっかり(4か月)

固定(5か月)

A ×：生後9〜10か月が正しい。

7章 子どもの保健

\ゴロで暗記!/ 寝返り

ムーンナイトに
(6～7か月)
寝返りする

\ゴロで暗記!/ はいはい

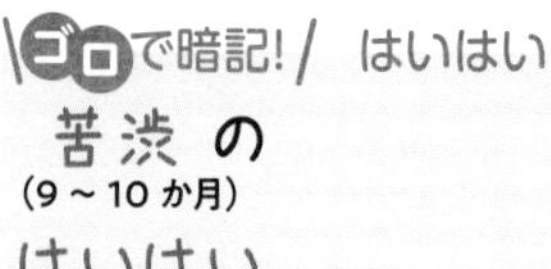

苦渋の
(9～10か月)
はいはい

\ゴロで暗記!/ つかまり立ち

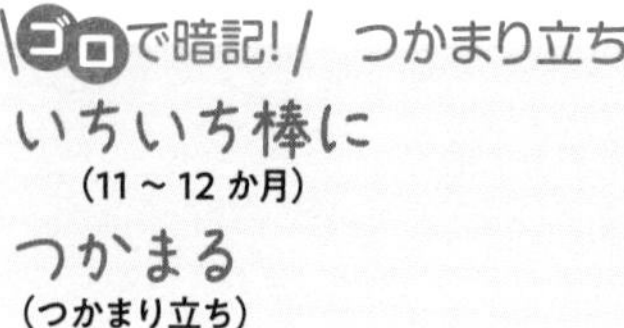

いちいち棒に
(11～12か月)
つかまる
(つかまり立ち)

\ゴロで暗記!/ ひとり歩き

ひとり歩きで行こう!
(15か月)
いろんなところ!
(16か月)

Q 反応性愛着障害の特徴的な行動の一つは、大人に対する恐れと過度の警戒である。(2016前)

子どもの心身の健康状態

子どもの生活環境と精神保健

児童虐待

- 虐待の定義や虐待についての対応等は、科目「子ども家庭福祉」(109ページ)を参照のこと。
- 身体的影響として、成長ホルモンの抑制による[成長不全]がみられることもある。
- 知的発達面への影響として、養育者が子どもの知的発達に必要なやりとりを行わない、年齢や発達レベルにそぐわない過大な要求をするなどにより、[知的発達を阻害]してしまうことがある。
- 心理的影響として、対人関係の障害、低い自己評価、行動コントロールの問題などがある。

虐待を受けた子どもの特徴

・不安、おびえ、うつ状態や[反応性愛着障害]がみられる。
・[発育]、[発達]の遅れがみられる。
・虐待の結果として、[揺さぶられっ子症候群]がみられることがある。
・創傷が多発し、[新旧の創傷]が混在している。
・[通常の事故では考えられない部位]に創傷がある。
・常に衣服が汚れている。
・痩せが目立ち、給食を大量に食べる。

反応性愛着障害

- 不適切な環境で育った子がみせる、視線を合わせない、近づいたり、逃げたり、逆らったりするという、大人に対する[恐れと過度の警戒]が特徴である。
- この障害の子どもには、[特定の愛着対象]が見出しにくい。
- この障害は、[親のひどい無視]、[虐待]や[深刻な養育過誤]の結果として起こりうる。

A ○:設問文の通りである。

子どもの心の健康とその課題

起立性調節障害

- 思春期に多く、[朝なかなか起きられない]、[立ち眩み] などの症状がある。
- [自律神経の失調] が関係している。
- 睡眠時刻の改善など、[生活習慣の改善] を行う。

神経性食欲不振症

- 一般に拒食症とも呼ばれ、極度のやせになり、女性の場合は [無月経] となる。
- [思春期の女子] に多く発症する。

過換気症候群（過呼吸）

- 強い不安などがきっかけとなり、速い呼吸が起こり、体内の [二酸化炭素] の過剰排出による意識障害、手足のしびれが起こる。
- 発作を起こした場合は、安心させ [呼吸を遅くし整える] ことで改善される。なお、[ペーパーバッグ法] は酸素が不足する危険がある。
- [身体的] 誘因と [心理的] 誘因があり、[思春期から20歳台] の女性に多くみられる。

過敏性腸症候群

- [下痢] や [便秘] を繰り返し、ガスがたまる症状。ストレスが原因のことが多く、[登校前の朝] などに症状が強く出ることがある。
- [ストレス解消] や [食生活の改善] が大切である。

神経性頻尿

- [精神的ストレス] や不安などの心理的な要素が大きく関係して起こる頻尿のことである。

チック症

- [心因性] に出現するくせで、突発的、急速、反復性、非律動性、常同的な [運動] あるいは [発声] であると定義される。
- [男児] に多い傾向がある。

Q 選択性緘黙は、言語能力が正常であるにもかかわらず、家庭、保育所等どのような場面でも話をしない。（2022 前）

- 単純運動チックでは[目のチック]が、単純音声チックでは[咳払い]が代表的な症状である。
- わいせつな言葉や社会的に受け入れられない言葉を発することがある。

吃音症（きつおんしょう）

- 話そうとするときに言葉が出てこなかったり、つまったりすることで、対人コミュニケーションに障害がみられる場合がある。
- 発声するときに顔面などの身体部分の運動を伴うことがある。
- 吃音は、大半は[6歳まで]にみられる。

選択性緘黙

- 選択性緘黙では、言語能力が[正常]にもかかわらず、[特定の場面]で話ができない。例えば家庭では話をするのに、保育所や学校では話ができないといったことがみられる。

強迫性障害

- 自分でもつまらないことだとわかっていても、そのことが頭から離れない、わかっていながら[何度も同じ確認]を繰り返してしまう。
- 症状としては、抑えようとしても抑えられない[強迫観念]と、それによる不安を打ち消すために無意味な行為を繰り返す[強迫行為]がある。

LGBT

- [性同一性障害]や[同性愛]などセクシュアル・マイノリティー(性的少数者)の一部の人々を指した総称のこと。
- 性別違和をもつ子どもは、おままごとで[異性]の服を身につけることを強く好んだり、ごっこ遊びにおいて、[反対のジェンダーの役割]を強く好んだりすることがある。

「過換気症候群」の対応について出題されたよ。対応としては、安心させて気持ちを落ち着かせることなんだ。

A ×：選択制緘黙はどのような場面でも話せないのではなく、特定の場面で話せなくなる。

04 子どもの疾病の予防及び適切な対応

子どもの健康状態の把握

- 一人ひとりの健康状態を把握することによって、保育所全体の子どもの疾病の発生状況を把握することができ、[早期]に疾病予防策を立てることに役立つ。
- 子どもの健康状態の把握は、[保育士]・嘱託医・嘱託歯科医が、定期的な健康診査等で把握するものである。
- 日々の健康観察では、子どもの、[心身の状態]をきめ細かに確認し、平常とは異なった状態を速やかに見つけだすことが重要である。

保護者との情報共有

- 健康診断を実施した場合、その結果を保育に活用するとともに、[保護者]に連絡する。
- 入園時に、出産した時の状態(出生体重や出生までの週数など)、予防接種歴、今までの病気や罹患歴、[アレルギー歴]、[かかりつけ医]の連絡先等を提出してもらう。

体調不良時の把握と対応

発熱

- 発熱とは、[38℃]以上の体温、または、平熱よりも[1℃]高い体温の状態のことを示すことが多い。
- 発熱は、[感染源]に対する防衛体制をつくる手段であるといわれており、熱があるからといって安易に解熱剤を投与してはいけない。
- すぐに解熱薬を用いるのではなく、ひたい、首すじなどを冷やす。
- 発熱すると脱水症状を起こしやすくなるため、[水分補給]を十分に行う。
- [嘔吐]、[下痢]、[咳]など他の症状がないかも注意する。
- 幼児期は、[環境温度]によって体温が左右されやすく、うつ熱を起こすこともあるので、着せすぎや室温にも注意する。冬は[暖かく]、夏は[涼しい]場所に寝かせ、換気を心がける。
- 幼児期は、発熱時に[熱性けいれん]を起こしやすい。

Q 子どもがけいれんを起こしたときは唾液等を誤嚥しないように仰向きにする。(2022後)

- 哺乳・食事の直後、泣いた後、体をよく動かした後などは、病気でない時でも熱が[高め]になることもある。
- 発熱が続くと、食欲が低下して水分もとらなくなることがある。

嘔吐

- 嘔吐した際は、仰向けに寝かせてはいけない。再び嘔吐した際に、嘔吐物が気道を塞ぎ窒息する可能性がある。
- [脱水症状]になることがあるので、嘔吐が[落ち着いたら]、少しずつ水分補給する。
- 嘔吐の原因として、ウイルス・細菌などの[感染症]の可能性もあり、感染予防のため適切な対応(231ページ)が求められる。
- 嘔吐が複数の子どもに同時期に突然発症した場合は、食中毒の可能性もあるため、検査のため[直前の食事]を保存しておく。
- 何をきっかけに吐いたのか(咳で吐いたか、吐き気があったか等)を確認する。
- うがいができる子どもの場合はうがいをさせる。

下痢

- 下痢の原因として、ウイルス・細菌などの[感染症]の可能性もあり、感染予防のため適切な対応(232ページ)が求められる。
- [脱水症状]を起こしやすいため、[水分補給]を行う。

けいれん

- けいれんは、全身または体の一部の筋肉が、[意思]とは関係なく発作的に収縮することをいう。
- 幼児期は、[熱性けいれん]を起こしやすい。
- 子どもがけいれんを起こした場合は、[横向き]に寝かせて衣類を緩め、けいれんの持続時間を測る。

子どもの代表的な疾患(感染症)

- ウイルスや細菌などの[病原体]が宿主(人や動物など)の体内に侵入し、発育または増殖することを「[感染]」といい、その結果、何らかの臨床症状が現れた状態を「[感染症]」という。

A ×:仰向きではなく、横向きにする。

- 病原体が体内に侵入してから症状が現れるまでにはある一定の期間があり、これを「[潜伏期間]」という。
- 潜伏期間は[病原体]によって異なり、乳幼児がかかりやすい[感染症]の[潜伏期間]を知っておくことが必要である。
- 主な感染経路には、接触感染、経口感染、空気感染、飛沫感染(咳やくしゃみなどのしぶきからの感染)がある。

主な感染症の特徴

病名	主な症状、原因など	感染経路
麻疹 (麻しん、はしか)	[発熱]、[咳]、[目やに]の症状から始まり、頬粘膜に白い斑点である[コプリック斑]が出る。再発熱してから、発疹が全身に広がる。	接触、空気、飛沫
風疹	[発熱]と[発疹]が同時に起こる。麻疹よりは症状が軽く、[3～4]日で改善する。妊娠初期に感染すると胎児に影響を及ぼす。	接触、飛沫
突発性発疹	38℃以上の高熱が3日ほど続き、解熱と同時に[体幹に発疹]が出現するのが特徴。[ヒトヘルペスウイルス]が原因。	不明
水痘 (みずぼうそう)	[発熱]と[発疹]が同時に起こる。 最初は小紅斑で、やがて丘疹となり水疱ができる。痂皮になると感染性はないものと考えられる。水痘が治癒した後、ウイルスが神経節に入り込み、抵抗力が落ちたときに、[神経に沿って痛み]を伴った発疹が出ることがある。これを、[帯状疱疹]と呼ぶ。	接触、空気、飛沫
手足口病	[手のひら]や[足裏]、[口腔]に水疱性発疹が現れる。コクサッキーウイルスやエンテロウイルスが原因。	接触、経口、飛沫
流行性耳下腺炎 (おたふくかぜ)	発熱、頭痛等があり、[耳下腺]が腫れて痛む。[ムンプスウイルス]が原因。	接触、飛沫
インフルエンザ	冬に流行する。突然の[高熱]、[悪寒]、[関節痛]が起こる。熱性けいれんなどの[意識障害]がみられることもある。 原因は[インフルエンザウイルス]であり、細菌(インフルエンザ菌)ではない。	接触、空気、飛沫
咽頭結膜熱 (プール熱)	[アデノウイルス]が原因で夏に流行する。 発熱、[目の充血]等の症状がある。	接触、飛沫

Q MRSA 感染症とは、ペニシリン製剤が無効であるブドウ球菌によって起こる感染症である。(2022 後)

ヘルパンギーナ	39℃以上の熱が1～3日続くと同時に、のどが赤く腫れて[小さな水疱]がたくさんできる。水疱は2～3日でつぶれて黄色い潰瘍になる。乳幼児は食欲不振から[脱水症状]を起こしやすくなる。コクサッキーウイルスやエンテロウイルスなどが原因。	接触、経口、飛沫
伝染性紅斑（リンゴ病）	[両頬（ほほ）]や両腕、両脚部に[レース状の紅斑]が出現する。発熱は軽度のことが多い。[ヒトパルボウイルス]が原因。妊娠前半期に感染すると胎児に影響を及ぼす。	接触、飛沫
乳幼児嘔吐下痢症（急性胃腸炎）	冬に流行し、[嘔吐]・発熱・腹痛・食欲不振が起こる。[脱水症状]になりやすいため[水分補給]が大切である。 嘔吐物には[感染症の原因となるウイルス]が含まれている場合があるので取り扱いには注意する。 便の色が白いときは、[ロタウイルス]が原因で、白色便にならない嘔吐下痢症は[アデノウイルス]か[ノロウイルス]が原因である。	接触、経口
ブドウ球菌感染症	[皮膚の炎症]で、感染して広がる「とびひ」がみられる。 病原体である[MRSA（メチシリン耐性黄色ブドウ球菌）]には有効な抗生物質がまだない。	接触、飛沫
溶連菌感染症	発熱、発疹、[のどの痛み]、[苺舌（いちごじた）]が特徴。 感染後にリウマチ熱などの合併症を引き起こすことがある。	経口、飛沫
百日咳	連続した咳と笛のような咳を繰り返す[レプリーゼ]という症状がみられる。 [4種混合ワクチン]で予防できるが、予防接種をしていない乳児では肺炎を引き起こすこともある。百日咳菌が原因である。	接触、飛沫
伝染性軟属腫（水いぼ）	子どもの皮膚に感染する水疱疹。 水いぼを左右から押すと、中央から白色の粥状の物質が排出され、この中に[ポックスウイルス]という病原体が存在する。自然経過で治癒することもある。	接触

（つづく）

A ○：設問文の通りである。

新型コロナウイルス感染症（COVID-19）	感染経路は飛沫感染が主で接触感染もある。潜伏期間は1～14日間で､[無症状感染]が8割。 症状は、発熱、呼吸器症状、頭痛、倦怠感で消化器症状や味覚・嗅覚障害になることもある。 大人数や長時間に及ぶ飲食や、マスクなしに近距離で会話をすること、狭い空間での共同生活、仕事での休憩時間に入った時などの居場所の切り替わりなどは感染リスクが高まることがあるとされる。	接触、飛沫
頭ジラミ	集団で同じシーツで寝たり、同じタオルを使用すると感染することがあり、成虫になるとかゆみが出る。 感染予防には、髪を短くしたり、シーツ、タオルの洗濯なども大切である。	接触

\ゴロで暗記!/ 麻疹（はしか）

コップ（コプリック斑）を片手に
マシンガントーク（麻疹）

\ゴロで暗記!/ 流行性耳下腺炎（おたふくかぜ）

ムッ、プスプス（ムンプスウイルス）
怒って頬膨らむおたふく（おたふくかぜ）

\ゴロで暗記!/ 咽頭結膜熱（プール熱）

プールで熱?（プール熱）
ア～でたのウイルス!（アデノウイルス）

\ゴロで暗記!/ 溶連菌感染症

イチゴ（苺舌）を食べる時は
要連絡（溶連菌感染症）

Q アトピー性皮膚炎のある園児は、プールに入れない。（2019 前）

子どもの代表的な疾患（アレルギー疾患）

- アレルギーとは、人体に不利に働いた免疫反応のことをいい、アレルギー反応を引き起こす原因物質を[アレルゲン]と呼ぶ。
- 本来なら反応しなくてもよい無害なものに対する過剰な免疫反応と捉えることができる。
- IgE抗体を産生しやすい、本人もしくは親兄弟に気管支喘息やアトピー性皮膚炎、あるいはアレルギー性鼻炎がみられるなど、アレルギーを起こしやすい体質のことを[アトピー素因]という。

食物アレルギー

- ある特定の食物を食べると、食べた後に嘔吐や下痢、[じんましん]などの皮膚症状が出ること。食物アレルギーにより引き起こされる症状には、[皮膚症状]、[消化器症状]、[呼吸器症状]などがある。
- 乳幼児の主なアレルゲンとしては、[牛乳]、[卵]、[小麦]の[三大アレルゲン]がある。
- アレルギー表示義務のあるものを「特定原材料」と呼び、[乳・卵・小麦・そば・落花生・えび・かに]の7品目が指定されている。
- 学童より[0、1、2]歳児の方が食物アレルギー児は多い。

アトピー性皮膚炎

- 遺伝的要因やアレルギー疾患等、[様々な要因]がからみあって発症する皮膚炎のことで、症状の特徴はかゆみである。
- 皮膚にかゆみのある湿疹が出たり、治ったりを[繰り返す]。
- アトピー性皮膚炎の園児も[プールに入れる]が、プール後はよくシャワーで体をすすぐ。
- アトピー性皮膚炎の子どもの[皮膚のバリア機能]は低下している。

気管支喘息

- [気管支喘息]の発作としてアレルギー反応による呼吸困難がみられる。
- 発作が起きたときは[水分補給]し、腹式呼吸をさせる。

A ×：入れるがプール後は十分シャワーで体をすすぐ。

アナフィラキシー

- アレルギー反応により、[皮膚症状]、[消化器症状]、[呼吸器症状]が、複数同時かつ急激に出現した状態をいう。
- 原因物質との接触[30分]以内に起こり、疑われるときは、急いで救急病院へ搬送する。
- 過去にアナフィラキシーを起こしたことがある場合は、[アドレナリン自己注射薬(エピペン)]をすぐに使用する必要がある。
- [血圧]が低下し意識レベルの低下や脱力等をきたすような場合を、特にアナフィラキシーショックと呼び、直ちに対応しないと生命にかかわる重篤な状態を意味する。

保育所等での対応

- 原則として[完全除去食]を使用し、可能な限り他の子どもと同じテーブルで食事ができるように配慮する。
- 保育所等では、職員、保護者、主治医と十分な[連携]をとる。
- 食物アレルギーの原因として保育所で除去されている食物のうち最も頻度の高いものは[鶏卵]であり、次いで[乳製品]である。
- 慢性疾患の子どもの薬を預かる時は、保護者に医師名、薬の種類、服用方法等を具体的に記載した[与薬依頼票]を持参させる。
- アレルギー疾患と診断された園児が、保育所の生活において特別な配慮や管理が必要となった場合は[生活管理指導表]を作成する。

子どもの代表的な疾患(神経性疾患)

脳性麻痺

- 脳の運動機能に障害が生じたものをいい、生後[2年]頃までに発現する。
- 症状として、[筋緊張の異常]、[姿勢の異常]、[言語障害]、[けいれん]等があり、[知的障害]を合併していることもある。

てんかん

- 発作的に[けいれん]、意識障害を反復して起こすものをいう。
- 脳に受けた外傷などで起こるものもあれば、原因不明のこともある。

Q「保育所におけるアレルギー対応ガイドライン(2019 年改訂版)」(厚生労働省)に食物アレルギー児それぞれのニーズに細かく応えるため、食物除去は様々な除去法に対応するとある。(2022 後)

- [抗けいれん薬] の服用によって、けいれん発作がなければ、日常生活の活動を制限する必要はない。

精神遅滞(知的障害)

- 知的発達の障害の総称であり、発達期の[18歳] 未満に発症したもの。
- 知的指数IQが[70] 以下であることが診断基準となる。

発達障害

- 発達障害者支援法では、発達障害は「自閉症、アスペルガー症候群その他の[広汎性発達障害]、[学習障害]、[注意欠陥多動性障害] その他これに類する脳機能の障害であってその症状が通常低年齢において発現するもの」とされている。

発達障害の分類

自閉スペクトラム症(広汎性発達障害)
・自閉症スペクトラム障害とは、[自閉症] やアスペルガー症候群などの[対人的関係障害] や[コミュニケーションの難しさ]、[独特なこだわり] があるものの総称をいう。 ・[アスペルガー症候群] では知的発達や言語機能に遅れはみられない。 ・自閉症スペクトラム障害は[3歳] 頃までに気付かれることが多い。 ・日常生活では、作業手順を言葉ではなく、[絵] や[写真] で示すようにし、パニックになったときは、[気持ちが落ち着ける空間] を用意する。
注意欠如・多動症(注意欠陥多動性障害(ADHD))
・知的発達は正常だが、年齢や発達に不釣り合いな[多動性]、[不注意]、[衝動性] がみられる。 ・[落ち着きのなさ] から保育者に叱られることが多くなるため、[自尊感情] を傷つけられることによる二次障害が起こらないよう配慮が必要である。 ・視覚や聴覚などの[刺激に過敏] な場合が多いのでそうした刺激の少ない環境づくりを心がける。 ・事前に[予定を示したり、順序を伝えたり] すると行動しやすくなる。 ・有効な[薬物療法] がある。
限局性学習症(SLD)(学習障害(LD))
・知的発達に遅れはないものの、「[聞く]、[話す]、[読む]、[書く]、[計算する]、[推論する]」のいずれかが困難な状態である。 ・脳の[機能性障害] によるものと考えられているが、学校での[個別配慮] が必要となる。

A ×：食物除去は、安全な給食提供の観点から、原因食品の完全除去を基本とする。

DSM-5という世界的な診断基準が発表されて医学の世界では、発達障害に関する名称が変わったんだよね。

大まかには、広汎性発達障害→自閉スペクトラム症、注意欠陥多動性障害→注意欠如・多動症、学習障害→限局性学習症、と名前が変わったんだ。どちらで出題されても大丈夫なように覚えておこうね。

子どもの代表的な疾患(内分泌疾患)

糖尿病

- [血糖値] が適正範囲を超えて上昇した状況が慢性的に続く症状。多尿・多飲・倦怠感などの症状が現れる。
- 血糖値を低下させるインスリンをつくる機能が失われる[1型糖尿病] と、インスリンが出にくくなったり効きにくくなる[2型糖尿病] がある。

糖尿病の種類

1型糖尿病	[子ども] に多く、治療には[インスリン] の投与が行われる。
2型糖尿病	[生活習慣病] ともいわれ、成人に多い。発症が緩慢であるために発見されにくい。家族にも同じような傾向があるが、過食や運動不足などに起因することが考えられており、日常生活習慣の見直しが予防・治療につながる。

その他の疾患

川崎病(MCLS)

- [1歳前後] の子どもに多く、発熱や発疹、口唇発赤、眼球結膜の充血などの症状がみられ、最も注意するのは、[冠動脈] に病的な変化を起こすことであり、後遺症が残る場合には長期の管理が必要となる。

腸重積症

- 間欠的腹痛(突然泣き出し、しばらく泣き続けた後いったん泣き止んでうとうとするなどの状況を繰り返す)、嘔吐、イチゴゼリー状の[血便] が見られ、時間経過とともに腸管の血流障害が進行する。

Q「学校保健安全法施行規則」によると流行性耳下腺炎の出席停止期間は「耳下腺、顎下腺又は舌下腺の腫脹が発現した後3日を経過し、かつ、全身症状が良好になるまで」である。(2020　後)

胆道閉鎖症

- 新生児期から乳児早期に出現する。[黄疸]と[白色便]が見られる。早期発見のため[母子健康手帳]にカラー印刷の便色カードが挿入されている。

(先天性)心室中隔欠損症

- 医師の診断により症状の程度が低いとされた場合は、経過観察しながら、健常児と同じような生活をさせてよい。う歯(虫歯)により歯根が炎症を起こすと感染の危険が増すので[う歯予防と治療]が大切となる。

集団生活における感染症の予防

- 感染症が園内・学校内に広がることを防ぐため、疾患によって出席停止期間が設けられている。
- 出席停止の日数の数え方は、その現象がみられた日(発症した日、解熱した日)は数えずにその翌日を[第1日]とする。

手洗いの方法(「2018 年改訂版　保育所における感染症対策ガイドライン」より作成)

・液体石けんを泡立て、[手のひら]をよくこする。
・手の甲を伸ばすようにこすり、[指先]、[つめの間]を念入りにこする。
・[両指]を合体し、[指の間]を洗い、[親指]を反対の手で握り、[ねじり洗い]をする。
・[手首]も洗った後で、最後に[よくすすぎ]、その後[よく乾燥]させる。

出席停止の基準

病名	基準
インフルエンザ	発症した後[5日を経過]し、かつ[解熱後2日(幼児は3日)]を経過するまで。
百日咳	[特有の咳]が消失するまで、または[5日間]の[抗生物質(抗菌薬)投与]による治療完了まで。
麻疹(はしか)	[解熱後3日]を経過するまで。
風疹	[発疹]が消えるまで。
流行性耳下腺炎(おたふくかぜ)	発症後[5日]経過し、かつ[全身状態]が良好になるまで。
咽頭結膜熱	[主要症状]が消えた後、[2日経過]するまで。
結核・髄膜炎菌性髄膜炎	学校医が、[感染の恐れがない]と認めるまで。

A ×：発症後（耳下腺、顎下腺又は舌下腺の腫脹が発現した後）５日を経過し、かつ、全身状態が良好になるまで、と記載されている。

\ゴロで暗記!/ 幼児のインフルエンザの出席停止基準

いつか 発熱 したら
(5日) (発熱後)

解熱 剤が みつ かる
(解熱後) (3日)

\ゴロで暗記!/ 麻疹の出席停止期間

解熱後3日

まーしんどい
(麻しん)

\ゴロで暗記!/ 風疹の出席停止期間

ふぅーっと
(風疹)

発疹が消えるまで
(発疹が消失するまで)

\ゴロで暗記!/ 水痘の出席停止期間

水筒が 痂皮(かひ) する
(水痘) (痂皮化するまで)

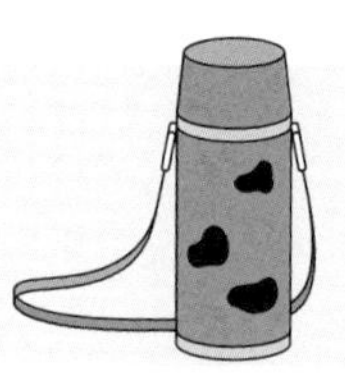

下痢・嘔吐発生時の対処

- 感染症の[原因となるウイルス]が含まれている場合があるので取り扱いには注意し、[処理する人]以外、周囲に近づけない。
- 嘔吐した児童がいる場合、すぐに処理できるよう[処理備品セット]を用意しておき、[処理方法]を熟知しておくこと。
- 処理時のエプロン・マスク・手袋・ペーパータオル等は[使い捨て]のものを使用する。
- 処理する際、[塩素系洗剤](次亜塩素酸ナトリウムなど)を使用する。
- 処理中・処理後には、ウイルスの粒子が室内に漂っており、感染の可能性が高まるため、十分に[換気]を行い、感染拡散防止に努める。

Q「保育所における感染症対策ガイドライン(2018年改訂版 2021年一部改訂)」(厚生労働省)によるとドアノブや手すり等は、清潔な布でから拭きするとある。(2022後)

嘔吐物処理の方法

消毒の方法

エタノール	遊具やドアノブ等の環境、手指の消毒に使用。濃度70%のものが最も殺菌効果があるといわれている。長時間［ゴム製品］を浸すと劣化してしまう。［ノロウイルス］や［ロタウイルス］には効果がない。
次亜塩素酸ナトリウム	市販の溶液を希釈し、遊具やドアノブ等の環境に使用。手指の消毒には刺激が強いため使用しない。使用する際は換気を十分に行い、［金属］には使用しない。［ノロウイルス］や［ロタウイルス］にも効果があるため、嘔吐物や下痢便が付着した場所にも使用する。

\ゴロで暗記!/ 次亜塩素酸

ノロノロ 次亜塩素酸 で
（ノロウイルス） （次亜塩素酸ナトリウム）
消毒する

A ×：水拭きした後、エタノールなどのアルコール等による消毒を行うとよいとされる。

予防接種

- 予防接種とは、ワクチンを用いて人体には害を与えないようにしながら特定の病気に対する[免疫]を付与しようとするものである。
- ワクチンには、体内で増殖はするものの発症はさせないように弱毒化した病原体を用いる[生ワクチン]がある。
- 日本では予防接種の制度上、[定期接種]をするものと[任意接種]であるものに分けられる。
- 予防接種前の体温は、接種場所の医療機関で測定し、[37.5℃以上]では明らかな発熱者として接種を中止する。

予防接種の種類

分類	対応感染症
[定期接種]（公費負担）	BCG（結核）、4種混合（ポリオ、百日咳、ジフテリア、破傷風）、MR（麻疹、風疹）、水痘（みずぼうそう）、日本脳炎、Hib（ヒブ）感染症、B型肝炎、ロタウイルス、など
[任意接種]（自費負担）	インフルエンザ、おたふくかぜ、A型肝炎、など

ワクチンの種類

種類	説明
[生ワクチン]	弱毒化した病原体を接種するワクチン。 接種した場合は、次の接種まで[27日]以上空ける。
[不活化ワクチン]	病原体や毒素を不活化したものを接種するワクチン。
[トキソイド]	毒素を無毒化したワクチン。
[mRNAワクチン]	ウイルスのたんぱく質をつくるもとになる遺伝情報（mRNA）を接種するワクチン。一部の新型コロナウイルスワクチンが該当する。

BCG

- [結核予防]の生ワクチンで、接種後1か月後に赤く腫れ、その後、かさぶた状になる。
- [1歳]までに接種する。

Q　4種混合ワクチンは、ジフテリア・百日咳・ポリオ・破傷風の生ワクチンである。（2016前）

4種混合ワクチン（DPT-IPV）

- [ジフテリア]、[百日咳]、[ポリオ]、[破傷風] の4種類を混合した不活化ワクチン。

MRワクチン

- [麻疹（はしか）] と [風疹] を混合した生ワクチン。
- 1歳と小学校入学前1年の、[2回] 接種する。

「予防接種」について、種類や機能について出題されているよ。種類ごとに分けて覚えよう！

\ゴロで暗記!/ 4種混合ワクチン（DPT-IPV）

百日（百日咳） で 発祥（破傷風） の地まで
あと 10歩（ジフテリア・ポリオ）

4種混合ワクチン発祥
あと10歩!!
スタートから100日後

\ゴロで暗記!/ 生ワクチンの接種間隔

生（生ワクチン） の ツナ（27日）

\ゴロで暗記!/ 任意接種

任意（任意接種） で 服（おたふくかぜ） の
インフルエンサー（インフルエンザ） になる

A ×：4種混合ワクチンは、不活化ワクチンである。

予防接種推奨スケジュール

	ワクチン	種類	標準的な接種年齢	回数
定期接種	インフルエンザ菌b型(ヒブワクチン)	不活化	初回：生後2～7か月 追加：12～18か月	初回：3回 追加：1回
	肺炎球菌(PCV13)	不活化	生後2～7か月、 生後12～15か月	初回3回 追加1回
	B型肝炎	不活化	生後2、3、8か月	3回
	4種混合ワクチン	不活化	1期初回：3～12か月 1期追加：初回終了後6か月おく 2期：11歳以上13歳未満	1期初回：3回 1期追加：1回 2期：1回
	2種混合(DT)	不活化	2期：11歳以上13歳未満	2期：1回
	日本脳炎	不活化	1期：3歳、4歳 2期：9歳	1期：3歳2回、4歳1回 2期：1回
	ヒトパピローマウイルス(HPV)	不活化	小学6年生～高校1年生相当年齢の女子	3回
	BCG	生	生後5～8か月	1回
	麻しん風しん混合(MRワクチン)	生	1期：生後12～24か月 2期：5歳以上7歳未満	1期：1回 2期：1回
	水痘	生	生後12～36か月	2回
	ロタウイルス	生	生後2～6か月	2回
任意接種	流行性耳下腺炎(おたふくかぜ)	生	1歳以上の未罹患者	1回
	インフルエンザ	不活化	全年齢(B類の対象者除く)	1～2回

ヒブ(インフルエンザ菌b型)ワクチンは、インフルエンザウイルスに対するワクチンじゃないんだよ。

Q B型肝炎ワクチンの定期接種（ユニバーサルワクチン）は、出生直後に開始し合計3回接種する。（2019後）

05 子どもの健康と安全

衛生管理の基本

- テーブル、トイレ、洗面所、木浴室、ドアノブ、玩具などは[消毒液]で拭くことが大切である。
- 手洗い後の手拭きには、[個人用タオル]か[使い捨てのペーパータオル]などを使用し衛生面に配慮する。
- 日頃から清掃、消毒等に関する[マニュアル]を活用し、常に清潔な保育環境を保つようにする。
- 子どもの環境における[安全点検表]を作成し、施設、設備、遊具、玩具、用具、園庭等を[定期的に点検]する。
- 火災や地震等の災害発生に備え、[避難訓練計画]、[職員の役割分担の確認]、[緊急時の対応]等についてマニュアルを作成する。
- 施設の出入り口や廊下、非常階段等の近くには物を置かない。
- 学校環境衛生基準によると教室の音は、窓を閉めている状態で等価騒音レベルがLAeq50dB 以下であることが望ましく、目安としては「[普通に会話できる]」状態である。
- 蚊の発生予防対策として、[水がたまる]ような空き容器や植木鉢の皿、廃棄物等を撤去するなど、蚊の幼虫（ボウフラ）が生息する[水場]をなくすようにする。

屋外の衛生管理

砂場

- 定期的に[掘り返して]点検し、動物の糞尿やゴミなどの異物を除去、消毒する。
- 砂遊びの後はよく[手洗い]をさせる。

プール

- 事故防止のため、使用していない際は、[柵]や[カバー]をかける。
- 感染防止のため、プール後の[タオル]を共用しないように注意する。

A ×：出生直後ではなく、生後 2 か月後から接種を開始する。

- プール指導等を行う者と監視を行う者を分けて配置し、監視者は[監視に専念]する。

「教育・保育施設等における事故防止及び事故発生時の対応のためのガイドライン【事故防止のための取組み】～施設・事業者向け～」(平成28年3月内閣府)

> 「プール活動・水遊びの際に注意すべきポイント」
> ・監視者は[監視]に専念する。
> ・監視エリア全域をくまなく監視する。
> ・[動かない]子どもや[不自然な動き]をしている子どもを見つける。
> ・十分な監視体制が確保できない場合は、プール活動の[中止]も選択肢とする。
> ・[時間的余裕]をもってプール活動を行う。

子どもの事故の特徴

- 0～4歳では[先天奇形等]による死亡が最も多く、5～14歳では[悪性新生物(腫瘍)]が最も多い。
- 子どもの頭部外傷の原因は、[転倒]、[転落]や[交通事故]が多い。
- 虐待がある可能性も考慮し、事故の状況に関する保護者の[説明があいまい]な場合は注意を要する。
- 0～1歳までの溺水の多くは、[家庭の浴槽]で起こっており、保護者への指導が重要である。幼児期以降、年齢が高くなると、[プール]や湖・海・川など[野外での溺水]が多くなる。
- 乳児期後半から、いろいろな物に興味を示し、[手で触れるものを口へ運ぶ]ため、[誤飲・誤嚥(ごえん)]の事故を起こしやすい。乳幼児の[手の届く]範囲に、原因となる物を置かないようにする。

食事の介助

- 食べ物を[飲み込んだこと]を確認する(口の中に残っていないか注意する)。
- 口の中が潤っていると飲み込みやすくなるため、汁物などの水分を適切に与える。
- 食事中に[眠くなっていないか]注意する。
- 誤嚥のリスクを減らすため、[座っている姿勢]にも注意する。

Q 食事の際に重大事故が発生しやすい場面を防ぐために、汁物などの水分は、食べた後に、まとめて与える。(2021 後)

「誤飲」について、乳幼児が何を誤飲しやすいか出題されたよ。統計データの発表年によって順位が変わることがあるから、最新のデータを確認しておこう。

保育所における安全管理

- 保育所で事故が起きたら、その様子や行った処置を[記録]し、必要に応じて[事故報告書]を作成する。
- あと一歩で事故になるところであったという[ヒヤリ・ハット(できごと)]を記録・分析し、[保育者間]で情報や経験を共有し、話し合う機会をもつ。
- 保育所ではAED(自動体外式除細動器)の設置が[推奨]されており、保育者は、AEDについて日頃から[研修の機会]を設けて訓練しておく。
- AEDは音声メッセージやランプによって[手順を誘導]してくれるため、保育所においても必要なときには[躊躇せず使用]する。
- AEDの小児用電極パッドがない時は大人用電極パッドを、パッド同士が重ならないように使用する。

安全への配慮

- 子どもの年齢や発育段階に適した[遊具]や[遊び]を選択させるなど、配慮が必要。
- 転落、転倒しやすい[服装]をさせない。
- [フード付きの洋服]や[アクセサリー]も事故の原因になるため、注意する。

安全教育

- 安全教育は、子どもの特性に配慮しながら行う。

[身体的特性]	子どもが自分で状況に応じて、身体を動かし、危険回避できるようにする。
[知的特性]	子どもの好奇心を大切にしながら、危険に対する注意力を身につけるようにする。
[精神的特性]	臆病になりすぎないよう、危険を理解させ、慎重な行動をするように指導する。

A ×：飲み込みやすくするためにも、食事中に水分を適切に与える必要がある。

- [交通安全教育] では、交通ルールやマナーをわかりやすく、反復して教える。
- [避難訓練] では、火災や地震を想定した訓練を定期的に行う。
- [防犯指導] は、施錠の重要性や不審者の対応などを伝える。

傷害時の応急処置

出血

①清潔な[ガーゼで圧迫] する。
②それでも出血が続くなら、傷口より[心臓部に近い箇所を圧迫] する。
③それでも止血しないときは、出血している箇所を[心臓よりも高く] する。

鼻血

①[鼻をつまんで下] を向かせる。②[鼻頭] を冷やす。

切り傷、刺し傷、擦り傷

①傷からの[感染防止] のため、傷口を[流水] で洗い汚れをとる。
②傷口が大きい場合は、[滅菌ガーゼ] で保護する。

骨折、脱臼

- 局所を冷やし、[関節を動かないよう] に固定し、医療機関を受診する。

頭部打撲

- 打撲後に元気であれば問題ないと考えられるが、[1日は様子をみる] 。
- [ぐったり] していたり、[呼吸] がおかしかったり、[顔色が悪い] ときは救急車を呼ぶ。
- 頭を打った後に嘔吐をした場合、[脳神経外科] のある病院を受診する。

やけど

- 10〜15分ほど[流水] か[保冷剤] で冷やす。
- 衣服が[皮膚に付いている] 場合は、脱がせずに水などで十分冷やす。

誤飲

- [電池] や[タバコ] などを誤飲した場合は、直ちに嘔吐させ、医療機関

Q　7月の炎天下の中、散歩中に真っ赤な顔をして気持ち悪そうにしていたので声をかけたが、意識がもうろうとして返事をしなかった場合、保護者に連絡するだけでなく医療機関への緊急搬送が必要である。（2022後）

を受診させる。

- 次亜塩素酸ナトリウムを含んだ塩素系漂白剤の希釈液を少量誤飲した場合は、口の中をよく洗い、食道や胃粘膜を保護するためにコップ1杯程度の[牛乳]または水、あるいは卵白を飲ませて様子をみる。
- 次亜塩素酸ナトリウムを含んだ塩素系漂白剤の原液を誤飲した場合、または、希釈液を多量に誤飲した場合は、上記の対応を行った後に、ただちに医療機関を受診する。なお、嘔吐物が逆流して再度粘膜を刺激したり、肺に入る危険性があるため、[吐かせては] いけない。

熱中症

- 涼しいところに連れて行き、[塩分を含む水] を補給する。
- [衣服を脱がせ]、水分が含まれたもので[体を拭き]、救急車を呼ぶ。
- なお、熱中症は屋外だけでなく室内やプールでも起きる。
- 熱中症予防には、[気温]、[湿度]、[日射・輻射]、[気流] を加味した暑さ指数が参考になる。

事故や災害と精神保健

- 地震、津波などの[自然災害]、交通事故、火災などの[人為的災害]などに巻き込まれたときは、子どもの[精神保健] に対し、配慮が必要となる。
- 心的外傷後ストレス障害(PTSD)とは、事故、災害、暴力など強いショックが心のダメージとなり、[不眠]、[食欲不振] などの症状を引き起こすことである。
- 心的外傷後ストレス障害(PTSD)を受けた子どもは、できごとを、[遊びで再演] する場合がある。

被災後の乳幼児の様子や配慮

- 被災後の幼児には、[赤ちゃん返り]、[食欲低下]、[落ち着きがない]、[無気力]、[無感動]、[無表情] などいつもの子どもと異なった行動がみられることがある。
- 被災後の乳児に気になる行動がみられる場合、[大人が落ち着いた時間] をもち、話しかけたり、[スキンシップ] をとることが大切である。

A ○:設問文の通りである。

06 保育における保健活動の計画及び評価

保健計画の作成と活用

- 計画作成には、[全職員] の [共通理解] を深め、協力体制づくりを行うことが必要。また、[地域の保健医療] の課題や動向を把握することも大切。
- 計画は、子どもへの配慮を [クラスごと] や [月齢別] に作成する。
- [健康上の配慮が必要な子ども] や [障害のある子ども] に対しては、一人ひとりに対応した計画が必要である。

保育所保育指針　第3章1「子どもの健康支援」(2) 健康増進

ア 子どもの健康に関する保健計画を [全体的な計画] に基づいて作成し、全職員がそのねらいや内容を踏まえ、一人一人の子どもの [健康の保持及び増進] に努めていくこと。

イ 子どもの心身の健康状態や疾病等の把握のために、嘱託医等により [定期的に健康診断] を行い、その [結果を記録] し、保育に活用するとともに、保護者が子どもの状態を理解し、[日常生活] に活用できるようにすること。

子どもの健康状態の把握

- [新生児マススクリーニング検査] は、新生児における [先天性代謝異常] などの疾患やその疑いを早期に発見し、[発病する前から] 治療ができるようにすることを目的とした検査のこと。
- 新生児期に発見できる永続的な聴覚障害の頻度は、出生1,000人に約1～2人であり、[新生児聴覚スクリーニング] で発見されることが多い。
- 健康診査については、科目「子ども家庭福祉」107ページを参照。

ゴロで暗記!　出生時健診

全員 で コーヒー をこぼしたら
(全員・公費)
まずクリーニング
(マススクリーニング)

Q 生後5～7日目の新生児から少量の血液を採取し、アミノ酸や糖質の代謝異常、甲状腺や副腎の内分泌疾患の有無を検査する一般的な新生児マススクリーニングは、希望者のみに自費で実施されている。(2017 前)

母子保健対策と保育

母子保健の歴史変遷

- 1937(昭和12)年[保健所法]により全国に保健所が設置されたことに始まり、母子保健の向上が推進され、母子の死亡率減少を目標とした母子保健から、健康増進や心の健康づくり、[子育て支援]に重心が置かれるようになっていった。

母子保健の変遷

年	概要
1937(昭和12)年	「保健所法」制定
1965(昭和40)年	「母子保健法」制定により[母子健康手帳]の交付
2000(平成12)年	[健やか親子21]策定
2015(平成27)年	「健やか親子21」(第2次)開始

健やか親子21

- 2015(平成27)年度からは、現状の課題を踏まえた上での新たな計画として、「健やか親子21(第二次)」が開始された。

健やか親子21(第二次)における課題

基礎課題	1	切れ目ない[妊産婦・乳幼児]への保健対策
	2	[学童期・思春期]から[成人期]に向けた保健対策
	3	子どもの健やかな成長を見守り育む[地域づくり]
重要課題	1	[育てにくさを]感じる親に寄り添う支援
	2	妊娠期からの[児童虐待防止対策]

保育所が連携や協働する地域の関係機関

- [地域保健法]による保健所は、都道府県や指定都市など広域・専門的サービスを行い、市町村の保健センターは住民に身近な保健サービスを提供している。

A ×：新生児マススクリーニングは、全員に公費で実施されている。

- 妊娠期から子育て期のサービスを担う[子育て世代包括支援センター]は、市町村などに設置して身近な相談窓口になるように進められている。
- 生後4か月までの[乳児家庭全戸訪問事業]は、育児不安への相談、養育環境の把握等のために行われている「児童福祉法」による事業であり、[保育士]も訪問ができる。
- 保育所で発育・発達等の健康状態について気がかりなことがある場合は、乳幼児健康診査(乳幼児健診)の前に[市町村]に連絡し情報交換をすることがある。
- 児童虐待対応の一環として、乳幼児健康診査を受けなかった者には家庭訪問等により[受診勧奨]が行われている。

母子健康手帳

- [母子保健法]に基づく施策であり、実施主体は[市町村]である。
- 母子健康手帳には、[妊娠・出産の状態]、子どもの発育、[健康診断の結果]などを記録する。
- 2012(平成24)年度新様式では、[乳幼児身体発育曲線]が改訂された。
- 手帳にある身長体重曲線は、横軸に身長、縦軸に体重が示されており、[年齢]の記載はない。
- 2012(平成24)年度新様式では、[便色の確認の記録(便色カード)]のページが設けられた。

医療的ケア

- 医療的ケアとは、学校や在宅等で日常的に行われている、[口腔内吸引]、[気管カニューレ内吸引]、[自己導尿]の介助、[経管栄養]等の医行為を指す。
- 一定の研修を修了し、認定特定行為業務従事者と認定されることで、医師ではなくても医療的ケアが可能になる。
- 2021(令和3)年に[医療的ケア児支援法]が可決し、医療的ケア児が医療的ケア児でない児童とともに教育を受けられるよう最大限に配慮するなど、医療的ケア児、及び、その家族に対する支援をすることが[国・自治体]の責務とされた。

第8章
子どもの食と栄養

子どもの健康と食生活の意義

食生活に関する国の指針・ガイドブック

- 国民一人ひとりが健全な食生活を実践できるよう[食生活指針]が作成されている。
- 食生活指針を具体的な行動に結びつけるために、「1日に、何を、どれだけ食べたらよいか」を示したものが[食事バランスガイド]である。
- [妊産婦]に対しては、上記とは別個に[妊娠前からはじめる妊産婦のための食生活指針]が作成されている。
- 子どもの食育については、[楽しく食べる子どもに～食からはじまる健やかガイド]が作成されている。

食生活指針（文部科学省・厚生労働省・農林水産省）

[食事を楽しみましょう] ・毎日の食事で、健康寿命をのばしましょう ・おいしい食事を、味わいながらゆっくりよく噛んでたべましょう ・家族の団らんや人との交流を大切に、また、食事づくりに参加しましょう
[1日の食事のリズムから、健やかな生活リズムを] ・朝食で、いきいきした1日を始めましょう ・夜食や間食はとりすぎないようにしましょう ・飲酒はほどほどにしましょう
[適度な運動とバランスのよい食事で、適正体重の維持を] ・普段から体重を量り、食事量に気をつけましょう ・普段から意識して身体を動かすようにしましょう ・無理な減量はやめましょう ・特に若年女性のやせ、高齢者の低栄養にも気をつけましょう
[主食、主菜、副菜を基本に、食事のバランスを] ・多様な食品を組み合わせましょう ・調理方法が偏らないようにしましょう ・手作りと外食や加工食品・調理食品を上手に組み合わせましょう
[ごはんなどの穀類をしっかりと] ・穀類を毎食とって、糖質からのエネルギー摂取を適正に保ちましょう ・日本の気候・風土に適している米などの穀類を利用しましょう

Q「食生活指針」の「食生活指針の実践」の一部として牛乳・乳製品、緑黄色野菜、豆類、小魚などで、糖質・脂質を十分にとりましょうとある。（2022 後）

[野菜・果物、牛乳・乳製品、豆類、魚なども組み合わせて] ・たっぷり野菜と毎日の果物で、ビタミン、ミネラル、食物繊維をとりましょう ・牛乳・乳製品、緑黄色野菜、豆類、小魚などで、カルシウムを十分にとりましょう
[食塩は控えめに、脂肪は質と量を考えて] ・食塩の多い食品や料理を控えめにしましょう。食塩摂取量の目標値は、男性で1日8g未満、女性で7g未満とされています ・動物、植物、魚由来の脂肪をバランスよくとりましょう ・栄養成分表示を見て、食品や外食を選ぶ習慣を身につけましょう
[日本の食文化や地域の産物を活かし、郷土の味の継承を] ・「和食」をはじめとした日本の食文化を大切にして、日々の食生活に活かしましょう ・地域の産物や旬の素材を使うとともに、行事食を取り入れながら、自然の恵みや四季の変化を楽しみましょう ・食材に関する知識や調理技術を身につけましょう ・地域や家庭で受け継がれてきた料理や作法を伝えていきましょう
[食料資源を大切に、無駄や廃棄の少ない食生活を] ・まだ食べられるのに廃棄されている食品ロスを減らしましょう ・調理や保存を上手にして、食べ残しのない適量を心がけましょう ・賞味期限や消費期限を考えて利用しましょう
[「食」に関する理解を深め、食生活を見直してみましょう] ・子供のころから、食生活を大切にしましょう ・家庭や学校、地域で、食品の安全性を含めた「食」に関する知識や理解を深め、望ましい習慣を身につけましょう ・家族や仲間と、食生活を考えたり、話し合ったりしてみましょう ・自分たちの健康目標をつくり、よりよい食生活を目指しましょう

健康のための食事方法だけではなく、食文化の継承や食料資源の大切さについても言及されているんだね。

食事バランスガイド(厚生労働省・農林水産省)

- 全体をコマの形で示し、その中で5つの料理区分([主食]、[副菜]、[主菜]、[牛乳・乳製品]、[果物])を定め、「一つ([SV])」という単位を用いて、料理区分ごとに1日に摂取する必要量を示したもの。
- [水・お茶]をコマの軸とし、コマを回すためのヒモは([菓子・嗜好飲料])として示されている。
- コマの中に示されている料理・食品例は、1日分([2,200] ±[200] kcal)を想定して描かれている。

A ×：糖質・脂質ではなくカルシウムである。

食事バランスガイドのコマのイラスト

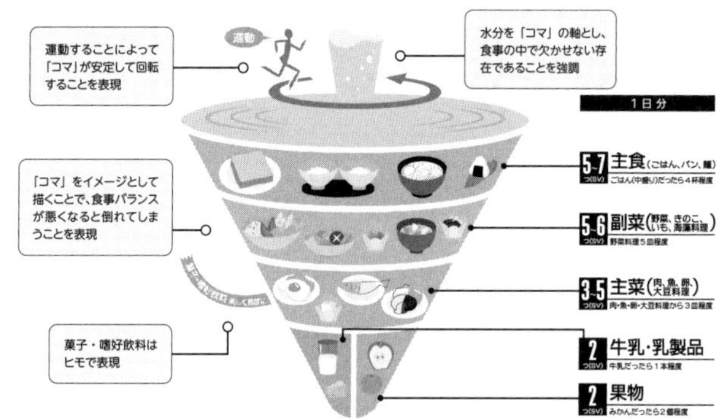

厚生労働省、農林水産省「食事バランスガイド」、農林水産省「実践食育ナビ」を参考に作成

「主食」はごはんなどの主にエネルギー源になる「糖質」、「主菜」は肉などの体をつくる「たんぱく質」、「副菜」は野菜などの体の調子を整える「ビタミン」や「食物繊維」と、おおまかに覚えるといいよ。

ゴロで暗記! 主菜と栄養素

秀才(主菜) が タンメンパクパク(たんぱく質)

妊産婦のための食生活の注意点

- 胎児の神経管閉鎖障害リスク低減や、造血作用がある[葉酸]を積極的にとるようにする。
- 鉄欠乏性貧血予防のためにも、吸収率の高い動物性食品に多く含まれる[ヘム鉄]を赤身の肉や魚などの食品で摂取する。
- [ビタミンA]の過剰摂取は先天奇形の増加のリスクがあるため気を付ける。
- 魚介類を通じた[水銀]摂取が胎児に影響を与える可能性があるため、「妊婦への魚介類の摂食と水銀に関する注意事項」が示されている。

Q「妊産婦のための食事バランスガイド」において、妊娠初期の主菜の1日分付加量は、＋1である。(2016前)

妊娠前からはじめる 妊産婦のための食生活指針（厚生労働省）

- ［ 妊娠前 ］から、バランスのよい食事をしっかりとりましょう
- ［ 主食 ］を中心に、エネルギーをしっかりと
- 不足しがちなビタミン・ミネラルを、［ 副菜 ］でたっぷりと
- ［ 主菜 ］を組み合わせてたんぱく質を十分に
- 乳製品、緑黄色野菜、豆類、小魚などで［ カルシウム ］を十分に
- 妊娠中の［ 体重増加 ］は、お母さんと赤ちゃんにとって望ましい量に
- ［ 母乳育児 ］も、バランスのよい食生活のなかで
- 無理なく［ からだを動かし ］ましょう
- ［ たばことお酒 ］の害から赤ちゃんを守りましょう
- お母さんと赤ちゃんのからだと心のゆとりは、［ 周囲のあたたかいサポート ］から

「妊産婦のための食事バランスガイド」における妊婦の付加量

単位(SV)	主食	副菜	主菜	牛乳・乳製品	果物
妊娠初期	—	—	—	—	—
妊娠中期 （［ 16 ］～［ 28 ］週）	—	+1	+1	—	+1
妊娠後期（［ 28 ］週以上） ・授乳期	+1	+1	+1	+1	+1

妊娠初期については、付加量はないんだね。そして後期から、授乳期にかけては主食と牛乳・乳製品が＋1になっているね。

ゴロで暗記! 妊娠中期の付加量

妊娠中期 の フカフカ した
（妊娠中期）（付加、＋1）
祝福ください！
（主菜・副菜・果物）

ゴロで暗記! 妊娠後期の付加量

妊娠後期 は全部 フカフカ
（妊娠後期）（付加、＋1）

A ×：妊娠初期は特に妊娠前と変わらない。

妊娠期の体重管理

- 妊娠前の体格が低体重（やせ）やふつうであり、妊娠中の体重増加量が[7] kg未満の場合、低出生体重児が産まれるリスクが高まる。
- 非妊娠時の体格区分が「低体重」の場合、推奨体重増加量は[12〜15] kg、「ふつう」の場合、[10〜13] kg。

「楽しく食べる子どもに〜食からはじまる健やかガイド〜」より、発育・発達過程に応じて育てたい“食べる力”

授乳期・離乳期	安心と安らぎの中で[食べる意欲]の基礎づくり。 ・安心と安らぎの中で[母乳（ミルク）を飲む心地よさ]を味わう。 ・いろいろな食べ物を[見て]、[触って]、[味わって]、[自分で進んで食べよう]とする。
幼児期	[食べる意欲]を大切に、[食の体験]を広げよう。 ・おなかがすく[リズム]がもてる。 ・食べたいもの、[好きなもの]が増える。 ・[家族や仲間]と一緒に食べる楽しさを味わう。 ・[栽培]、[収穫]、[調理]を通して、食べ物に触れはじめる。 ・食べ物や身体のことを話題にする。
学童期	[食の体験]を深め、[食の世界]を広げよう。 ・[1日3回の食事]や[間食]のリズムがもてる。 ・食事の[バランス]や適量がわかる。 ・家族や仲間と一緒に[食事づくり]や[準備]を楽しむ。 ・[自然]と食べ物との関わり、[地域]と食べ物との関わりに関心をもつ。 ・自分の食生活を振り返り、評価し、改善できる。
思春期	[自分らしい食生活]を実現し、健やかな[食文化の担い手]になろう。 ・食べたい食事のイメージを描き、それを[実現]できる。 ・一緒に食べる人を[気遣い]、楽しく食べることができる。 ・食料の[生産・流通]から食卓までのプロセスがわかる。 ・自分の[身体の成長]や[体調の変化]を知り、自分の身体を大切にできる。 ・[食に関わる活動]を計画したり、積極的に参加したりすることができる。

子どもの食生活の現状と課題

乳幼児の食生活の問題点

- 厚生労働省「平成27年度 乳幼児栄養調査」では、保護者が子どもの食事で困っていることについての調査結果が次のように掲載されている。

Q むし歯（う歯）は、歯垢の中に生息する細菌が糖分を餌にアルカリを生成し、そのアルカリで歯のエナメル質を溶かすことにより発生する。(2015)

授乳について困ったこと

1位	[母乳が足りているかどうかわからない]
2位	母乳が不足ぎみ

離乳食について困ったこと

[作るのが負担、大変]	33.5%(1位)
[もぐもぐ、かみかみが少ない(丸のみしている)]	28.9%(2位)
[食べる量が少ない]	21.8%(3位)

2歳児以上の保護者が、現在子どもの食事で困っていること

2〜3歳未満	
[遊び食べをする]	41.8%(1位)
3歳以上	
[食べるのに時間がかかる]	3〜4歳未満 32.4%(1位) 4〜5歳未満 37.3%(1位) 5歳以上 34.6%(1位)

3歳以上では、「食べるのに時間がかかる」ことに困っている保護者が多いんだね。この他には、「偏食」や「むら食い」も困りごとの上位みたい。

乳幼児における主要食物の摂取状況での課題
「2015(平成27)年乳幼児栄養調査における2〜6歳児の保護者によるもの」

- 毎日2回以上摂取するものは[穀類] 97.0%、お茶などの[甘くない飲料] 84.4%、野菜52.0%、[牛乳・乳製品] 35.8%。
- 毎日1回摂取するもので[菓子(菓子パンを含む)] 47.0%、[果物] 27.3%。
- 肉・卵は[週に4〜6回]。
- 魚・大豆・大豆製品は[週に1〜3回]。
- ファストフード・インスタントラーメンやカップ麺は[週に1回未満]。

乳幼児のむし歯(う歯)

- むし歯の主な原因菌は、歯垢(しこう)の中に生息する[ミュータンス菌]であり、口の中に残った糖分をもとに[酸]をつくり、歯の[エナメル質]を溶かす。

A ×:「アルカリ」ではなく、「酸」がエナメル質を溶かす。

- むし歯を防ぐには、甘い[間食]を少なくし、[食後の口ゆすぎ]、[歯みがき]を行うことが大切である。
- 「平成27年度乳幼児栄養調査結果の概要」(厚生労働省)の「むし歯の有無別 間食の与え方」をみると、「甘いものは少なくしている」と回答した者の割合は、[むし歯なし]に多くみられた。

朝食の欠食

- 「健康日本21」の目標の1つとして中学・高校生の目標を0%としているが欠食率は男女ともに高く、成長期の食生活の課題であるといえる。
- [親の朝食習慣]に欠食がある場合、子どもにもその傾向がある。
- [就寝時刻]が遅くなると、朝食を欠食しやすい。
- 「令和元年国民健康・栄養調査報告」(厚生労働省)によると、すべての年代で昼食・夕食に比べ、朝食を欠食する割合が高い。

朝食の欠食率(厚生労働省「令和元年 国民健康・栄養調査」)

年齢	男性	女性
1〜6歳	3.8%	5.4%
7〜14歳	5.2%	3.4%
15〜19歳	19.2%	5.9%

Q 朝食を一人で食べるのは、小学生よりも中学生、高校生の方が多い。(2021 後)

栄養に関する基礎知識

五大栄養素

- 五大栄養素は[炭水化物(糖質)]・[脂質]・[たんぱく質]・[無機質(ミネラル)]・[ビタミン]からなる。
- 五大栄養素の摂取に重要なものは6つの基礎食品群である。

6つの基礎食品群

1群	[たんぱく質]　魚・肉・卵・大豆製品
2群	[カルシウム]　牛乳・乳製品・海藻・小魚
3群	[カロテン]　緑黄色野菜
4群	[ビタミンC]　淡色野菜・果物
5群	[糖質性エネルギー]　穀類・イモ類・砂糖
6群	[脂肪性エネルギー]　油脂類

ゴロで暗記!　3群の食べ物

緑黄色野菜は

たくさん食べよう
(3群)

ゴロで暗記!　4群の食べ物

たんまり野菜と
(淡色野菜)

果物のヨーグルト
(4群)

炭水化物

- [糖質]と[食物繊維]を合わせて炭水化物と呼び、[炭素(C)]、[水素(H)]、[酸素(O)]の3つの元素から構成されている。
- 糖質は主に[体を動かすエネルギー源]として使用される。エネルギー供給量は、1g＝約[4] kcalである。

A ○：設問文の通りである。

- 糖質は、[単糖類]・[少糖類]・[多糖類] の3種に分類される。単糖類は糖質の[最小単位] であり、これが組み合わさって少糖類、多糖類が構成される。
- 食物繊維は、ヒトの消化酵素で消化されない食品中の難消化性成分の総体と定義される。

糖質の分類　( ) 内は含まれる食物を示す

<table>
<tr><th>分類</th><th colspan="2">名称</th><th>構造、働きなど　( )内は主な食物</th></tr>
<tr><td rowspan="3">単糖類</td><td colspan="2">[ぶどう糖(グルコース)]</td><td>血液中に血糖として[0.1] %存在している([果実])。</td></tr>
<tr><td colspan="2">[果糖]</td><td>ぶどう糖とともに[ショ糖] を構成する([果実、はちみつ])。</td></tr>
<tr><td colspan="2">[ガラクトース]</td><td>乳糖として[母乳] に多く含まれ、脳や神経組織にある糖脂質の構成成分であり、乳幼児の[大脳] の発育に重要。</td></tr>
<tr><td rowspan="4">少糖類</td><td rowspan="3">[二糖類]</td><td>[麦芽糖]</td><td>[ぶどう糖] が二分子結合したもの([さつまいも])。小腸で[マルターゼ] によりぶどう糖に分解される。</td></tr>
<tr><td>[ショ糖]</td><td>[ぶどう糖] と[果糖] が結合したもの([砂糖])。</td></tr>
<tr><td>[乳糖]</td><td>[ぶどう糖] と[ガラクトース] が結合したもの([母乳・牛乳])。</td></tr>
<tr><td colspan="2">[オリゴ糖]</td><td>ぶどう糖や果糖などの[単糖類] が数個結びついたもの。</td></tr>
<tr><td rowspan="2">多糖類</td><td colspan="2">[でんぷん]</td><td>ぶどう糖が[多数直鎖状] に結合したアミロースと[分岐状] に結合したアミロペクチンの2種類がある([穀類、イモ類])。唾液に含まれる[アミラーゼ] により麦芽糖に分解される。</td></tr>
<tr><td colspan="2">[グリコーゲン]</td><td>余剰なぶどう糖は、肝臓で[グリコーゲン] や[脂肪] として合成され、エネルギー源として貯蔵される。</td></tr>
</table>

食物繊維の分類

分類	名称	働き　( )内は主な食物
[水溶性] 食物繊維	・グルコマンナン ・ペクチン　等	食後の[血糖値] の上昇を抑える働きや血液中のコレステロール値の上昇を抑制する、また、整腸作用がある([果物、海藻、こんにゃく])。
[不溶性] 食物繊維	・セルロース ・リグニン　等	蠕動運動を活発にして[便秘] の改善に役立つ、また、整腸作用がある([豆類、野菜])。

Q ガラクトースは、単糖類である。(2018 前)

ゴロで暗記！ 炭水化物の種類

炭水化物は
とう（糖質） せんぼ（食物繊維）

ゴロで暗記！ 単糖類

担当のルイ（単糖類） です！
ブドウ柄か～（ぶどう糖・ガラクトース・果糖）

ゴロで暗記！ 多糖類

立とう！（多糖類） でんぐり（でんぷん・グリコーゲン）
返しして！

ゴロで暗記！ アミラーゼ

伝（でんぷん） 統（糖質） のアミで
まるごと（マルトース・オリゴ糖） 分解

ゴロで暗記！ マルターゼ

爆発した（麦芽糖） 丸太（マルターゼ） を
消火する（消化酵素）

脂質

- 脂質は、[炭素（C）]、[水素（H）]、[酸素（O）] の3つの元素からなり、一般的にアルコールなどの[有機溶媒] に溶け、[水] には溶けにくい。
- 脂質は効率のよい[エネルギー源] として、また、[細胞膜] や[ホルモン] などの材料として利用される。エネルギー供給量は、1g＝約[9] kcalである。

A ○：設問文の通りである。

- ［ リノール酸 ］と［ αリノレン酸 ］は生体内で合成できないため、［ 必須脂肪酸 ］といわれる。

脂質の分類

分類	種類	構造、生体機能など
単純脂質	［ 中性脂肪 ］	・［ グリセリン ］と［ 脂肪酸 ］で構成されている。 ・食事として摂取する大部分の脂質は［ 中性脂肪 ］である。
複合脂質	［ リン脂質 ］、糖脂質	・単純脂質にリン酸等が結合したもの。 ・脂質の［ 運搬 ］の働きをする。体内の情報伝達に使用され、脳や神経組織にも広く分布する。
誘導脂質	脂肪酸、［ コレステロール ］	・単純脂質や複合脂質が分解されてできたもの。 ・性ホルモンやステロイドホルモンの材料になる。

脂肪酸の分類

分類	構造、生体機能など （ ）内は主な食物
［ 飽和脂肪酸 ］	・構造としては、炭素の二重結合が［ ない ］。 ・［ 動物性油脂 ］に多く、常温で［ 固体 ］（［ バター・牛脂 ］）。
［ 不飽和脂肪酸 ］	・炭素の二重結合が［ 1か所以上ある ］もの。 ・［ 植物油 ］に多く、常温で［ 液体 ］（［ オリーブ油 ］）。 ・細胞膜の構成成分となる。
［ 多価不飽和脂肪酸（必須脂肪酸）］	・不飽和脂肪酸の中でも、炭素の二重結合が［ 2か所以上にある ］もの。 ・二重結合の位置で、［ n-6系 ］（［ ごま油 ］）や［ n-3系 ］（［ なたね油 ］）に分類される。

＼ゴロで暗記!／ 脂質のエネルギー

脂肪（脂質） を キュッと（9キロカロリー）

＼ゴロで暗記!／ 中性脂肪の消化酵素

中世（中性脂肪） の 立派な（リパーゼ） ショウガ（消化酵素）

Q たんぱく質は糖質や脂質が不足した場合にエネルギーとして利用される。（2021後）

たんぱく質

- たんぱく質は、炭素(C)・水素(H)・酸素(O)・[窒素(N)]などから構成され、アミノ酸が多数結合した高分子化合物である。
- 細胞の基本成分で、[筋肉・臓器]の構築材料であり、[酵素、ホルモン、免疫抗体]の主成分である。また、分子内にプラスとマイナスのイオンをもち、体液の[pH]を調節する。
- [糖質]や[脂質]が不足している場合、エネルギー源として使用される。たんぱく質のエネルギー供給量は、1g=約[4] kcalである。

アミノ酸

- アミノ酸は約[20]種類あり、体内で生成されるものを[非必須アミノ酸]といい、体内で合成できず食事から摂取する必要があるものを[必須アミノ酸]という。

「炭水化物」「脂質」「たんぱく質」の中で、窒素(N)が含まれるのはたんぱく質だけだよ。

\ゴロで暗記! / たんぱく質の構成元素

パクッと　ちょっと
(たんぱく質)　(窒素)
炭酸水
(炭素、酸素、水素)

無機質(ミネラル)

- 人体の約95%は、炭素、水素、酸素、窒素で構成されているが、残りの約5%は無機質(ミネラル)である。
- ミネラルには、過剰症、欠乏症があり、適量の摂取が大切である。

A ○:設問文の通りである。

主な無機質（ミネラル）の分類

種類	生理作用	欠乏症	多く含む食品
[ナトリウム]	・主に細胞外液に分布し、[浸透圧]や[pH]の調節を行う。 ・過剰摂取により[高血圧]や[胃がん]のリスクがある。	食欲減退・脱力感	果実類、野菜類、魚類、肉類 ※カリウムを摂取することでナトリウムの排泄が促される
[カリウム]	・[細胞内液]に多く分布し、[浸透圧]を維持する。 ・神経や筋肉の[興奮伝導]に関与している。	疲れやすさ・筋力低下	[野菜、イモ類、豆類]
[マグネシウム]	・骨の形成・[筋肉収縮]に関与。 ・神経系の機能維持・酵素の活性化に関与。	骨形成異常・骨粗鬆症、心疾患	魚介類、藻類、野菜類
[カルシウム]	・[骨]と歯の成分、[筋肉]の収縮にも関与。	骨、歯の発育不全・骨粗鬆症、乳幼児の[テタニー]の原因	[牛乳]、[小魚]、大豆製品、緑黄色野菜
[リン]	・[骨]の構成成分で、[筋肉]や[神経細胞]の興奮の調整をする。	骨折を起こしやすくなる	穀類、葉菜類
[鉄]	・[ヘモグロビン]の成分として、[酸素]を運搬する。	鉄欠乏性[貧血]	[レバー]、[赤身肉]、魚、貝、大豆
[亜鉛]	・糖質、脂質、[たんぱく質]の[代謝]に関与する。	成長障害、[味覚障害]、貧血	魚・貝類、肉類、[海藻類]
[ヨウ素]	・[甲状腺ホルモン]の成分・発育の促進。	甲状腺機能障害	昆布、ヒジキ、青のり

カルシウム、鉄、亜鉛は不足しやすいミネラルだから、多く含む食品についてもきちんと覚えておこう。

ゴロで暗記！ カリウムの生理作用

怒り　心頭
（カリウム）（浸透圧の維持）

Q ビタミンCは、脂溶性ビタミンであり、食品では新鮮な果実や緑黄色野菜に多く含まれている。（2018後）

\ゴロで暗記! / 亜鉛の欠乏症

会え ない かな〜
(亜鉛) (不足)
未確認生物
(味覚障害)

ビタミン

- 体内に[ごく微量]存在し、さまざまな生体機能の調節に関与する。
- 基本的に体内で合成できず、[食品から摂取]する必要がある。
- 脂溶性ビタミンと水溶性ビタミンがあり、[脂溶性ビタミン]は体外に排出されにくいため、[過剰症]にも注意が必要である。

\ゴロで暗記! / 脂溶性ビタミン

ビタミン だけ に
(ビタミン) (D・A・K・E)
しようぜい
(脂溶性)

主なビタミンの分類

	種類	生理作用	欠乏症	多く含む食品
脂溶性	[ビタミンA]	[粘膜]を正常に保ち、[免疫力]を維持、[目の網膜]の色素成分。	[夜盲症]	レバー、うなぎ、チーズ、卵
脂溶性	[ビタミンD]	[カルシウム]の吸収を促進させ、[骨形成]を促進。	[くる病]、骨粗鬆症	[魚介類やきのこ]
脂溶性	[ビタミンE]	不飽和脂肪酸の酸化抑制([抗酸化作用])等に関係。	神経機能低下、無気力	ナッツ類、植物油
脂溶性	[ビタミンK]	血液凝固作用。	新生児の頭蓋内出血・消化管出血([新生児メレナ])	納豆、緑黄色野菜 ※新生児には欠乏症予防のためにビタミンK_2シロップが与えられる

(つづく)

A ×:ビタミンCは水溶性ビタミンである。脂溶性ビタミンのゴロを記憶しておいて、それ以外が水溶性と考えると覚えやすい。

水溶性	[ビタミンB_1]	[糖質代謝]に関与。	[脚気]	豚肉、レバー、豆類
	[ビタミンB_2]	糖質、アミノ酸、脂質の代謝に関与。	口内炎	レバー、うなぎ
	[ビタミンC]	[抗酸化作用]、[壊血病の予防]。	[壊血病]	果実、野菜
	[ナイアシン]	糖質、アミノ酸、脂質の代謝に関与。	ペラグラ、皮膚炎	レバー、魚、肉
	[葉酸]	[受胎]前後に摂取すると、胎児の[神経管閉鎖障害]のリスク低減。	貧血、口内炎、胎児の[神経管閉鎖障害]	緑黄色野菜、納豆

\ゴロで暗記!/ ビタミンA

ええ(A) や、もう(夜盲)

ビターミント(ビタミン) で

\ゴロで暗記!/ ビタミンC

シー(C) に行って

解決(壊血病) する

「ビタミン」については、欠乏症が出題されることが多いみたい。種類と病名を結びつけて覚えよう。

水分

- 体重に占める水分量の割合は、乳児が約[80]%、成人が約[60]%である。乳幼児は大人に比べて、体重に占める水分の量が多いため、[脱水症]が起こりやすい。
- 水分の働きは、栄養素を溶かしての[消化・吸収]、[栄養素・老廃物の運搬]、[体温調節]などである。

Q ビタミンAは糖質代謝に関与し、欠乏症は脚気である。(2022後)

03 日本人の食事摂取基準

日本人の食事摂取基準

- 「日本人の食事摂取基準」とは、[健康増進法]に基づき、[健康な個人または集団を対象]として、国民の[健康の保持・増進、生活習慣病]の予防を目的に、エネルギー及び各栄養素の摂取量の基準を示すものである。
- エネルギーの摂取量及び消費量のバランスの維持を示す指標として、[体格]([BMI])を採用している。
- 食事摂取基準の基本的な考え方では、エネルギー及び栄養素摂取量に起因する健康障害は、欠乏症または摂取不足によるものばかりでなく、[過剰摂取] によるものも存在する。
- 食事摂取基準は、「健康増進法」に基づいている。

摂取量に関する指標

摂取不足の回避	
[推定平均必要量]	半数の人が必要を満たす量
[推奨量]	ほとんどの人(97.5%)が充足している量
[目安量]	上記を推定できない場合の代替指標

過剰摂取の回避	
[耐容上限量]	過剰摂取による健康障害の回避の指標

生活習慣病の発症予防	
[目標量]	生活習慣病の発症予防

推定エネルギー必要量(kcal/日)

	性別	男性			女性		
	身体活動レベル	I (低い)	II (普通)	III (高い)	I (低い)	II (普通)	III (高い)
乳児期	[0〜5] 月	—	550	—	—	500	—
	[6〜8] 月	—	650	—	—	600	—
	[9〜11] 月	—	700	—	—	650	—

(つづく)

A ×:ビタミンAでなくビタミンB_1である。

幼児期	［ 1～2 ］歳	—	950	—	—	900	—
	［ 3～5 ］歳	—	1,300	—	—	1,250	—
学童期	［ 6～7 ］歳	1,350	1,550	1,750	1,250	1,450	1,650
	［ 8～9 ］歳	1,600	1,850	2,100	1,500	1,700	1,900
	［ 10～11 ］歳	1,950	2,250	2,500	1,850	2,100	2,350
思春期	12～14歳	2,300	2,600	2,900	2,150	2,400	2,700
	15～17歳	2,500	2,850	3,150	2,050	2,300	2,550

6～7歳以降は、活動性の違いによって3区分に分けられているんだね。

推定エネルギー必要量は、すべての項目で、女性よりも男性の方が多く設定されていることも覚えておこう。

＼ゴロで暗記！／　推定エネルギー必要量の年齢区分

お腹　空いて（推定）　必要なエネルギー

ないと、　学兄さん（学童・乳児：3区分）　腰痛に（幼児：2区分）　なる

学兄（まなぶにい）さん…

グルル

炭水化物の食事摂取基準

- ［ 1 ］歳以上に目標量が示されており、炭水化物が総エネルギーに占める割合を［ 男女ともに50～65 ］%としている。なお、脂質は、1歳以上では［ 男女ともに20～30 ］%とされており、たんぱく質は具体的なg（グラム）の単位で示されている。
- ［ 乳児期 ］においては、男性女性とも食物繊維の食事摂取基準は設定されておらず、［ 3歳以上 ］から設定されている。

Q「日本人の食事摂取基準（2015年版）」における炭水化物の食事摂取基準（%エネルギー）は、1歳以上のすべての年齢区分において、20～30とされている。（2016前）

＼ゴロで暗記！／ 炭水化物の食事摂取基準

タンス（炭水化物）を持った１歳以上は
ゴー！向こう（50～65%）へ！

たんぱく質の食事摂取基準

たんぱく質の摂取基準（g/日）

	性別	男性			女性		
	年齢等	推定平均必要量	推奨量	目安量	推定平均必要量	推奨量	目安量
乳児期	［0～5］月	—	—	［10］	—	—	［10］
	［6～8］月	—	—	［15］	—	—	［15］
	［9～11］月	—	—	［25］	—	—	［25］
幼児期	1～2歳	［15］	［20］	—	［15］	［20］	—
	3～5歳	［20］	［25］	—	［20］	［25］	—
学童期	6～7歳	［25］	［30］	—	［25］	［30］	—
	8～9歳	30	40	—	30	40	—
	10～11歳	［40］	［45］	—	［40］	［50］	—
思春期	12～14歳	50	60	—	45	55	—
	15～17歳	50	65	—	45	55	—

「たんぱく質の食事摂取基準」については、推奨量の男女差や年齢区分について出題されているよ。10～11歳では女性の方が推奨量が多く、12歳以上では男性の方が推奨量が多いことに注目しておこう。

A ×：「20～30」ではなく「50～65」が正しい。

脂質の食事摂取基準

- 総エネルギーに占める脂肪エネルギーの割合(%)(脂肪エネルギー比率)は、1歳未満(0～5月):目安量[50]%、1歳未満(6～11月):目安量[40]%、1歳以上:目標量[20]～[30]%である。

\ゴロで暗記!/ 脂質の食事摂取基準

寝室(脂質)から1歳以上(1歳以上)を

連れ去れ(20～30%)ない!

その他の栄養素の食事摂取基準

- カルシウムは[骨]の構成成分となるミネラルで、男女ともに[12～14歳]で推奨量が最大となる。
- 鉄は酸素の輸送に必要な[ヘモグロビン]の構成成分となるミネラルで、10歳以上の女性では[月経]の有無によって必要量が異なる。また、過剰摂取による健康障害を防ぐため、[耐容上限量]が設定されている。

カルシウムの食事摂取基準(mg/日)

	性別	男性			女性		
	年齢等	推定平均必要量	推奨量	目安量	推定平均必要量	推奨量	目安量
乳児期	0～5月	—	—	[200]	—	—	[200]
	9～11月	—	—	[250]	—	—	[250]
幼児期	1～2歳	350	[450]	—	350	[400]	—
	3～5歳	500	[600]	—	450	[550]	—
学童期	6～7歳	500	[600]	—	450	[550]	—
	8～9歳	550	[650]	—	600	[750]	—
	10～11歳	600	[700]	—	600	[750]	—
思春期	12～14歳	850	[1000]	—	700	[800]	—
	15～17歳	650	[800]	—	550	[650]	—

Q 1歳以上を対象とした総エネルギー摂取量に占めるべき割合(目標量の範囲、%エネルギー)は、炭水化物 50～65%、たんぱく質 13～20%、脂質 20～30%である。(2019 後)

「カルシウムの食事摂取基準」については、10～11歳は女性の方が多いことを覚えておこう。

鉄の食事摂取基準（mg/日）

	性別	男性				女性					
	年齢等	推定平均必要量	推奨量	目安量	耐容上限量	月経なし		月経あり		目安量	耐容上限量
						推定平均必要量	推奨量	推定平均必要量	推奨量		
乳児期	0～5月	―	―	［0.5］	―	―	―	―	―	［0.5］	―
	6～11月	3.5	5	―	―	3.5	4.5	―	―	―	―
幼児期	1～2歳	3	4.5	―	［25］	3	4.5	―	―	―	［20］
	3～5歳	4	5.5	―	［25］	3.5	5	―	―	―	［25］
学童期	6～7歳	4.5	6.5	―	30	4.5	6.5	―	―	―	30
	8～9歳	6	8	―	35	6	8.5	―	―	―	35
	［10～11］歳	7	10	―	35	7	10	10	14	―	35
思春期	12～14歳	8.5	11.5	―	50	7	10	10	14	―	50
	15～17歳	8	9.5	―	50	5.5	7	8.5	10.5	―	40

「鉄の食事摂取基準」では、10歳以上の月経ありとなしの区分で必要量が設定されていることを問う問題が頻出しているよ。耐容上限量についても出題されているから注意しよう。

A ○：設問文の通りである。

食事摂取基準における妊婦・授乳婦の主な栄養素の付加量

<table>
<tr><th></th><th>単位</th><th>妊娠初期</th><th>妊娠中期</th><th>妊娠後期</th><th>授乳期</th></tr>
<tr><td>推定エネルギー</td><td>kcal/日</td><td>50</td><td>250</td><td>450</td><td>350</td></tr>
<tr><td>たんぱく質</td><td>g/日</td><td>[0]</td><td>[10]</td><td>25</td><td>20</td></tr>
<tr><td>ビタミンA</td><td>μgRAE/日</td><td>[0]</td><td>[0]</td><td>80</td><td>450</td></tr>
<tr><td>ビタミンB_1</td><td>mg/日</td><td colspan="3">0.2</td><td>0.2</td></tr>
<tr><td>ビタミンB_2</td><td>mg/日</td><td colspan="3">0.3</td><td>0.6</td></tr>
<tr><td>ビタミンC</td><td>mg/日</td><td colspan="3">10</td><td>45</td></tr>
<tr><td>ナイアシン</td><td>mgNE/日</td><td colspan="3">[0]</td><td>30</td></tr>
<tr><td>鉄</td><td>mg/日</td><td>[2.5]</td><td colspan="2">15</td><td>2.5</td></tr>
<tr><td>マグネシウム</td><td>mg/日</td><td colspan="3">40</td><td>[0]</td></tr>
<tr><td>ヨウ素</td><td>μg/日</td><td colspan="3">110</td><td>140</td></tr>
<tr><td>葉酸</td><td>μg/日</td><td colspan="3">240</td><td>100</td></tr>
<tr><td>ナトリウム</td><td>mg/日</td><td colspan="3">0</td><td>0</td></tr>
<tr><td>カルシウム</td><td>mg/日</td><td colspan="3">0</td><td>0</td></tr>
</table>

「妊婦・授乳婦の主な栄養素の付加量」について、妊娠初期の鉄やたんぱく質の付加量などが問われているよ。

付加量のある栄養素の種類についても問われているよ。[ナトリウム]と[カルシウム]は付加量がなく、試験でもよく出題されているから要注意。

Q 「日本人の食事摂取基準（2020年版）」（厚生労働省）において、カルシウムは授乳婦に付加量の設定がある栄養素である。（2022後）

04 発育・発達の基礎知識

乳児期の身体発育

- 科目「子どもの保健」211ページを参照。

乳汁栄養

初乳

- [分娩後1週間位] までに分泌される乳を初乳という。
- 免疫グロブリンIgAやラクトフェリンなどの[感染防御因子] を多く含み、[乳糖] が少なく胎便を促す作用がある。

成熟乳

- 初乳に比べ[たんぱく質] が少なく、[乳糖] や[脂質] が多い。
- 乳児の腸内に[乳酸菌] の繁殖を促す作用がある。

母乳栄養の意義

- [感染防御因子] を多く含み、病気にかかりにくくする効果がある。
- [栄養効率] がよく、乳児の未熟な[消化能力] に適した組成である。また、人工乳に比べて[アレルギー] を起こしにくい。
- メリットとしては、[スキンシップ] により母子関係が深まりやすいことがある。
- 出産後の[母体回復] に役立つ(授乳により乳児が吸啜することで脳下垂体から[オキシトシン] が分泌され、子宮の伸縮を促す)。
- 人工栄養児に比べ[乳幼児突然死症候群(SIDS)] の発症頻度が低いといわれている。

母乳栄養の注意点

- 妊娠・授乳中の喫煙、受動喫煙、飲酒は、胎児や乳児の[発育]、[母乳分泌] にも影響を与えるため推奨されていない。
- 冷凍母乳の解凍では、母乳中の免疫物質を破壊しないように[自然解凍]、もしくは[流水解凍] する。

A ×:カルシウムには妊娠中、および、授乳期の付加量は設定されていない。

- ［ HTLV-1（ヒトT細胞白血病ウイルス1型）］は、母乳を通じて感染する可能性がある。
- 母乳栄養児はビタミンKが産生されにくく、［ 乳児ビタミンK欠乏性出血症 ］が起こりやすくなる（育児用ミルクにはビタミンKが十分量含まれている）。

授乳の支援

- すべての妊婦やその家族とよく話し合いながら、母乳で育てる意義とその方法を教える。
- 出産後はできるだけ早く、母子が［ 触れ合って母乳を飲める ］ように、支援する。

初乳は身体をつくったり守ったりする働き（≒たんぱく質、感染防御因子）が主で、成熟乳はエネルギー補給（≒乳糖、脂質）が中心、と考えると成分を覚えやすいかも。

人工乳の調製方法

- ［ 無菌操作法 ］は、哺乳瓶や哺乳瓶の乳首などを鍋で煮沸消毒してから調合する方法。家庭で一般的な方法である。
- ［ 終末殺菌法 ］は、1日分または数回分かをまとめて調乳する方法。調合した乳を鍋に入れ、沸騰させ、冷水で冷やして冷蔵庫に保存する。そして使用時に適宜温める。保育所などで使う方法である。
- 調乳の際には、一度沸騰させた後［ 70 ］℃以上に保った湯を使用し、調乳後［ 2 ］時間以内に使用しなかった乳は廃棄する。
- 混合栄養とは、母乳と育児用ミルクを［ 併用 ］すること。可能であれば［ 母乳 ］を与えることが推奨されている。

主な人工乳の種類

育児用ミルク	母乳の成分に近づけてあり、乳幼児に必要な［ 鉄分 ］、［ ビタミンD ］、［ ビタミンK ］を強化してある。
フォローアップミルク	1歳頃に、育児用ミルクを牛乳に切り替える時期に、［ 離乳用・幼児期用ミルク ］として用いる。早くても［ 9 ］か月以降に使用する。鉄を多く含んでいる。

Q　乳児用調製粉乳を飲んでいる乳児は、生後9か月頃になったらフォローアップミルクに切り替える必要がある。（2016後）

ペプチドミルク（アミノ酸混合乳）	乳児の未熟な腸管機能を考えて、牛乳のたんぱく質を消化吸収しやすいように小さく分解して、[アレルゲン濃度] を下げ [アレルギー性] を低くしたミルク。
アレルギー用調整粉乳	牛乳アレルギーがある場合に、治療用ミルクとして医師に相談して使用することができる。

＼ゴロで暗記！／ フォローアップミルク

風呂上がりミルク は
（フォローアップミルク）
9月 から リニューアル！
（9か月以降） （離乳用）

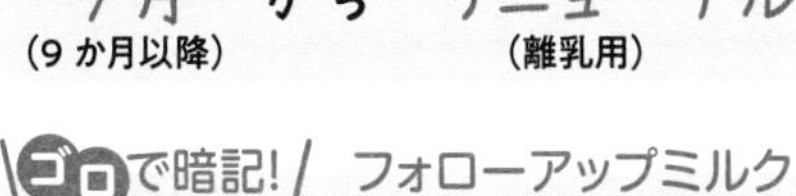

＼ゴロで暗記！／ フォローアップミルク

鉄腕 で
（鉄を含む）
フォローする
（フォローアップミルク）

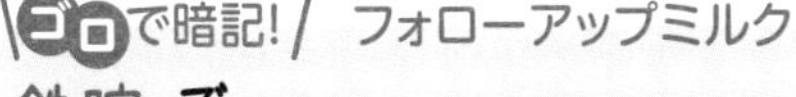

離乳の意義と離乳食

離乳の開始

- 離乳の開始時期は [5] ～ [6] か月が適当である。
- 離乳の開始頃の発達の目安として、[首のすわり] がしっかりしている、支えてやると [座れる] 、食物に興味を示す、スプーンなどを口に入れても舌で押し出すことが少なくなる（[哺乳反射] の減弱）などがあげられる。
- 離乳の完了は、栄養素の大部分を母乳や育児用ミルク以外の食物で摂取できるようになった状態で、生後 [12] ～ [18] か月が目安である。
- 離乳の開始や特定の食物の摂取開始を遅らせても、食物アレルギー予防効果があるという科学的根拠はない。

離乳食の進め方

- 離乳食の開始は、食物アレルギーの心配の少ない、[おかゆ] から始め、新しい食材を与えるときは [1さじ] ずつ与えて様子をみながら進める。
- 生後9か月以降は [鉄分] が不足しやすいので、肉・赤身の魚・レバー等も取り入れる。

A ×：フォローアップミルクは、9か月以降に使用するものであるが、必ず使用しなければいけないわけではない。

8章 子どもの食と栄養

- はちみつの中には[ボツリヌス菌]が混入しているため、消化器官の未熟な[1]歳未満の乳児には、はちみつを与えないようにする。
- 卵は、[卵黄](固ゆで)から慣らし、アレルギー反応がなければ、[卵白も含めた全卵]を与える。
- ベビーフードを利用する際は子どもの月齢にあった固さのものを選び、与える前には[一口食べて確認]をする。

食べ方の目安

時期	生後5〜6か月	7〜8か月	9〜11か月	12〜18か月
食べ方の目安	子どもの様子をながら1日[1]回[1さじ]ずつ始める。母乳やミルクは[飲みたいだけ]与える。	1日[2]回食で食事のリズムをつけていく。いろいろな味や舌ざわりを楽しめるよう[食品の数類]を増やしていく。	食事のリズムを大切に、1日[3]回食を進める。[共食]を通じて楽しい食卓体験をする。	1日3回の食事のリズムを大切に、[生活リズム]を整える。[手づかみ食べ]により[自分で食べる楽しみ]を増やす。
[調理形態]	[なめらか]にすりつぶした状態	[舌]でつぶせる固さ	[歯ぐき]でつぶせる固さ	[歯ぐき]で噛める固さ

出典：厚生労働省「授乳・離乳の支援ガイド(2019年改訂版)」より作成

卵は生後5〜6か月は卵黄、生後7か月以降では卵白も含めた全卵、という形で進めていくよ。

\ゴロで暗記!/ はちみつと食中毒

はちみつ一切 NO!
(1歳) (禁止)

幼児期の心身の発達と食生活

幼児期の栄養と食生活

- 体重1kgあたりのエネルギー必要量は、[幼児期]の方が成人よりも多い。
- 消化機能が十分に発達していないため、[1回(食)に消化できる量]などに配慮が必要である。

Q 口の前の方を使って、食べ物を取り込み、舌と上あごでつぶしていく動きを覚え、舌と上あごでつぶせないものを、歯ぐきの上でつぶすことを覚える。(2018 後)

- 幼児の体格は経時的に変化するため、エネルギー摂取量の過不足のアセスメントは、[成長曲線(身体発育曲線)] を用いることが望ましい。
- 幼児期の肥満への対応は、成長期であるため、[極端な食事制限] は行わない方がよい。

幼児期の咀しゃく

- 2歳半〜3歳頃までに[乳歯] が生えそろう。
- 咀しゃく機能は、[乳歯] が生えそろう頃までに獲得される。

幼児期の食べ方の変化(目安)

1〜1歳半	手づかみ食べも多いが、スプーンを握って、口に運ぼうとする。
1歳半〜2歳	こぼすことも多いが、スプーンとフォークを使うようになる。
2歳〜2歳半	スプーン・フォークを自由に使えるようになってくる。
3歳頃	箸ですくうように食べる。
4歳頃	箸が使えるようになるが、個人差が大きい。
5歳頃	ほとんどの幼児が箸を使えるようになる。

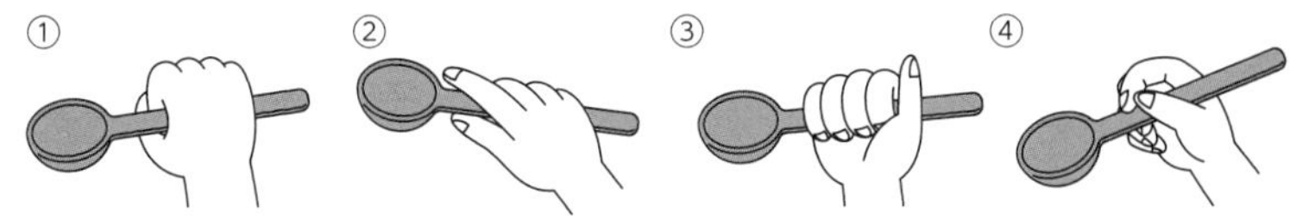

①(上から握るわしづかみ)→②(上手握りで親指と人差し指を添える)
→③(下から握る)→④(鉛筆を持つように握る)

間食の意義と課題

- 幼児期は、身体の大きさに対し、多くの栄養が必要であり、3度の食事で十分に補うことが難しく、栄養を補給するために[間食] が必要となる。
- 1日3回の食事を[規則的] にして、間食は[時間] を決め、1日[1〜2] 回与えるようにする。
- 1日のエネルギーの[10] 〜[20] %に留めるようにする。

幼児期の間食には大きな意味があったんだね。とはいえ、エネルギーの過剰摂取にも気をつけよう。

A ○:設問文の通りである。

8章 子どもの食と栄養

学童期・思春期の食生活

- 学童期の初期には、乳歯から[永久歯]に生え変わるが、[咀しゃく能力]は未熟なところがある。
- スポーツなどで活動量に個体差が出てくるため、6～7歳から推定エネルギー必要量を[3区分]の身体活動レベルで示す。
- [加工食品]や[中食]が増える時期でもあり、[カルシウム]不足や[肥満]の問題が起こる。
- 夕食を一人で食べる割合が、小学生よりも中高生で多くなり、中学生男女の約[20]%、高校生男子の約[40]%、女子の約[35]%が一人で夕食を食べている。
- 肥満傾向児の出現率は、[男子15]歳の11.72%が最多であり、全年齢で[男子]の方が[女子]よりも肥満児の割合が多い。
- [鉄欠乏性貧血]の児童数が増加しており、改善のために吸収率の高い[ヘム鉄]の摂取が望ましいとされている。

ちなみに、食事を一人で食べることを「孤食」、子どもだけで食べることを「子食」、複数で食卓を囲んでいても食べているものがそれぞれ違うことを「個食」、自分の好みのものばかり食べるなどメニューが固定化された食事のことを「固食」といいます。

学校給食

- 「学校給食法」において、学校給食とは、[義務教育]を実施する諸学校の児童または生徒に対して実施されるもので、小学校の学校給食率は[90%]を超えている。
- 学校給食におけるエネルギー摂取は、1日の必要量の[33]%である。
- 「食事状況調査」の結果によると、学校給食のない日は[カルシウム]不足が顕著であるため、牛乳等についての使用に配慮が必要とされている。

次の表では、実際にカルシウムの基準が1日の1/3(推奨量の33%)を超えており、家庭で不足しがちな状況を学校給食で補えるように設定されていることがわかるね。

Q 幼児期の間食の量は、1日のエネルギー摂取量の30～40%を目安にするとよい。(2017後)

学校給食の基準

たんぱく質	推定エネルギー必要量の33%
ナトリウム	[目標量] の [33] %未満
カルシウム	推奨量の [50] %
鉄	推奨量の [33] %
マグネシウム	推奨量の [50] %
亜鉛	推奨量の33%
ビタミン類	推奨量の33%
ビタミンA	推奨量の40%
ビタミンB_1、B_2	推奨量の [40] %

子どものダイエット

- 小児期に無理なダイエットを行うと、[栄養失調] や [神経性食欲不振症（拒食症）] に陥る可能性があるため注意が必要である。
- 思春期のダイエットは、[カルシウム] が不足しやすくなるため注意が必要である。

生活習慣病

- 生活習慣病予防対策の一つとして、「食生活指針」（平成28年：文部科学省、厚生労働省、農林水産省）が策定されている。
- 生活習慣病には、[肥満]、[高血圧]、[動脈硬化]、[糖尿病]、[骨粗鬆(しょう)症] などの慢性疾患がある。
- 生活習慣病予防の食事は、[栄養素の過不足] がないように朝・昼・夕食を [バランスよく] 摂取することとされている。
- 「令和3（2021）年人口動態統計月報年計（概数）」によると、日本人の死因は多い順に、[悪性新生物]、[心疾患]、[老衰] である。

＼ゴロで暗記！／ 生活習慣病

生活習慣病 は ヒマ（肥満） でも

コツ（骨粗鬆症） コツと行動（糖尿病・高血圧・動脈硬化） で治す！

A ×：1日のエネルギー摂取量の10～20%が目安とされている。

8章 子どもの食と栄養

05 食育の基本と内容

食育における養護と教育の一体性

- 2005(平成17)年に食育の基本理念と方向性を定めた[食育基本法]が制定された。
- 食育基本法に基づき、2006(平成18)年度から食育推進基本計画が策定され、2021(令和3)～2025(令和7)年度まで第[4]次食育推進基本計画が実施されている。
- 第4次食育推進基本計画では基本的な方針として以下の3つを重点事項とし、総合的に推進する。

重点事項1	[生涯を通じた心身の健康]を支える食育の推進(国民の健康の視点)
重点事項2	[持続可能な食]を支える食育の推進(社会・環境・文化の視点)
重点事項3	[「新たな日常」やデジタル化]に対応した食育の推進(横断的な視点)

食育基本法の基本理念

- 国民の心身の健康の増進と[豊かな人間形成]。
- 食に関する[感謝の念と理解]。
- [食育]推進運動の展開。
- 子どもの食育における[保護者]、[教育関係者等]の役割。
- 食に関する[体験活動]と食育推進活動の実践。
- [伝統的]な食文化、環境と調和した生産等への配慮及び[農山漁村]の活性化と食料自給率の向上への貢献。
- 食品の[安全性]の確保等における食育の役割。

食育基本法　前文

子どもたちが豊かな人間性をはぐくみ、生きる力を身に付けていくためには、何よりも[食]が重要である。今、改めて、食育を、[生きる上での基本]であって、[知育]、[徳育及び体育の基礎]となるべきものと位置付ける。(中略)子どもたちに対する食育は、心身の成長及び[人格]の形成に大きな影響を及ぼし、生涯にわたって[健全な心と身体]を培い豊かな人間性をはぐくんでいく[基礎]となるものである。

Q 第 4 次食育推進基本計画の重点事項の中には、「新たな日常」やデジタル化に対応した食育の推進がある。(2022 後)

児童福祉施設における食育

- 児童福祉施設全体へ向けては、[児童福祉施設における食事の提供ガイド] の中で、衛生管理法などとともに、食育についても記載されている。
- 保育所向けには、[保育所における食育に関する指針] が策定されている他、[保育所保育指針] の中でも食育についての記載がある。

子どもの健やかな発育・発達を目標とした食事・食生活支援の理念

[心と体の健康] の確保	豊かな [食体験の確保]
[安全・安心な] 食事の確保	食生活の [自立支援]

出典：厚生労働省「児童福祉施設における食事の提供ガイド」

食育の5項目

[食と健康]	・慣れない食べものや嫌いな食べものにも挑戦する。 ・食事の際には、安全に気をつけて行動する。
[食と人間関係]	・身近な大人や友達とともに、食事をする喜びを味わう。 ・調理をしている人に関心をもち、感謝の気持ちを持つ。
[食と文化]	・地域の産物を生かした料理を味わい、郷土への親しみを持つ。 ・食材にも旬があることを知り、季節感を感じる。
[いのちの育ちと食]	・身近な動植物に関心を持つ。 ・食べ物を皆で分け、食べる喜びを味わう。
[料理と食]	・身近な大人の調理を見る。 ・食べたいものを考える。

出典：厚生労働省「楽しく食べる子どもに～保育所における食育に関する指針」

＼ゴロで暗記！／ 食育の5項目

ショック！イクラ を 食べると
(食育)

人間の命の分量 が減る
(人間・健康・いのち・文化・料理)

※人間：食と人間関係、健康：食と健康、いのち：いのちの育ちと食、文化：食と文化、料理：料理と食

保育所保育指針における保育所の特性を生かした食育

保育所における食育は、健康な生活の基本としての [食を営む力] の育成に向け、その基礎を培うことを目標とすること。
子どもが生活と遊びの中で、意欲をもって食に関わる体験を積み重ね、食べることを [楽しみ]、食事を [楽しみ合う] 子どもに成長していくことを期待するものであること。

(つづく)

A ○：設問文の通りである。

8章 子どもの食と栄養

乳幼児期にふさわしい食生活が展開され、適切な援助が行われるよう、食事の提供を含む[食育計画]を全体的な計画に基づいて作成し、その[評価]及び[改善]に努めること。栄養士が配置されている場合は、専門性を生かした対応を図ること。

保育所保育指針における食育の環境の整備等

子どもが自らの感覚や体験を通して、[自然の恵み]としての食材や食の[循環・環境]への意識、[調理する人への感謝]の気持ちが育つように、子どもと調理員等との関わりや、調理室など食に関わる保育環境に配慮すること。
保護者や[地域の多様な関係者]との連携及び協働の下で、食に関する取組が進められること。また、[市町村]の支援の下に、地域の関係機関等との日常的な連携を図り、必要な協力が得られるよう努めること。
体調不良、[食物アレルギー]、[障害]のある子どもなど、一人ひとりの子どもの心身の状態等に応じ、嘱託医、かかりつけ医等の指示や協力の下に適切に対応すること。栄養士が配置されている場合は、専門性を生かした対応を図ること。

「楽しく食べる子どもに～保育所における食育に関する指針～」食育の目標と内容

目標

現在を最もよく生き、かつ、生涯にわたって健康で質の高い生活を送る基本としての「食を営む力」の育成に向け、その基礎を培うこと

① お腹がすくリズムのもてる子ども
② 食べたいもの、好きなものが増える子ども
③ 一緒に食べたい人がいる子ども
④ 食事づくり、準備にかかわる子ども
⑤ 食べものを話題にする子ども

児童福祉施設における食事の提供ガイド～食育の観点からの食事の提供の考え方～

児童福祉施設における日々の食事は、入所する子どもにとって、乳幼児期から発達段階に応じて[豊かな食の体験]を積み重ねていくことにより、[生涯にわたって]健康で質の高い生活を送る基本となる「[食を営む力]」を培うために重要な役割を担っている。
食育の取組は、[調理実習(体験)]や[芋ほり]など、行事等を通して行うものと、日々の食事や日常の生活の中で食について考え、実践を積み重ねていくものがあり、この2つは両方共に大切である。
すなわち、提供する食事の内容はもちろんのこと、子どもや保護者等に対する[献立の提示等]、食に関する情報提供や、食事環境、さらに起床・就寝時刻、食事の時間なども含めた生活全般に目を向け「おいしく、楽しい食事」とは何かを考えて行動することが必要である。より広く[食育を実践]するためには、多くの[職種]が関わったり、[食の専門家]の協力を得ることも必要である。(一部抜粋)

Q 腸管出血性大腸菌感染症の予防には、食品と調理器具の十分な加熱と、手洗いが有効である。(2015年)

家庭や児童福祉施設における食事と栄養

食中毒の予防

- 食中毒の原因となる物質には、細菌、ウイルス、食品自体に含まれる[自然毒]、食品に含まれる[化学物質]などがある。
- 食中毒予防の三原則は[付けない][増やさない][やっつける(殺菌する)]である。

腸炎ビブリオ

分布	初夏から初秋の[海中]にいる細菌。
予防	魚類を食べる際は、[真水]でよく洗い、[火]を通す。
症状	[激しい腹痛・水様便]。

サルモネラ

分布	[食肉]、[鶏肉]、[卵]。
予防	[熱に弱いため、十分な加熱]。
症状	[激しい腹痛、下痢、嘔吐、発熱が数日続く]。

腸管出血性大腸菌O-157

分布	[加熱不十分な肉や井戸水、生野菜]。
予防	[75]℃で[1]分以上加熱、[手洗い]。
症状	[頻繁な水様便]、[激しい腹痛]、[血便]。

ノロウイルス

分布	[生カキ等の二枚貝]。
予防	[85]～[90]℃で[90]秒以上加熱。
症状	[吐き気]、[嘔吐]、[下痢]、[腹痛]、[発熱]。

A ○：設問文の通りである。

カンピロバクター

分布	[肉類]、[飲料水]。
予防	[十分な加熱]、[手洗い]。
症状	[発熱]、[倦怠感]、[頭痛]、[吐き気]、[腹痛]、[下痢]、[血便]。

ブドウ球菌

分布	自然界に広く分布、[化膿した傷]、[おでき]、[にきび] 等。
予防	[手洗い]、[食品に直接触れない]。
症状	[吐き気]、[嘔吐]、[腹痛]。

カレーやシチューなどの煮込み料理で起こる食中毒は、熱にも強いウェルシュ菌が原因のことが多いよ。酸素が苦手だから、かき混ぜながら加熱をするといいんだ。

菜園で収穫したじゃがいもを調理する場合は、芽や緑化した部分を切除し、未成熟で小さいじゃがいもは使用しないでおこう。

食品の表示を見分ける

- 加工食品には、名称・原材料名(食品添加物含む)・内容量・消費期限・賞味期限・保存方法・製造者名・所在地・栄養成分表示などが示される。
- 食品の[消費期限]とは、期限を過ぎたら食べない方がよい期限である。
- 食品の[賞味期限]とは、おいしく食べることができる期限であり、この時期を過ぎるとすぐに食べられないということではない。

児童福祉施設の食事と栄養

- 給食施設では、万一、食中毒が発生した場合の原因究明のために、給食の原材料及び調理済み食品を、保存食として[2週間] 以上保存することになっている。
- 調理従事者だけでなく、[保育士] や[職員] も衛生管理の知識をもち、[手洗い] や[検便] の実施に努めるなど、配食・食事介助時の衛生にも留意する。

Q「児童福祉施設における食事の提供ガイド」(平成 22 年:厚生労働省)では、「調理済み食品を室温に放置しないようにし、加熱調理後はすみやかに(2 時間以内)喫食することを徹底する」としている。(2016 前)

- 「児童福祉施設における食事の提供ガイド」や「大量調理施設衛生管理マニュアル」では、食中毒予防のため、加熱調理後は速やかに([2時間] 以内)食事をとることが記載されている。
- 加熱をする場合には十分に行い、[中心温度計] で、計測、確認、記録を行う。
- 加熱調理後の食品及び非加熱調理食品の二次汚染防止を徹底する。

「児童福祉施設の設備及び運営に関する基準」における食事の記載

第11条(食事)

児童福祉施設(助産施設を除く。以下この項において同じ。)において、入所している者に食事を提供するときは、[当該児童福祉施設内で調理する方法](第八条の規定により、当該児童福祉施設の調理室を兼ねている他の社会福祉施設の調理室において調理する方法を含む。)により行わなければならない。

2 児童福祉施設において、入所している者に食事を提供するときは、その献立は、できる限り、[変化]に富み、入所している者の健全な発育に必要な[栄養量]を含有するものでなければならない。

3 食事は、前項の規定によるほか、食品の種類及び調理方法について栄養並びに入所している者の[身体的状況]及び[嗜好]を考慮したものでなければならない。

4 調理は、あらかじめ作成された[献立]に従つて行わなければならない。ただし、少数の児童を対象として[家庭的]な環境の下で調理するときは、この限りでない。

5 児童福祉施設は、児童の健康な生活の基本としての[食を営む力]の育成に努めなければならない。

調理のポイント

調理	・加熱調理食品については、中心部まで十分加熱([75]℃で[1]分間以上)する。 ・原材料及び調理済み食品の温度管理を徹底する([10]℃以下または[65]℃以上で管理、調理終了後[2]時間以内に喫食する)。
保存食	・食中毒が発生した場合の原因追及のために、給食の原材料及び調理済み食品を、保存食として[2週間] 以上保存する。
調乳	・調乳にあたって、使用する湯は[70]℃以上を保つ。 ・調乳後[2時間] 以内に使用しなかったミルクは破棄する。

出典：厚生労働省「児童福祉施設における食事の提供ガイド」「学校給食衛生管理の基準」より作成

きちんと加熱調理を行っていても時間の経過とともに細菌が増殖するんだ。加熱後2時間以内に食事の提供を行おう。

A ○：設問文の通りである。

8章 子どもの食と栄養

調理実習（体験）等における食中毒予防のための衛生管理の留意点

- 調理実習の献立については、[年齢、発達段階] に応じた構成とし、衛生管理の観点からも、[十分な加熱] を基本とし、容易に加熱できる献立とすることが望ましい。
- 体調不良や、[下痢]、手指に [傷] があるなどの子どもの状態を確認し、状況に応じては、該当する子どもの作業は [控えること] が望ましい。
- 調理前の手洗い等のみでなく、[調理中] も衛生管理できているか確認する必要がある。

ゴロで暗記！ 食中毒を防ぐ調乳のポイント

超（調乳） きれいな 7色（70度） の 虹（2時間以内）

保育所における給食

- 保育所には [調理室] を設けることが義務付けられているが、満 [3] 歳以上の児童に対する食事の提供に限り、公立・私立を問わず全国において、[施設外] で調理し搬入すること（[外部搬入]）が認められている。

保育所における食育の計画と評価

- 乳幼児期に [ふさわしい食生活] が展開され、適切な援助が行われるよう、食事の提供を 含む食育の [計画] を作成し、保育の計画に位置付けるとともに、その評価及び改善に努めること。
- 計画の作成にあたっては、[柔軟] で [発展的] なものになるよう留意し、各年齢を通して [一貫性] のあるものにする。
- 保育士等による [自己評価] と子どもの [育ちの評価] を通して、次の実践に向けた改善に努めるようにする。
- [保護者] や [地域] に向けて、食事内容を含めて食育の取り組みを発信し、食育の計画・実施を評価して、次の計画へとつなげる。

「保育所における食育の計画と評価」について、出題されているよ。キーワードをおさえて覚えよう。

Q 体調不良や、下痢、手指に傷があるなどの子どもの状態を確認し、状況に応じては、該当する子どもの作業は控えることが望ましい。（2020 後）

特別な配慮を要する子どもの食と栄養

子どもの疾病と食生活

- 乳幼児は大人に比べ、体内の水分割合が多く、下痢、嘔吐などにより［ 脱水症状 ］を起こしやすい。そのため、体調不良時には［ 水分補給 ］が重要である。
- 体調不良時は消化のよいものを与える。食物繊維が［ 少ない ］、脂肪が［ 少ない ］、切り方が［ 小さい ］もの、薄味のもの、加熱されたものが消化がよい。

発熱の症状と対応の基本

症状	発汗して［ 水分 ］や［ 電解質 ］（ナトリウム、カリウム、カルシウム等）を失う。
対応	［ 電解質飲料 ］を与え、［ 水分補給 ］をする。

嘔吐の症状と対応の基本

症状	胃の内容物が吐き戻され、［ 脱水症状 ］を起こす。
対応	嘔吐が止まったら、常温の［ 水分 ］や［ 電解質飲料 ］を少しずつ与える。

下痢の症状と対応の基本

症状	［ 脱水症状 ］を起こす場合がある。
対応	［ 水分補給 ］を行い、［ 電解質飲料 ］を与える。 ［ 離乳期 ］の子どもの下痢が落ち着き、食事を再開する場合には、様子をみながら、徐々に元の食事形態に戻す。

食物アレルギーがある子どもへの対応

- アレルギー反応を起こす抗原を［ アレルゲン ］という。

A ○：設問文の通りである。

- 食物アレルギーにより引き起こされる症状には、[皮膚症状]、[消化器症状]、[呼吸器症状] などがある。
- アレルギーにより、多臓器にわたる症状があらわれた場合を[アナフィラキシー] という。
- 食物アレルギーがあっても原則的には給食を提供する。除去食や代替食を使用し、他の子どもと[同じテーブル] で食事ができるように配慮する。
- 保育所等では、[職員]、[保護者]、[主治医] と十分な連携をとり、[食物アレルギー対応委員会] などで組織的に対応する。
- [食品表示法] でアレルギーの原因となる食材の表示が定められている。
- 離乳開始前の子どもが入園し、食物アレルギー未発症、食物未摂取という場合も多くあるため、保育所で[初めて食べる食物] がないように保護者と十分に連携する。
- [魚卵]、[果物]、[ナッツ類]、[ピーナッツ]、[甲殻類] は、幼児期以降に新規発症する傾向がある。
- 加工食品は、[納入のたび] に使用材料を確認する。

アレルギーの原因食材と表示

表示義務のある特定原材料（[7品目]）	[卵]・[乳]・[小麦]・[そば]・[落花生]・[えび]・[かに]
表示が推奨されている食品（[21品目]）	アーモンド・あわび・いか・いくら・オレンジ・カシューナッツ・キウイフルーツ・牛肉・くるみ・ごま・さけ・さば・大豆・鶏肉・バナナ・豚肉・まつたけ・もも・やまいも・りんご・ゼラチン

「食物アレルギー」について、特定原材料や対応などが出題されているよ。乳幼児期における主な原因物質は、卵・乳製品・小麦ということも覚えておこう。

ゴロで暗記！ 表示義務のある特定原材料

ニラタマこそエビ！カニ！
（乳・落花生・卵・小麦・そば・えび・かに）

Q「食品表示法」によりアレルギー表示が義務づけられている食品は、卵、乳、小麦、大豆、そばの5品目である。（2017後）

障害のある子どもへの対応

- 介助者は、子どもと[同じ目の高さ]で介助することが基本である。
- 水分摂取は、[スプーンによる摂取]ができるようになったら、[コップ]を使用する練習に移るとよい。
- コップは、[鼻に当たる部分]がカットされていると、水分を摂取しやすい。
- 食器は、縁の立ち上がっているものの方がすくいやすい。

障害の種類と食生活

知的障害児	・食欲のコントロールが難しく、[過食]・[拒食]・[偏食]などが起こりやすい。 ・老化現象が早いため、[ミネラル]・[ビタミン]の摂取が大切。
聴覚障害児 視覚障害児	・咀しゃくの音や、見た目の刺激がないことから、[少食]になりやすいため、[少量で栄養価の高い]食事にする。 ・可能な範囲で[調理に参加]させ、関心につなげる。
身体障害児	・[障害の程度]に合わせて援助する。 ・[食事内容]や[食事形態]の工夫、[自助具]の利用も有効。
重症心身障害者	・上肢、下肢のまひや筋緊張により、過敏や心理不安などから[拒食]に陥りやすい。 ・[食事摂取量]の不足、[食物繊維]や[水分量]の不足から便秘になりやすい。 ・[少量で高エネルギー]・[高たんぱく]の食品を取り入れる。
嚥(えん)下(げ)が困難な子ども	・[誤嚥(ごえん)]を防止するため、飲み込みやすい食事形態にし、必要に応じて、嚥下用に[増粘安定剤(とろみ調整剤)]を利用する。 ・飲み込みやすい食品形態には、[ゼリー状]、[ポタージュ状]などがある。 ・誤嚥しやすい飲食物には、[水]や[みそ汁]などがある。 ・調理補助器具には、[フードプロセッサー]、[フードカッター]、[すり鉢]、[裏ごし器]などがある。

「食事介助」について、介助の方法が出題されたよ。
実際の現場をイメージしながら覚えよう。

A ×：卵・乳・小麦・そば・落花生・えび・かに、の7種類である。

MEMO

保育実習理論

保育所における保育/保育者論

保育者論

- 保育者の専門性については、科目「保育原理」を参照。

保育課程と指導計画

- 保育の計画は、[全体的な計画]と、それに基づき作成される[長期的な指導計画]と[短期的な指導計画]で構成される。
- 指導計画の作成にあたっては、子ども一人ひとりの[発達過程や状況]を十分に踏まえる。
- 指導計画に基づく保育の実施にあたっては、生活の中で子どもの活動が[様々に変化]することに留意して、子どもが望ましい方向に向かって[自ら活動]を展開できるよう必要な援助を行う。

全体的な計画（保育所保育指針より）

第1章「総則」3「保育の計画及び評価」(1)「全体的な計画の作成」

ア　保育所は、1の(2)に示した保育の目標を達成するために、各保育所の保育の方針や目標に基づき、子どもの発達過程を踏まえて、保育の内容が[組織的・計画的]に構成され、保育所の生活の全体を通して、[総合的]に展開されるよう、全体的な計画を作成しなければならない。

イ　全体的な計画は、子どもや家庭の状況、[地域の実態]、[保育時間]などを考慮し、子どもの育ちに関する[長期的見通し]をもって適切に作成されなければならない。

ウ　全体的な計画は、保育所保育の全体像を[包括的]に示すものとし、これに基づく[指導]計画、保健計画、食育計画等を通じて、各保育所が[創意工夫]して保育できるよう、作成されなければならない。

長期的・短期的な指導計画（保育所保育指針より）

第1章「総則」3「保育の計画及び評価」(2)「指導計画の作成」

ア　保育所は、全体的な計画に基づき、具体的な保育が適切に展開されるよう、子どもの生活や発達を見通した長期的な指導計画と、それに関連しながら、より具体的な子どもの日々の生活に即した短期的な指導計画を作成しなければならない。

Q　次の文は、「保育所保育指針」第１章「総則」３「保育の計画及び評価」の（1）「全体的な計画の作成」の一部である。全体的な計画は、子どもや家庭の状況、地域の実態、行事などを考慮し、子どもの育ちに関する長期的見通しをもって適切に作成されなければならない。（2019 前）

イ　指導計画の作成に当たっては、第2章及びその他の関連する章に示された事項のほか、子ども一人一人の発達過程や状況を十分に踏まえるとともに、次の事項に留意しなければならない。
（ア）［ 3歳未満児 ］については、一人一人の子どもの［ 生育歴 ］、心身の発達、活動の実態等に即して、［ 個別的な計画 ］を作成すること。
（イ）［ 3歳以上児 ］については、個の成長と、子ども［ 相互の関係 ］や［ 協同的 ］な活動が促されるよう配慮すること。
（ウ）［ 異年齢 ］で構成される組やグループでの保育においては、一人一人の子どもの生活や経験、［ 発達過程 ］などを把握し、適切な援助や環境構成ができるよう配慮すること。

保育の内容

- 保育所保育指針では、「［ 乳児保育 ］・［ 1歳以上3歳未満児 ］・［ 3歳以上児 ］」の3区分に分けて、それぞれ「ねらい」「内容」「内容の取扱い」が示されている。

乳児保育の基本的事項（保育所保育指針より）

第2章「保育の内容」1「乳児保育にかかわるねらい及び内容」(1)「基本的事項」

ア　乳児期の発達については、視覚、聴覚などの［ 感覚 ］や、座る、はう、歩くなどの［ 運動機能が著しく発達 ］し、特定の大人との［ 応答的な関わり ］を通じて、情緒的な絆（きずな）が形成されるといった特徴がある。これらの発達の特徴を踏まえて、乳児保育は、愛情豊かに、［ 応答的 ］に行われることが特に必要である。
イ　本項においては、この時期の発達の特徴を踏まえ、乳児保育の「ねらい」及び「内容」については、［ 身体的発達 ］に関する視点「健やかに伸び伸びと育つ」、［ 社会的発達 ］に関する視点「身近な人と気持ちが通じ合う」及び［ 精神的発達 ］に関する視点「身近なものと関わり感性が育つ」としてまとめ、示している。
ウ　本項の各視点において示す保育の内容は、第1章の2に示された養護における「［ 生命の保持 ］」及び「［ 情緒の安定 ］」に関わる保育の内容と、一体となって展開されるものであることに留意が必要である。

1歳以上3歳未満児の保育の基本的事項（保育所保育指針より）

第2章「保育の内容」2「1歳以上3歳未満児の保育に関わるねらい及び内容」(1)「基本的事項」

ア　この時期においては、歩き始めから、歩く、走る、跳ぶなどへと、［ 基本的な運動機能 ］が次第に発達し、［ 排泄の自立のための身体的機能 ］も整うようになる。つまむ、めくるなどの［ 指先の機能 ］も発達し、食事、衣類の着脱なども、［ 保育士等の援助 ］の下で自分で行うようになる。発声も明瞭になり、語彙も増加し、自分の［ 意思や欲求 ］を言葉で表出できるようになる。このように自分でで

A　×：「行事」ではなく「保育時間」である。

きることが増えてくる時期であることから、保育士等は、子どもの[生活の安定]を図りながら、[自分でしようとする気持ち]を尊重し、温かく[見守る]とともに、愛情豊かに、[応答的に]関わることが必要である。

イ　本項においては、この時期の発達の特徴を踏まえ、保育の「ねらい」及び「内容」について、心身の健康に関する領域「[健康]」、人との関わりに関する領域「[人間関係]」、身近な環境との関わりに関する領域「[環境]」、言葉の獲得に関する領域「[言葉]」及び感性と表現に関する領域「[表現]」としてまとめ、示している。

3歳以上児の保育の基本的事項（保育所保育指針より）

第2章「保育の内容」3「3歳以上児の保育に関するねらい及び内容」(1)「基本的事項」

ア　この時期においては、運動機能の発達により、[基本的な動作]が一通りできるようになるとともに、[基本的な生活習慣]もほぼ自立できるようになる。理解する[語彙数]が急激に増加し、知的興味や関心も高まってくる。仲間と遊び、[仲間の中の一人]という自覚が生じ、[集団的な遊び]や[協同的な活動]も見られるようになる。これらの発達の特徴を踏まえて、この時期の保育においては、[個の成長と集団としての活動]の充実が図られるようにしなければならない。

イ　本項においては、この時期の発達の特徴を踏まえ、保育の「ねらい」及び「内容」について、心身の健康に関する領域「[健康]」、人との関わりに関する領域「[人間関係]」、身近な環境との関わりに関する領域「[環境]」、言葉の獲得に関する領域「[言葉]」及び感性と表現に関する領域「[表現]」としてまとめ、示している。

5領域の「ねらい」についても穴埋め形式で出題されているよ。科目「保育原理」にも目を通して、キーワードをおさえておこう。

保育の評価

- 自己評価には、[保育士等] が行う自己評価と、[保育所] が行う自己評価がある。
- 個々の保育士等が行う自己評価は、自らの[保育実践] と[子どもの育ち] を振り返り、次の保育に向けて改善を図り、[保育の質] を向上させることが目的となる。
- 改善のための評価の視点として、[子どもの育ちをとらえる視点] と[自らの保育をとらえる視点] がある。

Q 保育士がもつべき倫理観を、「全国保育士会倫理綱領」に照らした際の行動の指針として、プライバシーの保護がある。（2021 後）

保育の評価（保育所保育指針より）

第1章「総則」3「保育の計画及び評価」(4)「保育内容等の評価」

ア　保育士等の自己評価

(ア)　保育士等は、保育の計画や保育の[記録]を通して、自らの[保育実践を振り返り]、自己評価することを通して、その[専門性]の向上や保育実践の[改善]に努めなければならない。

(イ)　保育士等による自己評価に当たっては、子どもの活動内容やその結果だけでなく、子どもの心の育ちや意欲、取り組む[過程]などにも十分配慮するよう留意すること。

(ウ)　保育士等は、自己評価における自らの保育実践の振り返りや職員相互の[話し合い]等を通じて、専門性の向上及び保育の[質の向上]のための課題を明確にするとともに、保育所全体の保育の内容に関する認識を深めること。

イ　保育所の自己評価

(ア)　保育所は、保育の質の向上を図るため、保育の計画の展開や保育士等の自己評価を踏まえ、当該保育所の保育の内容等について、[自ら評価]を行い、その[結果を公表]するよう努めなければならない。

(イ)　保育所が自己評価を行うに当たっては、地域の実情や保育所の実態に即して、適切に評価の観点や項目等を設定し、全職員による[共通理解]をもって取り組むよう留意すること。

(ウ)　設備運営基準第36条の趣旨を踏まえ、保育の内容等の評価に関し、保護者及び地域住民等の[意見]を聴くことが望ましいこと。

実習生としての在り方

- 実習を行う前に、保育所の役割や機能を具体的に理解したり、観察や子どもとの関わりを通して子どもへの理解を深めるなどの、実習において学ぶべきことを整理し、目標を設定する。
- トラブルの場合の仲裁方法について、[担当保育士]に相談し、助言を得る。
- 事故や怪我の発生時はすぐにその状況を[担当保育士]に報告する。
- プライバシーの保護に留意し、[守秘義務]を厳守する。
- 子どもの[人権]や子どもの[最善の利益]を配慮した保育を行う。

A　○：設問文の通りである。

02 児童福祉施設における保育

児童福祉施設の概要

- 児童福祉施設とは、国または都道府県などが設置する、社会福祉を図るための施設であり、12種類の施設が規定されている。
- 利用申込みをした人、利用が必要と認められた人が通う[通所施設]と入所する[入所施設]がある。

児童福祉法における保育士の定義

- 児童福祉法第18条の4で保育士を以下のように定義している。

> この法律で、保育士とは、第18条の18第1項の登録を受け、保育士の名称を用いて、専門的知識及び技術をもつて、児童の[保育]及び[児童の保護者]に対する保育に関する[指導]を行うことを業とする者をいう。

- 「保育所保育指針」に記載されている「保育士等」に含まれる保育所職員は施設長、保育士、調理員、栄養士、看護師等をすべて含むものとする。

児童福祉施設の役割と機能

安全・安心の養育

- 明るく衛生的な住環境と心身の発達に適切な食事、季節に応じた適切な衣類を[保障]する。

個の尊重と個別化・一貫性のある養育

- 集団の一律対応を行わず、一人ひとりを尊重して、児童それぞれに応じた援助を[個別]に行う([個別化])。
- 可能な限り[同一の保育者]による援助を継続し、また、職員の関わりを統一して[一貫性のある]養育を行う。

心理的ケアを通して回復させる養育

- 虐待等の不適切な養育環境のもとにあったことにより生じる、[発達のゆがみ]や[心の傷]を癒し、回復させるために心理的ケアを行う。

Q 保育所の保育士には次の技術が求められる。保育所内外の空間や様々な設備、遊具、素材等の物的環境、自然環境や人的環境を生かし、保育の環境を構成していく知識及び技術。(2021 前)

地域の児童及び子育て家庭の支援の推進

- 保育所は、地域における様々な子育て支援活動と連携し、それぞれの[地域の特徴]、[保育所の特性] を踏まえ、それを生かして進める。

児童福祉施設については科目「子ども家庭福祉」「社会的養護」と重複する箇所が多いから、しっかり目を通しておこう。

保育所の保育士に求められる主要な知識及び技術についての考え方

①これからの社会に求められる資質を踏まえながら、乳幼児期の子どもの発達に関する専門的知識を基に子どもの育ちを見通し、一人一人の子どもの発達を援助する知識及び技術。

②子どもの発達過程や意欲を踏まえ、[子ども自らが生活していく力]を細やかに助ける生活援助の知識及び技術。

③保育所内外の空間や様々な設備、遊具、素材等の[物的環境]、[自然環境]や[人的環境]を生かし、保育の環境を構成していく知識及び技術。

④子どもの経験や興味や関心に応じて、[様々な遊び]を豊かに展開していくための知識及び技術。

⑤子ども同士の関わりや子どもと保護者の関わりなどを見守り、その気持ちに寄り添いながら適宜必要な援助をしていく[関係構築]の知識及び技術。

⑥保護者等への[相談、助言]に関する知識及び技術。

児童福祉施設の生活と養育

乳児院の生活と養育

- 乳児の生きる力として[愛着] を大切にし、担当養育者が十分に乳児の必要性を把握し、[応答的] な関わりをもっていく。
- 個々の[発達段階] に合わせ、安定した食事・睡眠・遊びなどを提供していく。

障害児入所施設等の生活と養育

- 少しずつでも生活技術を身につけていくことを大切にし、[スモールステップ] での援助を行っていく。

A ○：設問文の通りである。

- 病院としての設備と職員によって、治療及び身体の機能維持・回復を図ることも重要である。

児童心理治療施設の生活と養育

- 適切な環境下で、日常生活や人間関係を体験するなど、生活体験を通して治療する[総合環境法]が取り入れられ、自制する力を養い、情緒を安定させせることが大切にされている。

児童自立支援施設の生活と養育

- 日々の暮らしを学ぶ生活([暮らしの教育])として、規則正しい生活、知識・学力を身につける生活([学びの教育])を行う。働く体験や人の役に立つ体験のできる生活([働く教育])により、達成感を味わい自己肯定感を高める学びが行われている。

母子生活支援施設の生活と養育

- 母親には安全な生活の保障を提供し、児童には保育士等の適切な関わりにより母親の関わり不足を補う。
- 母子の生活支援を行う[母子支援員]が配置されている。

Q 乳児院からの措置変更で児童養護施設に入所したＪ君（８歳、男児）は、施設の他の子どもたちとテレビを見ている場面で担当保育士に「なんで俺の親は俺を施設に預けたの？」と質問した。実親の情報の伝達にあたっては、どのような情報であっても実親の承諾が必要となるため、実親と連絡をとる。(2021 前)

03 言語に関する技術

言葉の発達と保育

- 言語表現について理解するためには、言語の発達過程を把握していくことが重要である。

言語の発達過程については、科目「保育の心理学」（20ページ）でも解説しているから、そちらも確認しておこう。

幼児期の終わりまでに育ってほしい姿（保育所保育指針より）

第1章「総則」4「幼児教育を行う施設として共有すべき事項」（2）「幼児期の終わりまでに育ってほしい姿」

ケ　言葉による伝え合い

保育士等や友達と［ 心 ］を通わせる中で、絵本や物語などに親しみながら、［ 豊かな言葉や表現 ］を身に付け、［ 経験したこと ］や［ 考えたこと ］などを言葉で伝えたり、相手の話を注意して聞いたりし、言葉による伝え合いを［ 楽しむように ］なる。

コ　豊かな感性と表現

［ 心を動かす ］出来事などに触れ感性を働かせる中で、様々な［ 素材 ］の特徴や表現の仕方などに気付き、［ 感じたこと ］や考えたことを自分で表現したり、友達同士で表現する過程を楽しんだりし、表現する［ 喜び ］を味わい、意欲をもつようになる。

3歳以上児の保育のねらい及び内容（保育所保育指針より）

第2章「保育の内容」3「3歳以上児の保育に関するねらい及び内容」（2）ねらい及び内容

エ「言葉」

言葉は、身近な人に親しみをもって接し、自分の［ 感情 ］や意志などを伝え、それに相手が応答し、その言葉を［ 聞くこと ］を通して次第に獲得されていくものであることを考慮して、子どもが保育士等や他の子どもと関わることにより［ 心 ］を動かされるような体験をし、言葉を交わす喜びを味わえるようにすること。（一部抜粋）

A　×：原則として実親の承諾は必要はない。伝え方や内容について職員会議で確認してから、後日伝える場を設けるなどの対応が適切といえる。

表現遊びに適した教材

- 表現を行うための方法としては、絵本などの読み聞かせや、紙芝居などの劇などがある。

表現遊びに使われる代表的な方法・教材

表現方法	特徴
[素話(すばなし)]	何も持たずに、紙芝居なども使わずお話をする([昔話]、民話など)。
[紙芝居]	絵の書かれた紙を見せながら演じ手が語ってお話をする。
[絵本]	絵と文字で構成されている本で読み聞かせるようにお話をする。
[ペープサート]	紙の操り人形劇のこと。棒に人や動物などの絵を描いた紙を貼り付け、それを用いて動かしながらお話をする。
[パネルシアター]	パネル布を貼った板を舞台にして、不織布(Pペーパー)でつくった絵人形を貼ったり外したりしてお話を展開する。
[エプロンシアター]	演じ手がエプロンに人形を貼ったり外したりして展開するお話。
人形劇	操り人形(マリオネット)や手や指を入れて操作する[パペット]などがある。

日本の絵本や童話

作品名	著者名
[いないいないばあ] あなたはだあれ きつねのよめいり	[松谷みよ子](作) 瀬川康男(絵)
ぐりとぐら ぐりとぐらのおきゃくさま	中川李枝子(作) 山脇百合子(大村百合子)(絵)
きんぎょが にげた いっぽんばしわたる たべたのだあれ	五味太郎
じゃあじゃあびりびり	まついのりこ
[からすのパンやさん]	加古里子(かこさとし)
ぐるんぱのようちえん	西内ミナミ(作) 堀内誠一(絵)
おしいれのぼうけん	古田足日(ふるたたるひ)(作) 田畑精一(たばたせいいち)(絵)

Q『あなたはだあれ』の著者は、松谷みよ子である。(2018後・改)

[100万回生きたねこ]	佐野洋子
11ぴきのねこ	[馬場のぼる]
14ひきのあさごはん	いわむらかずお
ちょっとだけ	瀧村有子(作) 鈴木永子(絵)
キャベツくん ぼくのくれよん こんにちは!へんてこライオン	長新太
はけたよ　はけたよ	神沢利子(作) 西巻茅子(絵)
ぽんたのじどうはんばいき	加藤ますみ(作) 水野二郎 (絵)
いっぱいやさいさん	まどみちお(作) 斉藤恭久(絵)
がたん ごとん がたん ごとん	安西水丸
だるまさんが	かがくいひろし
おつきさまこんばんは	林明子
ねずみくんのチョッキ	なかえよしを
もこもこもこ	谷川俊太郎(作) 元永定正
わたしのワンピース	西巻茅子
おばけのてんぷら	せなけいこ

ゴロで暗記! いないいないばあ

待った、見よ子!
(松谷みよ子)
いないいないばあ!

ゴロで暗記! キャベツくん

キャベツくんは

長身だ
(長新太)

A ○:設問文の通りである。

海外の絵本

作品名	著者名
［ はらぺこあおむし ］	［ エリック・カール ］
三びきのやぎのがらがらどん	マーシャ・ブラウン（絵）
［ かいじゅうたちのいるところ ］	モーリス・センダック
うさこちゃんとどうぶつえん ゆきのひのうさこちゃん うさこちゃんとうみ	ディック・ブルーナ
どろんこハリー	ジーン・ジオン（作） マーガレット・ブロイ・グレアム（絵）
ピーターラビットのおはなし	ビアトリクス・ポター
ちいさいおうち	［ バージニア・リー・バートン ］
ティッチ	パット・ハッチンス
ぼちぼち　いこか	マイク=セイラー（作） ロバート=グロスマン（絵）
ぼくのだいじな　あおいふね	ピーター・ジョーンズ（作） ディック・ブルーナ（絵）

民話をもとにした絵本

作品名	著者名
おおきなかぶ	A・トルストイ（再話） 佐藤忠良（絵）

＼ゴロで暗記！／　はらぺこあおむし

え、リュック軽っ！
（エリック・カール）
はらぺこ　だよ～
（はらぺこあおむし）

最近は、「障害がある子とのかかわり方」「きょうだい関係」など、特定のテーマにあった絵本を選択肢の中から選ばせる問題がでているよ。有名な絵本については、どんなテーマについて書かれているのかをおさえておこう。

Q　クラスの子どもたちに絵本の読み聞かせをする際の留意点として絵本は、表紙や裏表紙にも物語が含まれることがあることを理解しておくことが挙げられる。（2022 後）

お話をするときのポイント

①子どもたち全員の[顔が見渡せる]位置で行う。

②[発声]、[発音]に気を配る。

③[心]を込めて、[表現豊か]に行う。

④子どもが絵本の世界を楽しめるように、保育士は絵本の[ストーリー]や[展開]をよく理解しておく必要がある。

⑤絵本を読む時の読み手の背景は、子どもが絵本に集中できるように[シンプル]にする。

⑥絵本は、[表紙や裏表紙]にも物語が含まれることがあることを理解しておく。

A ○：設問文の通りである。

04 音楽に関する技術

音楽表現の基礎

音名

- 「音名」は、[絶対的な音の高さ] を表す。

主な国ごとの音名

イタリア語	ド	レ	ミ	ファ	ソ	ラ	シ
日本語	[ハ]	[ニ]	[ホ]	[ヘ]	[ト]	[イ]	[ロ]
英語	[C]	[D]	[E]	[F]	[G]	[A]	[B]

コードの問題では英語の音名が、移調など「調」についての問題では日本の音名が使われるんだ。避けては通れない道なので、しっかり暗記しておこう。

調

- 「調」は、音階全体の[音の高さ] を表す。○長調、○短調などは[○の音から始まる調] のことを表す。(例)ハ長調なら[ハ(ド)] の音から始まる。

「調」というと難しく聞こえるけど、カラオケの「キー」と同じことだよ。音の高さを調整するために「キー」を上げ下げすると思うけど、調を移動するのも同じことなんだ。

階名

- 「階名」は[音階上の位置] を表し、音階や調によって名前が変わる。
- 調の始まりの[音名] を[主音] と呼び、主音の階名は[ド] である。

Q 変ホ長調の階名「ソ」は、音名「変イ」である。(2018 後)

(例)ト長調の音名と階名　※第一音の「ソ」が[主音]となる。

音名	ソ	ラ	シ	ド	レ	ミ	ファ♯
階名	ド	レ	ミ	ファ	ソ	ラ	シ

(例)イ長調の音名と階名　※第一音の「ラ」が[主音]となる。

音名	ラ	シ	ド♯	レ	ミ	ファ♯	ソ♯
階名	ド	レ	ミ	ファ	ソ	ラ	シ

実際に演奏するときに鍵盤を弾く位置は「音名」だよ。

変化記号

調号

- ♯([シャープ])…半音[上げる](日本名：[嬰(えい)])
- ♭([フラット])…半音[下げる](日本名：[変])
- ♮([ナチュラル])…[音の変化をキャンセルする]
- 5線の最初に書かれる変化記号の組み合わせのことを[調号]と呼び、楽譜全体の調(キー)を決めている。

変化記号の日本語読み「嬰」「変」はコードネームの問題でも使われるから覚えておこう。

音符

音符	名称	拍
𝅝	[全音符]	4拍
𝅗𝅥	[2分音符]	2拍
♩	[4分音符]	1拍
♪	[8分音符]	0.5拍
𝅘𝅥𝅯	[16分音符]	0.25拍

A　×：変ホ長調の階名「ソ」は、主音から５つめの音のことである。変ホ長調の主音は音名「変ホ」（ミ♭）であり、そこから５つめの音名は「変ロ」（シ♭）である。

休符

	[全休符]	4拍休む
	[2分休符]	2拍休む
	[4分休符]	1拍休む
	[8分休符]	0.5拍休む
	[16分休符]	0.25拍休む

拍子記号

- 分母にあたる数字は1拍として数える[音符の種類]を表し、分子にあたる数字は1小節内の拍数で、[何拍子の曲]かを表す。

(例)4/4拍子(4分の4拍子)

	左の楽譜は、4分音符を1拍として、1小節が4拍分であることを表している

音程

- 音と音の[距離]のこと。単位を[度]で示し、同じ音同士は0度ではなく、[1度]と数える。
- 白鍵と黒鍵も含めて、隣同士の音程を「半音」といい、半音2つ分の音程を「全音」という。
- 音程には、[長音程]、[短音程]、[完全音程]、[増音程]、[減音程]の種類がある。

完全音程 → [1・・45・・8]度
長・短音程 →[・23・・67・]度
増音程 →[完全・長音程]に♯がついたもの
減音程 →[完全音程]に♭がついたもの

Q コードネームDmにあてはまる鍵盤の位置は③⑥⑩である。(2015)

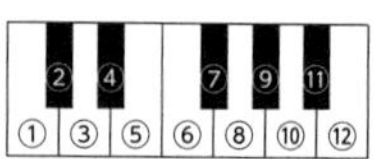

ドを基準にした場合の音程

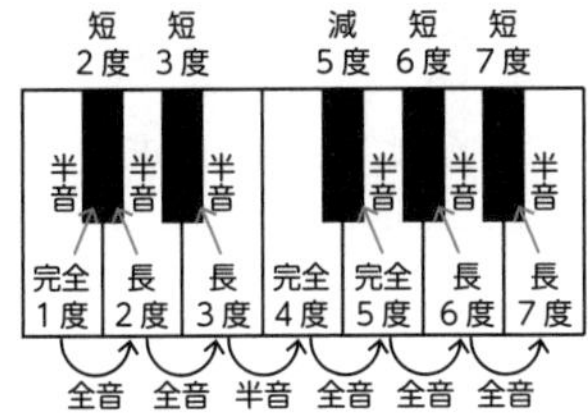

和音

- ある音の上に、3度ずつの隔たりで2つの音を重ねたものを[三和音]という。
- 第[1]音、第[4]音、第[5]音を根音として作られる和音を[主要三和音]という。

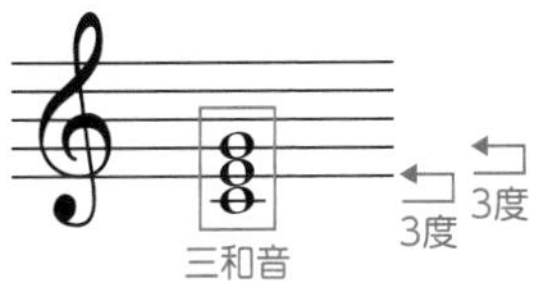

コードネーム

- アルファベット、数字、記号で表す和音の略記号をコードネームという。

主なコードネームの種類（例はCコードの場合）

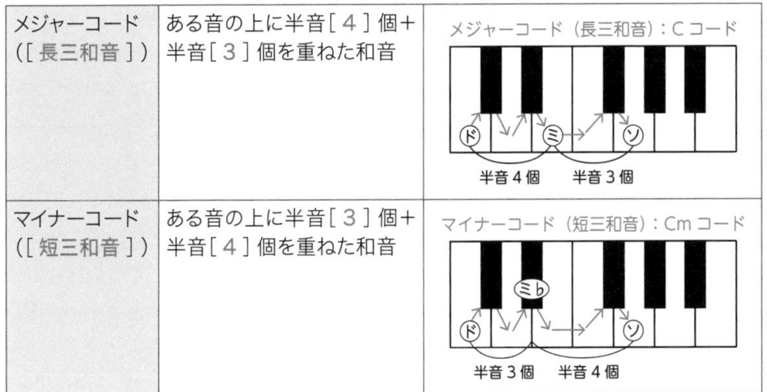

メジャーコード（[長三和音]）	ある音の上に半音[4]個＋半音[3]個を重ねた和音	メジャーコード（長三和音）：Cコード ド ミ ソ 半音4個 半音3個
マイナーコード（[短三和音]）	ある音の上に半音[3]個＋半音[4]個を重ねた和音	マイナーコード（短三和音）：Cmコード ド ミ♭ ソ 半音3個 半音4個

（つづく）

A ○：Dm は D（レ）のマイナーコードを示す。D（レ：鍵盤位置③）から半音３つの音は F（ファ：鍵盤位置⑥）、さらに半音４つを重ねた音は A（ラ：鍵盤位置⑩）である。

セブンスコード	メジャーコードにさらに半音［3］個の音を重ねた和音（実際に弾くときは第［5］音を省いて弾く）	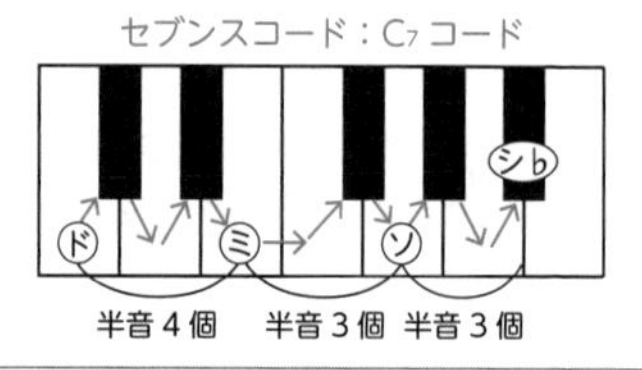

ゴロで暗記！／ メジャーコード

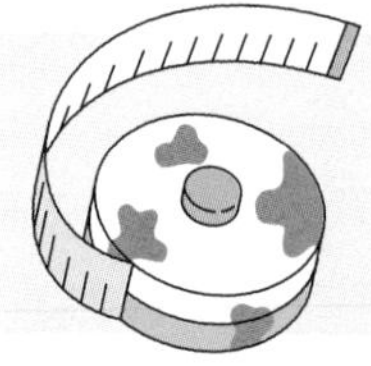

メジャー　に　シミ
（メジャーコード）　（半音4→3）

ゴロで暗記！／ マイナーコード

マイナー　な映画を　見よー
（マイナーコード）　（半音3→4）

ゴロで暗記！／ Cコード

ドミノをソーっと静かに倒す
（ドミソ）　（C）

ゴロで暗記！／ Fコード

フライド　フィッシュ
（ファラド）　（F）

ゴロで暗記！／ Gコード

グーな、し　そ　レモン
（G）　（シ）（ソ）　（レ）

Q　Q コードネーム F# にあてはまる鍵盤の位置は③⑥⑩である。（2021 後）

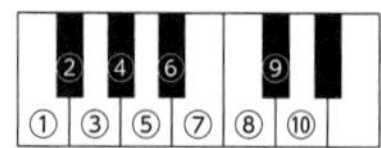

移調

- 移調とは1つの曲全体を丸ごと別の調(キー)に移すことである。
- 調の名称は、楽譜の調号の種類と数に対応している。

シャープ系の早見表

調の名称	ハ	ト	ニ	イ	ホ	ロ	嬰ヘ	嬰ハ
#の数	0	1	2	3	4	5	6	7
#のつく音名	―	ファ	ファ、ド	ファ、ド、ソ	ファ、ド、ソ、レ	ファ、ド、ソ、レ、ラ	ファ、ド、ソ、レ、ラ、ミ	ファ、ド、ソ、レ、ラ、ミ、シ

フラット系の早見表

調の名称	ハ	ヘ	変ロ	変ホ	変イ	変ニ	変ト	変ハ
♭の数	0	1	2	3	4	5	6	7
♭のつく音名	―	シ	シ、ミ	シ、ミ、ラ	シ、ミ、ラ、レ	シ、ミ、ラ、レ、ソ	シ、ミ、ラ、レ、ソ、ド	シ、ミ、ラ、レ、ソ、ド、ファ

(例)「長2度上の調に移調」と出題された場合

①原曲(移調前)の調名を把握する

今回の例では、フラット(♭)がつくため、フラット系の早見表から調を見つける。なお、早見表では、フラットが3つつく調(変ホ長調)である。

②調名を移調に合わせる

「変ホ長調」の主音「変ホ」から長2度上の調は、半音2個上の音なので、「ヘ長調」となる。

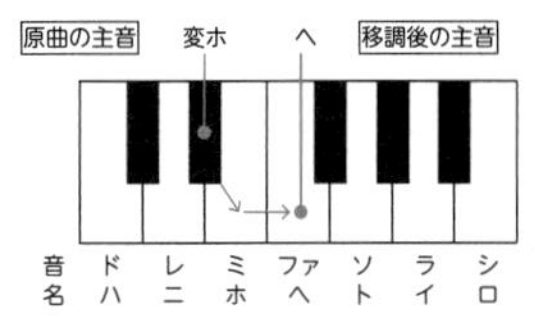

③ヘ長調(♭1つ)にした後に、音符をすべて長2度上げて書き移す

「移調」の問題も頻出だよ。フラット/シャープ系の早見表は便利だから覚えておこう。出題の形が決まっているので、過去問を繰り返し解くことがポイントだよ。

A ×:②、⑥、⑨が正しい。

ゴロで暗記! シャープ系の早見表

鳩の兄さん、
(ハ・ト)　(ニ・イ)
札幌へ羽ばたく
(ホ・ロ・ヘ・ハ)

このゴロとあわせて、後ろ2つの「ヘ・ハ」は「嬰ヘ・嬰ハ」であることをおさえると完璧だよ。また、フラット系の早見表は、シャープ系の早見表の逆順だと覚えよう。

反復記号

- リピート…この間を繰り返す。

(例)演奏順：[1]→[2]→[1]→[2]

- ダ カーポ(D.C.)…曲の始めに戻って、Fineまたは 𝄐(フェルマータ)で終わる。

(例)演奏順：[1]→[2]→[3]→[4]→[1]→[2]→[3]

- ダルセーニョ(D.S.)…曲の途中にある𝄋(セーニョマーク)に戻ってからFineまたは 𝄐(フェルマータ)で終わる。

(例)演奏順：[1]→[2]→[3]→[4]→[2]→[3]

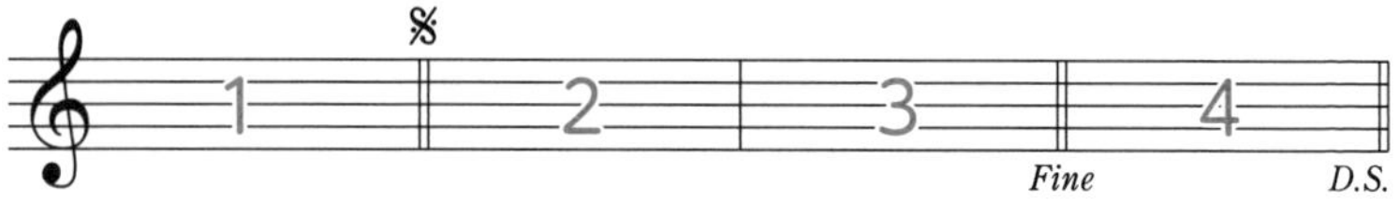

Q「はじめにもどる」を表す音楽記号は次のうちどれか。
ア　D.S.　イ　D.C.　ウ　al fine　(2017 前)

- コーダ(𝄌)…途中に記されていたら、次の𝄌またはcodaまで飛ばして進む。

(例)演奏順：[1] →[2] →[3] →[2] →[4]

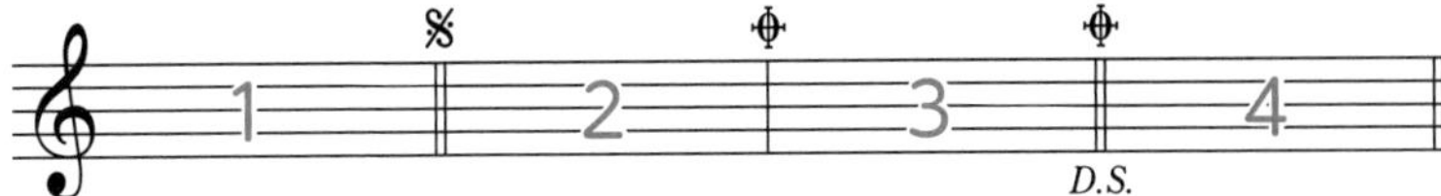

速度記号

遅い ↑	grave	グラーヴェ	[重々しくゆっくりと]
	largo	ラルゴ	[幅広くゆるやかに]
	lento	レント	[ゆるやかに]
	adagio	アダージョ	[ゆるやかに]
	andante	アンダンテ	[ゆっくり歩くような速さで]
中間	andantino	アンダンティーノ	[アンダンテよりやや速く]
	moderato	モデラート	[中くらいの速さ]
	allegro moderato	アレグロモデラート	[やや快速に]
	allegretto	アレグレット	[やや快速に]
	allegro	アレグロ	[快速に]
	vivace	ヴィヴァーチェ	[活発に速く]
↓ 速い	presto	プレスト	[急速に]

部分的な速度変化があるもの

accelerando(accel.)	アッチェレランド	[だんだん速くする]
ritardando(rit.)	リタルダンド	[だんだんゆっくりにする]
rallentando(rall.)	ラレンタンド	
allargando	アラルガンド	[強くしながらだんだん遅くする]
piu mosso	ピウモッソ	[今までより速く]
meno mosso	メノモッソ	[今までより遅く]

\ゴロで暗記!/ アンダンテ

歩くような速さで ！
(歩くような速さで)

あんただって ！
(アンダンテ)

A イ：「D.C.」が正しい。

\ゴロで暗記!/ グラーヴェ

ゆっくり 比べて!
(ゆっくりと) (グラーヴェ)
一番 重い のは?
(重々しく)

\ゴロで暗記!/ レント

緩やかに連投する
(レント)

\ゴロで暗記!/ アッチェルランド

あっちのランドに
(アッチェルランド)
だんだん速く行く

\ゴロで暗記!/ センプレ

常に せんべいプレゼント
(つねに) (センプレ)

\ゴロで暗記!/ メノ

より少なめの
(より少なく)

\ゴロで暗記!/ シーミレ

前と同じ とこに シミ
(前と同様に) (シミーレ)

Q「少しずつ」を意味する音楽用語は「andante」である。(2019 前)

強弱記号

ppp	ピアニッシシモ	[できるだけ弱く]
pp	ピアニッシモ	[とても弱く]
p	ピアノ	[弱く]
mp	メゾピアノ	[やや弱く]
mf	メゾフォルテ	[やや強く]
f	フォルテ	[強く]
ff	フォルティッシモ	[とても強く]
fff	フォルティッシシモ	[できるだけ強く]
sf	スフォルツァート	[特に強く]
crescendo(<、cresc.)	クレッシェンド	[だんだん強く]
decrescendo(>、decresc.)	デクレッシェンド	[だんだん弱く]
diminuendo(dim.)	ディミヌエンド	[だんだん弱く]
poco a poco	ポコアポコ	[少しずつ]
subito	スービト	[すぐに]

その他、速度記号

- a tempo…曲中で[一度速さが変化したものを変化する前の速さ]にする記号。
- tempo primo…曲の途中で[速さが様々に変化したものを曲が始まったときの速さ]に戻す。

「速度記号」「強弱記号」等は過去問で出題されたものは必ずチェックしておこう。

曲想を表す標語

agitato	アジタート	[せきこんで、激しく]
amabile	アマービレ	[愛らしく]
appassionato	アパッショナート	[情熱的に]
brillante	ブリランテ	[華やかに]
cantabile	カンタービレ	[歌うように]
comodo	コモド	[気楽に]
dolce	ドルチェ	[甘く柔らかく]

A ×:「少しずつ」を表すのは「poco a poco」。「andante」は「ゆっくり歩くような速さで」の記号である。

espressivo	エスプレッシーヴォ	[表情豊かに]
legato	レガート	[なめらかに]
leggiero	レッジェーロ	[軽く]
maestoso	マエストーソ	[荘厳に]
scherzando	スケルツァンド	[おどけて]
tranquillo	トランクイーロ	[静かに]

\ゴロで暗記!/ アジタート

あの アジ（アジタート）… 激しい（激しい）！

\ゴロで暗記!/ レガート

俺が 俺がー!（レガート）と 主張しないと なめられる（なめらかに）

\ゴロで暗記!/ アマービレ

愛らしいアマビエ（アマービレ）

\ゴロで暗記!/ ブリランテ

華やかな（華やかに） ブリ（ブリランテ） のお造り

楽曲の種類

2拍子の曲	[マーチ]	行進曲。
	[ポルカ]	ボヘミア発祥の軽快な舞曲。
	[フラメンコ]	スペインの音楽。歌と踊りとギターの三者が一体化しているのが特徴。
	[チャチャチャ]	中南米の踊りのリズムを使った現代舞曲。

Q ワルツは、4 拍子の曲である。（2019 前）

3拍子の曲	[ワルツ]	ドイツ発祥の優美な舞曲。
	[ボレロ]	スペイン発祥。生き生きしたリズムの舞曲。
	[メヌエット]	フランス発祥。上品で優雅な舞曲。
4拍子の曲	[タンゴ]	アルゼンチン発祥の舞踏音楽。

＼ゴロで暗記!／ ワルツ

3 拍子、

テンポ わるっ!
(ワルツ)

日本の主な童謡と作詞家・作曲家

曲名	作詞家	作曲家
しゃぼん玉	[野口雨情]	[中山晋平]
あめふり	[北原白秋]	[中山晋平]
赤とんぼ	[三木露風]	[山田耕筰]
ぞうさん	[まど・みちお]	[團 伊玖磨]
おつかいありさん	[関根栄一]	[團 伊玖磨]
どんぐりころころ	[青木存義]	[梁田　貞]
お正月	[東 くめ]	[滝廉太郎]
うれしいひなまつり	[山野三郎(サトウハチロー)]	[河村光陽]
七つの子	[野口雨情]	[本居長世]
いぬのおまわりさん	[さとうよしみ]	[大中 恩]
夕焼け小焼け	[中村雨紅]	[草川 信]
あめふりくまのこ	[鶴見正夫]	[湯山 昭]

＼ゴロで暗記!／ しゃぼん玉

雨 の 中、山 に向かって、
(雨情)　(中山)

シャボン玉
(しゃぼん玉)

A ×：3拍子の曲である。

楽曲・歌の種類・教育法等

[唱歌]	学校の音楽の時間に教わる歌。教科名でもあり、楽曲の総称でもある。
[小学唱歌集]	伊澤修二が編集した、日本初の音楽教科書。「むすんでひらいて(ルソーが作曲)」「ちょうちょう」など。
[わらべうた(伝承童謡)]	子どもが遊びながら歌う、古くから歌い継がれてきた歌。多くは5音階でできている(ド、レ、ミ、ソ、ラ)。
[カンツォーネ]	イタリア語の歌。一般にイタリアのポピュラーソングを指す。
[マザー・グース]	イギリスの伝承童謡集。
[赤い鳥童謡運動]	鈴木三重吉が唱歌を批判し、子どもの感性を育てるために、歌を世間に広める運動を宣言し、1918年に子ども向け雑誌「赤い鳥」を創刊した。
[コダーイシステム]	ハンガリーの作曲家コダーイ・ゾルターンが創案。 遊び歌を基本にしたもの。ソルフェージュが有名。
[リトミック]	音楽を動きで表現することで幼児の心的・身体的活動を高める教育。スイスの作曲家であるエミール・ジャック=ダルクローズが考案した。
[モンテッソーリ教育法]	イタリアの教育家モンテッソーリが創案。感覚教育と同様、子どもの中の自発性を尊重しているのが特徴。

楽器の種類

金管楽器	トランペット、コルネット、ホルン、トロンボーン、ユーフォニウム、チューバ
木管楽器	ピッコロ、[フルート]、オーボエ、[クラリネット]、ファゴット、[サックス]
弦楽器	ヴァイオリン、ビオラ、チェロ、コントラバス、ハープ、ギター
打楽器	ドラム、ティンパニー、シロフォン、グロッケン、マリンバ、ハンドベル、カウベル、ウィンドチャイム、カホン、ギロ、クラベス、拍子木、シンバル、スルド、トライアングル、マラカス、スレイベル

木管楽器は楽器の材料に木材を使っているからそう呼ばれているわけではないんだ。金管楽器のように唇の振動ではなく、リードなどを使って音を出す楽器のことなんだ。
だから、金属でできているフルートやサックスも木管楽器に分類されるよ。

Q リトミックは、アメリカの作曲家エミール・ジャック=ダルクローズが考案した音楽教育法である。(2018 後)

05 造形に関する技術

描画の発達段階

● 描画の発達段階は以下の通りである。

発達段階	呼び名	時期	特徴
[なぐりがき期]	錯画期・乱画期	1〜2歳半	無意識の表現。点、線から次第にジグザグ、渦巻き円形を描くようになる。「なぐりがき」のことを[スクリブル]という。
[象徴期]	命名期・記号期・意味づけ期	2〜3歳半	意識的な表現になり、描いた形を命名する。渦巻きのように描いていた円から一つの円を描けるようになる。
[前図式期]	[カタログ期]	3〜5歳	知っているものを並べて描く。描いたものと色のリンクはない。頭から手足が生えた[頭足人]がみられる。
[図式期]	[知的リアリズム期]	4〜9歳	見えるものを描くのではなく、知っていることを描く。花や太陽などを擬人化する[アニミズム]表現等を描くようになる。

「描画の発達段階」について、呼び名や特徴が頻出しているよ。時期ごとの呼び名や特徴は必ず覚えよう。

ゴロで暗記! 前図式期

前(前図式期) 買った(カタログ期) のは
サンゴ(3〜5歳) と 豚足(頭足人)

A ×:「アメリカ」ではなく「スイス」が正しい。

9章 保育実習理論

幼児の描画の特徴

- 幼児期には以下のような様々な描画の特徴があらわれる。

[並列表現]	基底線(地面と空を区切る)のある並列型表現。
[アニミズム表現]	動物や太陽などを擬人化して描く。[ピアジェ] によって提唱された。
[レントゲン表現]	見えないところを透視したように描く。
[拡大表現]	関心があるものを拡大して描く。
[展開表現]	立体的なものを上下左右に倒したように展開して表現する。
[積上式表現]	うまく遠近感を表現できないものを、積み上げて描いて遠くを表す。
[視点移動表現]	複数の異なる視点から見たものを同時に表現する。
[異時同存表現]	時間の経過にあわせて変化する場面を一緒に描く。

色について

色の三原色

- [赤]、[青]、[黄] のこと。混ぜると黒に近い色になり、これを [減算混合] という。
- 色料の三原色とは「緑みの青(シアン)」、「赤紫(マゼンタ)」、「黄(イエロー)」のこと。

光の三原色

- [赤]、[青]、[緑] のこと。混ぜると白になり、これを [加算混合] という。

色の三要素

[色相]	色味・色合いのこと。赤や青など。
[明度]	明るさの度合いのこと。白が多いほど明るく、黒が多いほど暗い。
[彩度]	鮮やかさの度合いのこと。無彩色を混ぜると、彩度は下がる。

色の種類

[有彩色]	色味のある色。色の三要素(色相・明度・彩度)がすべてある。
[無彩色]	白・黒、灰色など、色味のない色。色の三要素の明度だけがある。

Q 赤み、青み、緑みなどの色みのことを彩度といい、これは有彩色が持っている性質の一つである。(2022 後)

色の対比

[明度対比]	同じ明度の色でも、明るい色の中では暗く、暗い色の中では明るく見える現象。
[色相対比]	同じ色相の色でも、周りの色の色相の違いにより、色味が違って見える現象。
[彩度対比]	同じ彩度の色でも、彩度の低い色の中では鮮やかに、彩度の高い色の中ではくすんで見える現象。

「加算混合」や「減算混合」について、穴埋め問題や組み合わせ問題で出題されているよ。どの色を混ぜたら、どんな色になるかは把握しておこう。

青々とした緑を赤くするのが、
（青）（緑・赤）

光の母さん
（光の三原色）（加算混合）

12色相環

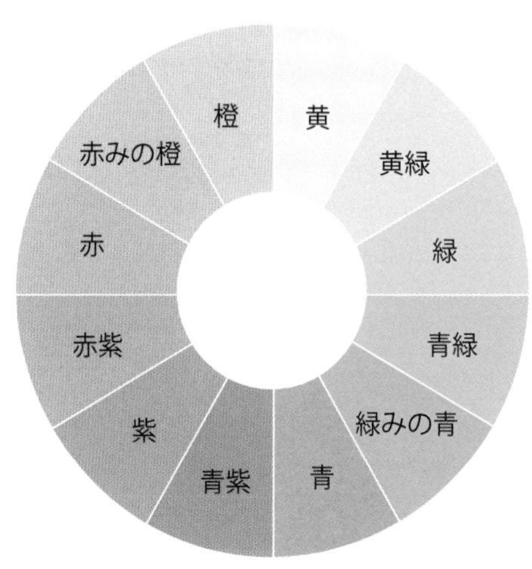

A ×：彩度ではなく色相である。

様々な色の呼び名

[純色]	彩度の最も高い色のこと。白や黒が混ざっていない色。
[清色]	純色に白または黒を混ぜた色。
[濁色]	純色に灰色を混ぜた色。
[反対色]	最も遠い色相同士。
[補色]	色相環で正反対に位置する色相。
[同系色]	同じ色相に属しているが、明度・彩度は異なる色。
[類似色]	色相は違うが、色相環で隣接している色。
[暖色]	暖かい感じの色。
[寒色]	冷たい、寒い感じの色。

造形の技法と方法

- 保育所でよく使用される造形の方法については、描画、版画、粘土細工、紙工作などがある。

描画の技法

名称	別名	説明
[デカルコマニー]	合わせ絵	二つ折りした紙の片方の面に置いた色を折り合わせて写す技法。
[ドリッピング]	たらし絵 吹き流し	紙の上に多めの水で溶いた水彩絵の具を落とし、紙を傾けたり、ストローで直接吹いて流したりする技法。
[スパッタリング]	飛び散らし	絵の具のついたブラシで網をこすり、霧吹きのような効果を出す技法。
[バチック]	はじき絵	クレヨンで線や絵を描き、その上から多めの水で溶いた水彩絵の具で採色し、下の絵の具を浮き上がらせる技法。
[フロッタージュ]	こすり出し	物の表面の凸凹の上に置いて、鉛筆・クレヨンなどでこすり、写し取る技法。
[スクラッチ]	引っかき絵	下地にクレヨンの明るい色を塗り、その上に暗い色を重ねて塗り、画面を竹ぐしや割り箸など尖ったもので引っかいて描き、下地の色を出す技法。
[コラージュ]	貼り絵	紙や布などを貼り合わせる絵。
[フィンガーペインティング]	指絵の具	絵の具の感触を楽しんだり、指で絵の具を塗ること自体を楽しんだりする遊びの一つ。

Q 混色とは、色相環で180°離れた位置にある色同士のことである。(2022後)

[マーブリング]	墨流し	水の表面に作った色模様を紙に写し取る技法。
[ステンシル]	(なし)	下地を切り抜いた版を切り、その版の穴の形に、絵の具などを塗りこみ、模様や文字などを描きだす技法。
[スタンピング]	型押し	物に直接絵の具などをつけて紙に押し当てる。

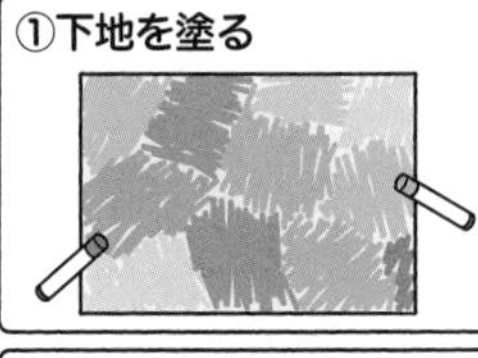

「描画の技法」について、技法の使われ方について出題されているよ。実際にどんな技法なのか見て確かめておこう。

\ゴロで暗記!/ デカルコマニー

でかいコマに
(デカルコマニー)
合わせて絵を描く

\ゴロで暗記!/ ドリッピング

ドリップ したコーヒーを
(ドリッピング)
たらして絵を描く

A ×:混色ではなく補色である。

\ゴロで暗記!/ スパッタリング

スパッと ちらして
（スパッタリング）（飛びちらし）

スパッタリング

\ゴロで暗記!/ バチック

バチッと はじく
（バチック）（はじき絵）

絵の具 を くれよん
（絵の具）（クレヨン）

\ゴロで暗記!/ フロッタージュ

お風呂 を こする
（フロッタージュ）（擦り出し）

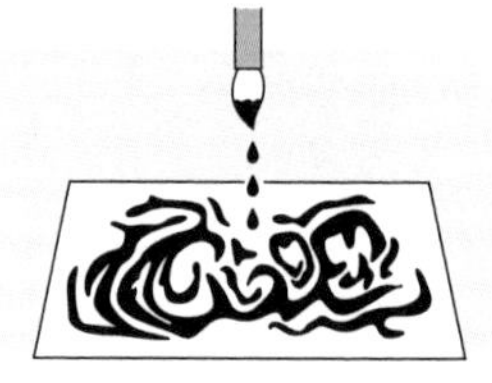

\ゴロで暗記!/ マーブリング

墨を流して
（墨流し）

マーブル模様にする
（マーブリング）

構成美の要素

名称	別名	説明
［ハーモニー］	調和	よく似た性質をもった形や色を組み合わせた構成。
［バランス］	均衡	複数の似ている形態によって釣り合いが取れている構成。
［シンメトリー］	相称	ある部分を境にして、上下・左右が対称で統一感のある構成。
［コントラスト］	対照	性質が違うものが組み合わされ、強い感じを出す構成。
［リズム］	律動	同じ形や色の繰り返しと、規則的な流れによって、動きを表す構成。

Q まず様々な色のパスを使い、画用紙を塗り分ける。その上から黒色のパスを全面に塗り重ねる。さらにその上から竹ぐしや割り箸などを押し当てて描く。この技法の呼び名はバチックである。（2019 前）

[グラデーション]	階調	形や色が一定の割合でだんだんと変化していく構成。
[リピテーション]	繰り返し	同じ形や色を規則的に連続して繰り返す構成。
[ムーブメント]	動勢	流れや動きの方向性をもって、躍動感がある構成。
[アクセント]	強調	一部に変化をつけ、全体をひきしめる構成。
[プロポーション]	比率	大きさや形の割合のこと。

版画の種類

版の形式	特徴	版種
[凸版]	版の凸部分にインクをつけ、紙の上から「ばれん」等でこすって刷る。	[木版画]
		[紙版画]
		[スチレン版画]
[凹版]	版の凹部分にインクをつめ、凹部分以外の不要なインクをふき取って、プレス機などで凹部分のインクを刷る。	[エッチング]
		[ドライポイント]
[孔版]	版にインクの通る穴をあけ、下の紙にインクを刷りこむ。	[ステンシル]
		[シルクスクリーン]
[平版]	平らな面にインクがつく面とつかない面をつくり、刷る。	[マーブリング]
		[デカルコマニー]
		[リトグラフ]
		[オフセット]

画材の種類と特徴

[クレヨン]	主成分にロウが含まれているので硬く、線引きに適している。
[オイルパステル]	主成分に油脂が含まれているので、柔らかく、塗り絵など広い面を塗るのに適している。[混色] も楽しめる。
[パステル]	さらさらと粉っぽく固着力が低いため、完成後は定着液で色を定着させる。[発色] がよい。
ポスターカラー	不透明水彩絵の具の一種で、伸びがよく、[むらなく広範囲] を塗ることができる。
アクリル絵の具	不透明水彩絵の具の一種で、乾燥後は[耐水性] になるため、屋外の看板などで用いられる。
[コンテ]	鉛筆とソフトパステルの間ぐらいの硬さ。こすってぼかすことが可能。形をいかし、角や面を使って描くことができる。完成後は定着液をかける。

（つづく）

A ×：バチックではなくスクラッチである。

鉛 筆	紙に筆記するために使われる。鉛筆の芯の硬度を示す記号で、「H」は硬くて描くと薄い。「B」は柔らかくて［ 濃く ］描ける。幼児が使用する場合、筆圧によって線の表情が変化しやすい［ 柔らかい ］芯を使うことが望ましい。
ボールペン	ペン先に小さなボールが入っており、これが回転することで内部のインクを紙に送り出して線を描く。そのため、筆圧によって線の幅が［ 変わりにくく ］、幼児にとっては継続して線を描くことが容易な描画材である。
その他	色鉛筆、等。

つくる活動の表現材料

［ 土粘土 ］	粘土本来の感触が楽しめる。水を加えることで柔らかくなり、幼児が使いやすい。
［ 油粘土 ］	油脂でできていて他の粘土のように、乾燥しても硬くならない。
［ 紙粘土 ］	軽くて扱いやすい。乾くと固形化する。乾燥すると絵の具で彩色できる。
［ 小麦粉粘土 ］	柔らかくて伸びがいい。食紅などで着色もできる。口に入れても安全なので、低年齢児向け。

「粘土の種類」について、どのように使われているか出題されているよ。それぞれの特徴を把握しておこう。

主な紙の種類

和紙	［ 半紙 ］	昔の手すき和紙を半分に切った大きさの和紙。主に墨を使って描く。
	［ 障子紙 ］	障子に使う紙。安くて丈夫。
	［ 花紙 ］	半紙より薄手の色がついた紙。
洋紙	［ 新聞紙 ］	手に入りやすく、幼児が造形しやすい。
	［ 画用紙 ］	描画や工作等、いろんな造形で使える。
	［ ケント紙 ］	表面がなめらかで、ポスターカラーなど厚塗りの場合や、工作に使う。
	［ 模造紙 ］	大判の薄い紙。

Q 土粘土は水を加えて練ることで柔らかくなり可塑性を保つことができる。また、焼成できる。(2018 後)

板紙	白板紙	[白ボール紙]	表面が白く加工されていて、裏面は古紙のボール紙。
		[マニラボール紙]	上質な白ボール紙。
	[黄色板紙(黄ボール紙)]		昔のボール紙。わらなどが原料で黄土色をしている。
	[色板紙(色ボール紙)]		白ボール紙に色がついているもの。カラー工作用紙ともいう。
	段ボール	[片段ボール]	片面が波状で、もう片面が板状の段ボールのこと。
		[段ボール]	両側が板状で、中に波状の段ボールをはさんでいる板紙。

「紙の種類」について、用途と紙の種類を結びつける組み合わせ問題が出題されているよ。どんな使われ方をしているか覚えておこう。

3歳以上児の保育のねらい及び内容（保育所保育指針より）

第2章「保育の内容」3「3歳以上児の保育に関するねらい及び内容」（2）ねらい及び内容

オ「表現」

生活経験や[発達]に応じ、自ら様々な表現を楽しみ、表現する意欲を[十分]に発揮させることができるように、遊具や用具などを整えたり、様々な素材や表現の仕方に親しんだり、他の子どもの表現に触れられるよう配慮したりし、表現する過程を大切にして[自己表現]を楽しめるように工夫すること。（一部抜粋）

A ○：設問文の通りである。

索引

さ

た

な

は

ま

や

ら

わ

購入者特典データのご案内

「押さえておきたい重要ゴロ300選」

保育士試験を受験する際に覚えておきたい内容を、300個のゴロ合わせにしました。楽しく覚えられるサンライズ保育士資格取得スクール独自のゴロ合わせを活用して、試験合格を目指しましょう！

● **特典データのダウンロードの方法**

・以下の専用URLまたはQRコードへアクセスし、専用パスワードをご入力ください。
https://www.sunrise-school.jp/gorobon/

・専用パスワード：**sunrise8940**

※ 購入者特典データ及び特典ページは、「サンライズ保育士資格取得スクール」を運営する株式会社エクシオジャパンが保有・管理するものです。

※ 購入者特典データ及び特典ページに関するお問合せは株式会社エクシオジャパンへお願いいたします。

※ 購入者特典データの提供、及び、提供内容については予告なく変更・終了する場合があります。あらかじめご了承ください。

執筆代表者　佐伯猛
編集協力　宮島秀樹、菅原千佳、丸山綾香、糸川千洋、伊森陽子、橋本朋子、町田奈美
Book Design　早川デザイン　早川いくを　高瀬はるか
カバーイラスト　はった あい
本文イラスト　西尾忠佑
DTP　BUCH+

福祉教科書
ゴロ合わせでらくらく暗記！
保育士 完全合格要点ブック 第3版

2019年 1月21日　初版第1刷発行
2019年12月 6日　第2版第1刷発行
2023年 1月25日　第3版第1刷発行
2024年 4月10日　第3版第2刷発行

著　　者　サンライズ保育士資格取得スクール
発 行 人　佐々木 幹夫
発 行 所　株式会社 翔泳社（https://www.shoeisha.co.jp）
印刷・製本　日経印刷 株式会社

本書へのお問い合わせについては、2ページに記載の内容をお読みください。

造本には細心の注意を払っておりますが、万一、乱丁（ページの順序違い）や落丁（ページの抜け）がございましたら、お取り替えいたします。03-5362-3705までご連絡ください。

ISBN978-4-7981-7777-9　Printed in Japan